Karlhans Liebl (Hrsg.)

Polizei und Fremde – Fremde in der Polizei

Studien zur Inneren Sicherheit
Band 12

Herausgegeben von
Hans-Jürgen Lange

Die Ziele

In der Reihe „Studien zur Inneren Sicherheit" wechseln sich Monografien und strukturierte Sammelbände ab. Die Studien werden verfasst von Autoren des „Interdisziplinären Arbeitskreises Innere Sicherheit" (AKIS). Der AKIS vereint Wissenschaftler aus verschiedenen Disziplinen, insbesondere der Politikwissenschaft, der Soziologie, der Kriminologie, der Rechtswissenschaft und der Historischen Polizeiforschung.
Die Studien zur Inneren Sicherheit umfassen grundlagentheoretische und problemorientierte Arbeiten. Sie sind einer interdisziplinären und sozialwissenschaftlichen Diskussion verpflichtet. Forschung zur Inneren Sicherheit und Polizeiforschung bilden hierbei keine gegensätzlichen Perspektiven, sondern sich ergänzende Bestandteile eines Forschungsfeldes. Die Studien zur Inneren Sicherheit arbeiten die unterschiedlichen Facetten des Wandels von Sicherheit auf. Sie stellen diese Veränderungen in den Zusammenhang mit dem Wandel von Staat und Gesellschaft insgesamt, wie er sich national, europäisch, international und global vollzieht.
Die Analyse der Akteure, Institutionen und Strukturen, die die Sicherheitsproduktion von Staat und Gesellschaft prägen; die Prozesse und Handlungsorientierungen, unter denen Entscheidungen und Normen sowie ihre Kontrolle zustande kommen; die Programme zur Inneren Sicherheit (Kriminalpolitik, Polizeipolitik u. a.), die dabei mit der Zielsetzung entstehen, bestimmte Wirkungen zu erzielen; die Art und Weise der Umsetzung und die Einwirkung der Sicherheitsproduzenten auf die Gesellschaft (Polizieren); die Definitionen, Konstruktionen, Verlaufsformen und Sanktionierungen abweichenden Verhaltens und sozialer Kontrolle (Kriminalsoziologie), die vorgenommen werden; die historische Rekonstruktion dieser Zusammenhänge; die Diskussion theoretischer Ansätze und Methodologien, um die interdisziplinäre Arbeit integrativ weiter zu entwickeln – all dies sind Perspektiven der Forschung zur Inneren Sicherheit, wie sie der Reihe zugrunde liegen.

Karlhans Liebl (Hrsg.)

Polizei und Fremde – Fremde in der Polizei

VS VERLAG FÜR SOZIALWISSENSCHAFTEN

Bibliografische Information der Deutschen Nationalbibliothek
Die Deutsche Nationalbibliothek verzeichnet diese Publikation in der
Deutschen Nationalbibliografie; detaillierte bibliografische Daten sind im Internet über
<http://dnb.d-nb.de> abrufbar.

1. Auflage 2009

Alle Rechte vorbehalten
© VS Verlag für Sozialwissenschaften | GWV Fachverlage GmbH, Wiesbaden 2009

Lektorat: Katrin Emmerich / Tilmann Ziegenhain

VS Verlag für Sozialwissenschaften ist Teil der Fachverlagsgruppe
Springer Science+Business Media.
www.vs-verlag.de

Das Werk einschließlich aller seiner Teile ist urheberrechtlich geschützt. Jede Verwertung außerhalb der engen Grenzen des Urheberrechtsgesetzes ist ohne Zustimmung des Verlags unzulässig und strafbar. Das gilt insbesondere für Vervielfältigungen, Übersetzungen, Mikroverfilmungen und die Einspeicherung und Verarbeitung in elektronischen Systemen.

Die Wiedergabe von Gebrauchsnamen, Handelsnamen, Warenbezeichnungen usw. in diesem Werk berechtigt auch ohne besondere Kennzeichnung nicht zu der Annahme, dass solche Namen im Sinne der Warenzeichen- und Markenschutz-Gesetzgebung als frei zu betrachten wären und daher von jedermann benutzt werden dürften.

Umschlaggestaltung: KünkelLopka Medienentwicklung, Heidelberg
Druck und buchbinderische Verarbeitung: Krips b.v., Meppel
Gedruckt auf säurefreiem und chlorfrei gebleichtem Papier
Printed in the Netherlands

ISBN 978-3-531-15987-4

Inhalt

Problemabriss und Vorwort
(Karlhans Liebl) 7

Begrüßung – Einleitende Worte
(Claudia Rademacher) 11

Ethnische Vielfalt im eigenen Land:
Eine nicht nur sprachliche Herausforderung im Innen- und Außenverhältnis der Polizei
(Manfred Bornewasser) 13

Fremde als Belastung und Gefährdung
Zu einigen Bewertungsstrategien der 90er Jahre
(Hans-Joachim Heuer) 45

Zivile Einsatztrupps in ethnisch segregierten Stadtteilen
Duisburgs
(Thomas Schweer) 69

Interaktion und Kommunikation zwischen Polizei und
Migranten
Die Polizeiausbildung in Baden-Württemberg auf dem Prüfstand
(Anke Sauerbaum) 77

„Was mach ich denn, wenn so'n Türke vor mir steht?"
Zur interkulturellen Qualifzierung der Polizei
(Astrid Jacobsen) 91

Berufliche Identität von Polizisten mit Migrationshintergrund
(Julia Sigel) *105*

„Türkisch reden und Deutsch denken
– und manche wollen es auch umgekehrt"
„Ethnische Minderheiten" in der Polizei – eine Untersuchung zur Integrationsleistung des staatlichen Gewaltmonopols
(Rafael Behr) *153*

Polizei und Fremde – Künftig gemeinsam als Verbündete?!
(Hans Schneider und Lusaper Witteck) *193*

Die (V)ermittler
Anwerben von Polizisten mit Migrationshintergrund in Deutschland
(Barbara Thériault) *203*

Thema: Frankfurter Modellprojekt „Polizei und Migrantinnen und Migranten im Dialog"
(Akli Kebaili) *227*

Die Reichweite von Interkultureller Kompetenz
(Reza Ahmari und Joachim Kersten) *239*

Autorenverzeichnis *245*

Problemabriss und Vorwort

Karlhans Liebl

Nachdem über 10 Jahre vergangen sind, seit der Thematik „Polizei und Fremde" – insbesondere auch durch die Untersuchung von Bornewasser[1] - eine verstärkte Aufmerksamkeit geschenkt wurde, erschien es notwendig, dieses Konzept erneut auf den Prüfstand zu stellen. Zwar wurden im Gegensatz zu den 90er Jahren des letzten Jahrhunderts weniger Vorwürfe – jedenfalls in der breiteren Öffentlichkeit – gegenüber der Polizei hinsichtlich von Übergriffen oder sogar „Folter" erhoben, jedoch zeigten Diskussionen mit den beteiligten Gruppierungen, dass man sicherlich noch nicht davon ausgehen kann, dass dies nun kein gesellschaftliches Problem mehr darstellt oder wenn doch, es eher als marginal zu bezeichnen wäre.

Wenn auch bestimmte Problembereiche der Polizeiarbeit an Bedeutung verloren haben – z.B. auch durch den Rückgang der Personen, die um Asyl nachsuchen –, so verschwanden sie nicht gänzlich. Sie bekamen vielmehr aufgrund z.B. langfristiger Verfahrenszeiten, Aufenthaltszeiten oder Integrationsproblemen oftmals eine neue Qualität, Ausgrenzungen manifestierten sich oder es etablierten sich so genannte „Problemstadtteile" und zusätzlich zeigten neue Zuwanderungswellen in einer wirtschaftlich angespannten Lage – wenn man einmal den kurzfristigen „Aufschwung" außer Acht lässt - ihre Auswirkungen. An dieser Stelle muss eingangs auch darauf hingewiesen werden, dass es nur natürlich ist, dass es z.B. wieder in ihre Heimatländer „zurückgeführten" Kriegsflüchtlingen oder „abgeschobenen" weil nicht anerkannten Asylantragstellern nicht zu verdenken ist, dass sie aufgrund bestimmter Umstände wieder eine Rückkehr nach Deutschland vornehmen. Dies kann dann natürlich vielmals nur in einer rechtlich „illegalen" Weise erfolgen, was wiederum zu einem weiteren Konfliktpunkt zwischen der Polizei und den Betroffenen („Illegalen") führt. Da die Polizei an ein Legalitätsgebot gebunden ist und diese Problematik nur „politisch" gelöst werden kann, verbleibt der Polizei nur die Durchsetzung der herrschenden Rechtslage. Da häufige Kontrollen sich auch als „erfolgreich" (insbesondere auch im statistischen Sinne einer erfolgreichen Polizeiarbeit) erwiesen, werden

---

[1] Vgl. den Beitrag des Autors in diesem Band.

solche Kontrollen häufiger durchgeführt und prägen so auch das Bild, dass vom Aussehen als Nicht-Deutsche eingeordnete Personen verstärkt der Kontrolle der Polizei unterworfen werden. Da jedoch das Aussehen nichts über die „Legalität" aussagt, werden so auch verstärkt „legal" sich hier Aufhaltende, jedoch in den verschiedensten Ländern geborene Menschen oder Deutsche, die vom Aussehen her nicht in ein herkömmliches Erscheinungsbild „Deutsch" (oder vielleicht besser Nordeuropäer) passen, kontrolliert. Dies führt zu negativen Erfahrungen mit den kontrollierenden Polizeibeamten (die dadurch auf die gesamte Polizeiorganisation zurückwirken), was bei dieser Bevölkerungsgruppe dann natürlich auch die Vorbehalte gegenüber der „deutschen" Polizei verstärkt. Dabei – und dies muss notwendigerweise gleichfalls erwähnt werden – kommt es auch seitens der Polizei zu einem „Etikettierungsverhalten" von als „fremd" eingestuften Personen in dem Sinne, dass „hier auf alle Fälle etwas zu finden ist", sprich hier wird immer gegen „deutsche" Normen verstoßen.

Deshalb verstärkt sich auch das Rückzugsverhalten dieser Bevölkerungsgruppen gegenüber den „fremden" deutschen Strafverfolgungsorganen oftmals in städtischen Bereichen, die als die „Anderen" angesehen werden, die kein Verständnis für ihre Situation haben, die ihre Geschichte nicht kennen (wollen), die eher „amüsiert" sind über ihre Ess- und Lebensgewohnheiten und ihre Religion eher zu Verballhornungen benützen. Man zieht sich zurück und begründet eigene Normen und Regulierungsmuster in Wohnvierteln, die dann speziell von Seiten der „Polizei vor Ort" als sog. „No-Go-Areas" angesehen werden, da sie dort als „Eindringlinge" angesehen werden, die den sich erarbeiteten Lebensraum einschränken oder „negativ" verändern wollen. Zur Abwehr dient dann wiederum die Sprache, die von der anderen Seite nicht verstanden wird, was somit ein weiterer Schritt auf der Eskalationsleiter bedeutet.

Dieser kurze Problemaufriss zeigt, wie vielschichtig sich die Situation darstellt und welche Zusammenhänge bestehen. Dazu kommen noch die alltäglichen Ausgrenzungen und Abwertungen, die der Herausgeber selbst erlebte und, auch wenn sie lange zurückliegen, immer noch ein „Erinnerungspunkt" sind:

> Bei der Beantragung eines Personalausweises wurde mir in meiner schwäbischen Geburtsstadt Maulbronn von der Stadtverwaltung mitgeteilt, dass ich diesen bei meiner Ausreise unverzüglich wieder abzugeben habe. Dies war einige Zeit nach der ersten Mondlandung – zur zeitlichen Einordnung – und wurde auf die Nachfrage, dass der Hinweis nicht verstanden werde, wie folgt begründet: meine Eltern sind nach dem Zweiten Weltkrieg aus ihren Wohngebieten vertrieben worden und waren in Deutschland in den ersten Jahrzehnten nach dem 2. Weltkrieg nur „einem Deutschen gleichgestellt". Daher war ich aufgrund der damals bestehenden Gesetze auch kein „echter Deutscher", sondern nur solange Deutscher, bis ich wieder in die elter-

liche „Herkunftsgebiet" ausgewiesen worden wäre und damit auch dann wieder die deutsche Staatsbürgerschaft „verloren" hätte.

Es soll an dieser Stelle nicht problematisiert werden, ob die Stadtverwaltung damals völlig gesetzeskonform gehandelt hat – der Herausgeber hat jedoch seither ein etwas strapaziertes Verhältnis gegenüber „den Verwaltungen" (insbes. meines Geburtslandes). Die rechtliche Situation wurde danach jedoch anders geregelt – aber die negative Erfahrung bleibt bestehen.

Warum dieser „Ausflug" in die persönliche Lebensgeschichte: Wie ich mich daran erinnere, so werden sich wohl auch die meisten „Fremden" solcher Erlebnisse erinnern. Über solche Erlebnisse helfen keine Rechtfertigungen der „anderen Seite" hinweg, wie z.B. „die haben es hier ja viel besser als Zuhause" oder die „haben jetzt auch schon eine Moschee" und „dies sollen sie doch anerkennen". Speziell auf die Polizeiarbeit bezogen bedeutet dies jedoch nicht, dass Personen mit solchen negativen Erlebnissen deshalb Rechtfertigungs- oder Entschuldigungsgründe für ihr normwidriges oder ablehnendes Verhalten pauschal haben; es soll damit nur der Augenmerk auf den Umstand gelenkt werden, dass Personen oftmals negative Erlebnisse mit „Verwaltungen" gehabt haben, sodass in bestimmten Situationen es vielleicht angebracht ist, „ein Wort mehr" zum legalistischen Vorgehen bei einem Polizeihandeln auszusprechen. Dazu kommt noch – wohl als Verstärkungselement -, dass Personen, die in einem anderen Kulturkreis aufgewachsen sind, oftmals negative Erfahrungen mit Verwaltungs- oder Polizeibehörden erlebt haben und man nicht einfach ein „Vergessen" einfordern kann.

Wenn nun der Eindruck entstand, dass hier nur die „eine Seite" gesehen wird, so ist dies falsch. Die „polizeiliche Seite" hat nicht nur das Problem, dass sie sich aufgrund des Globalisierungsprozesses einen Wissensvorrat aneignen sollte, der oftmals einfach nicht zu erreichen ist, wenn man sich nur die Sprachsituation vor Augen führt. Zum anderen kann es auch nicht Aufgabe von Polizeiangehörigen sein, eventuelle Rechtfertigungs- und Entschuldigungsgründe aus anderen Rechtskulturen zu kennen oder zu akzeptieren. Insbesondere auch vor dem Hintergrund, dass natürlich die „Illegalität" zu Situationen führt, die oftmals nicht mit den bestehenden Normen im Einklang stehen und in solchen Fällen natürlich keine Aufhebung der Rechtsdurchsetzung begründet wird – mit den gesamten negativen Folgen für die betroffenen Personen (die sich in der Einzelfallbetrachtung oftmals als ein „Schicksal" darstellen und moralische Fragen entstehen lassen). Letztendlich darf auch nicht vergessen werden, dass die Situation „offener Grenzen" natürlich auch der internationalen Kriminalität – insbesondere in ihrer organisierten Formen – den Weg bereitet hat und somit auch in bestimmten Kriminalitätsarten ein notwendiger Verfolgungsdruck auf „Fremde" besteht. Man führe sich nur vor Augen, dass die Problematik der „Zwangsprostitution" verstärkt die Aufmerksamkeit der Polizei erhalten soll. Wenn diese dann aber den Verfolgungsdruck auf „Schlepper" erhöht, könnte dies auch natürlich zu einem Vorwurf führen, dass die Polizei einseitig „kontrolliere". Ein Dilemma, das wohl nur gelöst werden könnte, wenn man über Fähigkeit verfügte, die bereits im Vorfeld einer Kontrollüberlegung signalisieren würden, was „Gut" und „Böse" ist. In dieser „Quadratur des Kreises" bewegt sich die Polizeiarbeit in einer multi-kulturellen Gesellschaft – wobei es immer Reibungspunkte geben wird, jedoch ein Bemühen beider Seiten notwendig ist, diese so gering wie möglich zu halten und gleichzeitig auch einen argumentationssicheren Arbeitshintergrund benötigt.

Im vorliegenden Band werden in diesem Zusammenhang die „Probleme" in einer solchen „modernen" Gesellschaft artikuliert, diskutiert und Lösungsmöglichkeiten vorgestellt und gleichzeitig wieder hinterfragt. Dass trotz der Vielzahl der Beiträge nicht alle Gesichtspunkte zu Wort kommen können und der eine oder andere Gesichtspunkt zu kurz behandelt wird, ist bei einem solchen Projekt nicht zu verhindern. Einmal kann der Grund darin liegen, dass es dazu keine schriftlich gefassten Erkenntnisse gibt oder Expertinnen oder Experten nicht zur Verfügung standen. Insoweit soll der Band auch die weitere Diskussion anregen, die sicherlich weiterhin erst am Anfang steht. Es wäre auch zu begrüßen, dass das Thema nicht wiederum 10 Jahre eher am Rande behandelt wird - auch wenn notwendige Veränderungen hohe Anforderungen stellen dürften.

Rothenburg, im August 2008

Der Herausgeber

Begrüßung – Einleitende Worte

Claudia Rademacher

Sehr geehrte Damen und Herren,
ich begrüße Sie ganz herzlich auch im Namen der Leitung der Deutschen Hochschule der Polizei, Herrn Neidhardt, zum 20. Workshop des Interdisziplinären Arbeitskreises Innerer Sicherheit zu der Tagung.
Polizei und Fremde – Fremde in der Polizei. Ich persönlich freue mich, Sie hier begrüßen zu dürfen, da das Thema „Polizei und Fremde – Fremde in der Polizei" seit langem zu meinen Arbeitsschwerpunkten gehört, sowohl an der Fachhochschule für Verwaltung und Rechtspflege Berlin im Fachbereich Polizeivollzugsdienst als auch hier an der DHPol im nationalen und internationalen Bereich.

Die Soziologie, die Disziplin aus der ich von Haus aus komme, beschäftigt sich seit ihrer Entstehung mit dem Bild des Fremden im sozialen Wandel, um der irritierenden Doppelstellung des Fremden zwischen Innen und Außen, Zugehörigkeit und Nichtzugehörigkeit auf die Spur zu kommen. Ein Ergebnis schon bei den Klassikern zur Soziologie des Fremden lautet:

Charakteristisch für die Position des Fremden ist die Mischung aus Nähe und Entferntheit. Nicht jeder Ausländer ist daher ein Fremder. Der Russe in Russland, der Türke in der Türkei, der Bewohner des Sirius ist uns nicht eigentlich fremd. Er stört und beunruhigt uns nicht. Fremdsein bedeutet, wie Georg Simmel (1858-1918) sagt, „dass der Ferne nah ist". Fremd ist nicht der Gast, der Durchreisende, der Tourist, sondern derjenige, so Simmel (1992: 764), „der heute kommt und morgen bleibt".

Fremdheit ist also ein relationaler Begriff, er sagt im Grunde nichts über die Eigenschaften einer Person, sondern bezeichnet eine *Beziehungsqualität*, die unter Umständen sehr schnell wechseln kann.

Nicht die Hautfarbe, die Ethnie, die Sprache oder Religion macht eine Personengruppe zu Fremden, sondern die Tatsache, dass sie in einer bestimmten Situation von der Gruppe der Einheimischen als „anders", als nicht zugehörig definiert wird: „*Die* sind nicht wie *wir.*"
Was jeweils als „fremd" aufgefasst wird, hängt von dem jeweiligen Selbstbild und von dem Selbstverhältnis der „Wir-Gruppe" ab, von ihren Ängsten,

Wunschbildern und Wahrnehmungsmustern (vgl. Eickelpasch / Rademacher 2004: 51ff.).

Meine Damen und Herren,
die Tagung will sich aus zwei Perspektiven dem schillernden Begriff des Fremden nähern, zum einen im Außenverhältnis, die Konstruktion des Fremden und der Umgang der Polizei mit ihm, zum anderen die Perspektive auf das Innenverhältnis der Organisation Polizei, die Integration von so genannten Fremden in die Polizei als Kollegen, ein nicht nur wissenschaftlich, sondern vor allem auch politisch gegenwärtig heftig diskutiertes Thema in Bund und Ländern.

Meine Damen und Herren, ich wünsche Ihnen eine erfolgreiche Tagung mit vielen Erkenntnissen und guten Ideen für die Praxis und gebe nun das Wort an Prof. Dr. Liebl, den ich als Organisator und Leiter der Tagung ganz herzlich begrüße.

Literatur

Eickelpasch, Rolf/ Rademacher, Claudia (2004): Identität, Bielefeld
Simmel, Georg (1992): Soziologie, Untersuchungen über Formen der Vergesellschaftung, Frankfurt/M

Ethnische Vielfalt im eigenen Land:
Eine nicht nur sprachliche Herausforderung im Innen- und Außenverhältnis der Polizei

Manfred Bornewasser

Vor 10 Jahren hat die Polizei eine Untersuchung zur Fremdenfeindlichkeit in den eigenen Reihen in die Wege geleitet, weil sich Fälle häuften, in denen es zu gewaltsamen Übergriffen auf Fremde, Flüchtlinge, Asylbewerber, Schwarzafrikaner und Türken kam. Damals waren Rostock-Lichtenhagen, Hoyerswerda, Solingen und Mölln herausragende Ereignisse, die die Stimmung im Land prägten. In diesem Zusammenhang und angeregt durch Vorwürfe von Amnesty International stellte sich auch die Frage, ob in der Polizei systematisch fremdenfeindlich und rassistisch gehandelt würde und Ausländer besonderen Diskriminierungen unterworfen wären. Wenig Zeit stand damals zur Verfügung, um mehrere investigative Workshops mit Beamten unterschiedlicher Funktionen in verschiedenen Bundesländern durchzuführen (zu den Details siehe Bornewasser, 1996).

Dabei war von Anfang an klar, dass die heftige und kontrovers geführte öffentliche Debatte um dieses Thema damals eine Variante des Sprachspiels „Beschuldigen und Zurückweisen" darstellte: Von außen wird Systematik unterstellt, wo eventuell nur Einzelfälle auftreten; von Innen wird der Einzelfall betont, wo eventuell eine Systematik gegeben ist. Das Unbefriedigende an einem solchen Spiel ist, dass niemand genau weiß, was der Fall ist. Ideologische Vorurteile prägen die Argumentation. Worauf man in der Regel von beiden Seiten verzichtet, ist die empirisch abgesicherte Analyse, die das unendliche Spiel von pauschaler Verdächtigung und empörter Ablehnung solcher Diagnosen eventuell zum Ende bringen könnte.

Man muss rückblickend der Polizei zugute halten, dass sie in diesem Spiel von sich aus einen Versuch unternommen hat, das Problem anzugehen. Sie regte an, es mit dem recht weichen wissenschaftlichen Mittel der Gruppendiskussion zu probieren, wie es in der Frankfurter Schule erprobt war. Eine viel bessere Methode, Fremdenfeindlichkeit objektiv zu messen, stand angesichts der Kürze der Zeit und der Beschränktheit der Mittel auch kaum zur Verfügung.

Der Befund von 1997 aus heutiger Sicht

Was haben wir damals gemacht? In Absprache mit Manfred Murck und Roland Eckert haben wir Impulsstatements, Diskussionsaufgaben für Kleingruppen und Gesprächsleitfäden zusammen mit polizeilichen Experten entwickelt und jeweils kleinere Gruppen von Beamtinnen und Beamten aus dem mittleren und gehobenen Dienst für drei Tage versammelt, um sie gezielt diskutieren und präsentieren lassen, was sie zum Thema „Polizei und Fremde" erarbeiteten.

Die Erörterungen fanden in Unterkünften die Polizei statt. Wir reisten in 5er-Teams an und trafen auf nach verschiedenen Gesichtspunkten von den Behörden ausgewählte Gruppen von Beamtinnen und Beamten, denen wir unser Anliegen vortrugen. Was sagt man, wenn man sich stellvertretend als Polizeibeamter von außen beschuldigt sieht, fremdenfeindlich zu sein und von seinem Chef auf ein Seminar zu dieser Problematik geschickt wird? Die meisten Beamtinnen zeigten nur begrenztes Interesse an einem solchen Workshop und hatten wohl nur zwei zentrale Ziele, die es im Workshop zu verdeutlichen galt:

1. Wir Polizisten sind nicht fremdenfeindlich.
2. Ich persönlich bin zwar hier hingeschickt worden, aber ich bin ganz und gar nicht fremdenfeindlich und bei mir ist es auch noch nie zu einem Übergriff gekommen.

Damit war natürlich auch unsere Rolle aus der Sicht der Teilnehmer klar: Ihr gehört zu denen, die uns beschuldigen und ihr unterstellt uns mit eurem Workshop und euren Fragen, wir seien fremdenfeindlich, obwohl das weder im Allgemeinen und schon gar nicht im Besonderen stimmt. Wir können jetzt nur sehen, wie wir uns am besten gegen eure Unterstellungen verteidigen, ohne dass wir hinterher noch von unseren Vorgesetzten attackiert werden, weil wir nicht kooperativ waren und zu wenig gesagt oder weil wir zu kooperativ waren und zuviel gesagt haben. Das Ergebnis unserer gemeinsamen Bemühungen ist bekannt:

3. Wir Polizisten sind nicht systematisch fremdenfeindlich, aber wir stehen im Alltag unter einem erheblichen Druck, der es durchaus möglich macht, dass es in Einzelfällen schon mal zu einer Übertretung kommen kann. Einzelne Vorkommnisse dieser Art sind nicht auszuschließen, keinem von uns ist es allerdings bisher passiert.

Das ist ein Ergebniskompromiss, der ein wenig an die tit for tat-Strategie aus Kooperationsspielen erinnert und in dem alle Seiten letztlich ihr Gesicht wahren:

Wir Polizisten gestehen den Einzelfall zu, aber nicht die Systematik und schon gar nicht ein eigenes Vergehen. Ihr Wissenschaftler verzichtet auf den Vorwurf der Systematik, aber wir bieten euch mit unserer Beschreibung von Belastungssituationen einen umfassenden Ansatz für mögliche einzelne Fehlverhaltensweisen. Und ihr akzeptiert, dass uns nicht persönlich Schuld trifft, sondern die Ursachen in strukturellen Umständen, in Direktionsleitungen und in der Politik liegen.

Wie diese wahrgenommenen Belastungen damals ausgesehen haben, zeigt noch einmal die Abbildung 1 aus der damaligen Zusammenfassung der Befunde (Bornewasser, 1996, S.44).

Abbildung 1: Zusammenfassung der Befunde

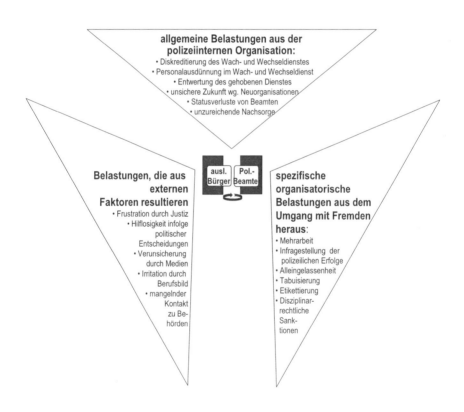

Wir haben daraus zwei Gefährdungen für den einzelnen Beamten abgeleitet: Aggression und Resignation. Die kumulativen Belastungen resultieren in einer gesteigerten Emotionalität gegenüber fremden Tatverdächtigen, die bereits bei relativ geringfügigen Anlässen und Provokationen zu Konflikteskalationen beiträgt. Der Fremde wird zum Sündenbock, auf den Aggressionen verschoben werden. Gerade auch angesichts der wiederholt beklagten mangelnden Erfolgsaussichten bei der legalen Abwicklung des Falles kann es zu ersatzjustiziellen Übergriffen kommen. Denkbar ist aber auch, dass die Belastungen zu einer zunehmend gleichgültigeren Haltung, zum frühzeitigen Wegschauen und zum Nichteingreifen führen. Aus subjektiver Sicht lohnt sich der Einsatz nicht, dominieren die Risiken der Gefährdung, des Misserfolgs und der Kritik am Vorgehen die Aussichten auf den Erfolg.

Dieser Befund sagt zum ersten, dass die Polizei nicht systematisch fremdenfeindlich ist, dass aber Einzelfälle nicht ausgeschlossen werden können. Er sagt zum zweiten, dass Belastungen verschiedenster Art als Moderator wirken. Wer hoch belastet ist, sieht sich einem höheren Risiko des fremdenfeindlichen Übergriffs ausgesetzt als der Beamte, der eine geringe Beanspruchung seiner Ressourcen verspürt. Belastungen allein bewirken aber keine fremdenfeindliche Diskriminierung. Erst in Verbindung mit Vorurteilen und situativen Gegebenheiten kann es zu Übergriffen kommen.

Mit diesem Hinweis auf Belastungen hätte man gut weiterarbeiten können, wenn man dann an konkreten Einzelfällen von Fremdenfeindlichkeit aufgezeigt hätte, dass dort tatsächlich hohe Belastungen im Spiel sind oder Gruppen mit hoher Belastung daraufhin untersucht hätte, ob sie vermehrt Fremdenfeindlichkeit zeigen. Da wir aber nicht an konkrete Einzelfälle oder nachweislich hoch belastete Gruppen herankamen, konnten wir unsere Hypothese im Kontext der damaligen Untersuchung auch nicht überprüfen. Von daher räumte der vorgelegte Befund auch nicht alle Zweifel aus.

Dieser Befund erscheint mir heute in dreifacher Hinsicht kommentierenswert. Diese Kommentare betreffen das Konzept der Fremdenfeindlichkeit, die eingesetzte Methode und die Problematik der Analyseebene.

1. Das verwendete Konzept der Fremdenfeindlichkeit ließ sich nicht hinreichend präzisieren, um verbindlich sagen zu können, ob es in der Polizei zu fremdenfeindlichen Übergriffen kommt. Fremdenfeindlichkeit wurde als eine Form aggressiven Verhaltens begriffen, das intendiert gegen Angehörige einer anderen Ethnie gerichtet ist. Da die Polizei aber berechtigt ist, Gewalt einzusetzen, reduziert sich Fremdenfeindlichkeit auf solche Fälle, in denen über die legitimierten Eingriffe hinaus gewollte Schäden zugefügt werden. Fremdenfeindlichkeit der Polizei impliziert damit immer zwei Vergleichsdimensionen: Einmal ist sie in

Relation zu dem zu sehen, was legale Eingriffe sind und sodann zu dem, wie in vergleichbaren Fällen gegenüber Angehörigen der eigenen Ethnie gehandelt wird. Entsprechende Standardisierungen lagen damals nicht vor, sie existieren auch heute nicht. Vermutlich werden sie auch zukünftig nicht vorliegen, weil die dazu benötigten systematischen Erhebungen kaum durchführbar sind: Das personelle Eingeständnis von eigener Fremdenfeindlichkeit ist nicht nur mit Bedrohungen des eigenen Selbstwertgefühls behaftet, sondern führt auch zu erheblichen personalen Konsequenzen für den geständigen Beamten. Von daher liegt es nahe, sich nicht selbst zu bezichtigen, fremdenfeindliche Verhaltensäußerungen gezeigt zu haben. Vermutlich wird man nur weiterkommen, wenn man einzelne konkrete Verhaltensweisen exakt beschreibt, die den legalen Standard über- oder unterschreiten und dann prüft, ob die Bereitschaft zur Überschreitung bei einem Angehörigen einer fremden Ethnie größer ist als bei einem deutschen Gegenüber. Auf diese Weise entfernt man sich weiter vom objektiven Gegenstand und reduziert ihn letztlich nur auf eine Einstellung. Ob dieser Einstellung auch konkretes Verhalten entspricht, steht in einem ganz anderen Kapitel.

2. Diese Überlegung verweist auf einen zweiten Punkt: Fremdenfeindlichkeit im Sinne eines konkreten Verhaltens lässt sich nur in einem spezifischen situativen Kontext erfassen. In den Workshops wurde zwar versucht, solche Kontexte näher zu beleuchten, jedoch mussten unsere Bemühungen aus oben genannten Gründen scheitern.

Im Sinne der Deskription und einer anschließenden Evaluation wäre es vielleicht günstiger gewesen, die defensiv geprägten Schilderungen der Workshopteilnehmer dahingehend zu verarbeiten, dass man kleine, handlungsnahe Szenarien mit einheimischen oder ausländischen Bürgern daraus gebildet und sie dann entweder Experten oder normalen Bediensteten zur Beurteilung vorgelegt hätte. Man hätte dann prüfen können, ob verschiedene Items unterschiedlich beantwortet werden, je nachdem ob im Szenario ein Deutscher oder ein Fremder betroffen gewesen wäre. Man hätte diese Szenarien dann auch mit unterschiedlichen Belastungen kombinieren können. Natürlich wird man auch mit einem solch aufwendigen Verfahren nur dann das wirkliche Geschehen erfassen können, wenn es keine Messwiederholung gibt, weil sonst jeder den Braten riecht. Der Nachteil eines solchen Vorgehens liegt in seiner enormen Komplexität: Man schaltet zumindest eine weitere Analyseebene mit Szenarien und Fragebögen dazwischen und braucht eine große Zahl von Probanden. Zudem könnte man bei festgestellten Differenzen nur dann auf zugrunde liegende Vorurteile schließen, wenn die erforderlichen Differenzen in der Bearbeitung von deutschen oder ausländischen Personen systematisch kontrolliert würden.

3. Der Befund scheint mir aber auch unter dem Gesichtspunkt der angesprochenen Analyseebene diskussionswert zu sein. Wir haben in unserem Befund die Belastungen herangezogen, die das Verhalten von einzelnen Personen erklären, ohne die Polizei als Institution zu verdächtigen, Fremdenfeindlichkeit ihrer Beamten zu fördern. Über die Belastungen wird letztlich von strukturellen Merkmalen der Institution abgelenkt und rücken Polizisten, die Opfer von Belastungen sind, in den Vordergrund der Analyse.

Hier liegt ein weiterer Mangel der alten Untersuchung: Die angesprochene Fremdenfeindlichkeit lässt offen, ob damit letztlich individuelle Dispositionen, situationsbezogene Verhaltensweisen oder strukturell bedingte Mechanismen gemeint sind, ob über solche personengebundenen Dispositionen alle oder nur einzelne Beamtinnen und Beamte zur fremdenfeindlichen Tat „verdammt" sind oder ob die Strukturen der Polizei so beschaffen sind, dass einzelne Gruppen gewollt oder ungewollt zum Einsatz aggressiv-fremdenfeindlicher Mittel greifen (die Arbeitsgruppe um R. Eckert griff auf den Begriff der Verdammung zurück, der ursprünglich im Titel von Selg, 1971 Erwähnung fand).

Damals wie heute dürfte gelten, dass Polizeibeamtinnen und -beamte keine auffälligen Persönlichkeitsstrukturen aufweisen, die sie allesamt zu fremdenfeindlichen Tätern machen. Von daher mag es da das eine oder andere schwarze Schaf geben, aber die ganz überwiegende Mehrheit der Polizisten ist nicht fremdenfeindlich in dem Sinn, das auf alles Fremde mit einer ablehnenden Haltung reagiert wird. Dies schließt natürlich nicht aus, dass die gleichen Personen in größeren Prozentanteilen Vorurteile gegenüber Fremden haben, wobei aktuelle eigene Untersuchungen zeigen, dass zwischen Bürgern und Beamten auch in dieser Hinsicht kaum Unterschiede bestehen (vgl. Waage und Bornewasser, 2006).

Ferner ist festzustellen, dass es in der Polizei keine ausgewiesenen Strukturen gibt, die in organisierter und systematischer Weise abweichendes Verhalten fördern. Es gibt keine Regeln, Anweisungen, Einsatzbefehle oder sonstigen Koordinationselemente, die Feindseligkeiten und Aggressionen gegen Deutsche oder Fremde zulassen oder gar begünstigen. Die Polizei kultiviert auch keine spezifische Diskriminierung. Jegliche Diskriminierung von Fremden ist sogar formell verboten. In NRW wurde nach Abschluss des Projekts noch ein Anlauf unternommen, dies eigens in einem Antidiskriminierungsgesetz festzulegen. Wenn Diskriminierung dennoch vorkommt, dann muss es an noch nicht erkannten situativen Faktoren (z.B. Tageszeiten, Alterszusammensetzung von Dienstgruppen, mangelnde Einsehbarkeit von Einsatzorten), nicht vermeidbaren Einflüssen wie extremen Belastungen in direkter Interaktion oder an verdeckten, informellen Strukturmerkmalen wie etwa dem berühmten Korpsgeist liegen, die entweder von außen auferlegt werden oder aber nicht direkt erkennbar in der

Polizei gegeben sind. Wären solche Defizite benannt oder aufgedeckt worden, wären vermutlich auch sofort Maßnahmen ergriffen worden, um sie zu beseitigen.

Gegen Belastungen aus dem Inneren der Organisation heraus wissen sich viele Beamte zu wehren, darauf sind sie vorbereitet, aber es kann zu „Unfällen" kommen. Dem Korpsgeist, dem Gruppendruck und informellen Machtbeziehungen kann man sich gelegentlich nur sehr schwer entziehen, ohne zum gefährdeten Außenseiter oder zum Mobbingopfer zu werden. Das Pech der Fremdenfeindlichkeit ereilt aber auch dann nur wenige Beamte oder Beamtinnen in extremen Belastungs- oder in schwer entrinnbaren Beziehungssituationen.

Die Feststellung von Belastungen lässt es praktisch unmöglich erscheinen, eine systematische Fremdenfeindlichkeit in der Polizei aufzudecken. Eine Belastung, die keine kontinuierliche Überlastung darstellt, kann nur auf Einzelfälle verweisen. Insofern mögen der Untersuchungsansatz und der Befund entlastende Wirkung gehabt haben in dem Sinne, dass die Aufdeckung einer Systematik vermieden werden konnte und die Polizeiführung zu keinen weiteren Veränderungsmaßnahmen greifen musste. Faktisch war damit der Vorwurf der Systematik nicht vom Tisch, zumal eine solche Systematik evtl. mit anderen Methoden hätte aufgedeckt werden können. In diesem Sinne könnte auch der kritische Hinweis darauf, dass ein höheres Maß an Distanz zu den ermittelten Belastungsangaben erforderlich gewesen wäre (vgl. Proske, 1997), dahingehend interpretiert werden, dass man ohne diese Art der Empirie und in größerer (hermeneutischer) Distanz zu an Gegenständen die Behauptung einer Systematik leichter hätte aufrechterhalten können.

Zweifelsohne hat die Kürze der zur Verfügung stehenden Zeit dazu beigetragen, dass Mängel bei der Planung und Durchführung der Untersuchung aufgetreten sind. Wir hätten sicherlich intensiver Belastungssituationen untersuchen sollen, wir hätten uns Gedanken darüber machen müssen, wie Belastungssituationen tatsächlich zwischen Einstellungen und dem Verhalten gegenüber Fremden in der polizeilichen Interaktion wirken. Genauso hätten wir mehr in die Organisationskultur hineinhorchen können, um herauszufinden, wie es um die Wertevermittlung steht, wie das Zusammenspiel von formellen und informellen Strukturen vor sich geht, wie sehr die formellen Strukturen unterstützt oder in Frage gestellt werden und wie intensiv sich die Beamten mit den formellen Strukturen identifizieren. Aber jeder, der sich einmal mit Organisationskulturen beschäftigt hat weiß, wie außerordentlich schwierig es ist, auf diesem Gebiet zu empirisch zuverlässigen Daten zu kommen. Auch hier gilt eigentlich wieder die Annahme, dass man an Kultur nicht herankommt, indem man nur befragt. Oftmals werden die Besonderheiten der eigenen Kultur erst dann realisiert, wenn sie abgeschafft

wird oder wenn es in einer Organisation zu Veränderungen kommt (vgl. Schein, 1995).
Völlig unabhängig von diesen post-hoc Reflexionen scheint mir der ermittelte Befund Bestand zu haben:

1. Es gab damals keine systematische Fremdenfeindlichkeit in der Polizei und es gibt auch heute noch keine überzeugende empirische Untersuchung, die das Gegenteil festgestellt hätte. Das schließt natürlich nicht aus, dass solche Behauptungen offen oder versteckt immer wieder vorgetragen werden.
2. Eine hohe Belastung am Arbeitsplatz kann dazu führen, dass es zu vereinzelten Fehlhandlungen nicht nur von schwarzen Schafen kommt. Eine individuelle Neigung in Verbindung mit polizeiinternen und situativen Belastungen trägt zur vermehrten Fremdenfeindlichkeit bei.
3. Hohe Belastungen einzelner Beamter führen nicht automatisch zu Feindseligkeit und Aggression, ohne dass bereits eine gewisse Neigung dazu vorhanden ist. Theoretisch lässt sich darüber streiten, ob Belastungen oder Einstellungen moderierend wirken.

Fremdenfeindlichkeit ist kein Problem auf Zeit

Verlassen wir die Rückschau, konzentrieren wir uns auf die Gegenwart. Die Fremdenproblematik ist nicht ausgestanden, sie spielt auch 10 Jahre nach unserer Untersuchung noch eine wesentliche Rolle, auch wenn statt von Fremden heute gern von Migranten oder Personen mit migrantischem Hintergrund gesprochen wird. In der BRD leben heute etwa 8 bis 15 Millionen solcher Menschen, die allermeisten in den alten Bundesländern. Die Zahl der Asylbewerber ist in den letzten Jahren zwar drastisch zurückgegangen, dennoch haben wir illegale Zuwanderung z.B. aus Nordafrika, haben wir Probleme mit Kriegsflüchtlingen aus verschiedenen Ländern und mit Migranten aus Osteuropa. Genauso wurden viele von den unter uns lebenden Ausländern in der zweiten und dritten Generation bislang zu wenig integriert. Das gilt auch für eine große Zahl von Russlanddeutschen. Durch die EU-Osterweiterung sind zudem ganz neue Verkehrsströme entstanden, die Personen vieler Länder nach Deutschland bringen und hier neue Herausforderungen schaffen. Denken Sie nur an die zunehmende Schleuserkriminalität oder an den Bereich der Zwangsprostitution und den Menschenhandel.

Dabei ist klar, dass die eigentlichen Probleme, die sich aus der Zunahme an Fremden auf dem Gebiet der BRD ergeben, nicht im Bereich der Kriminalität liegen. Kriminalität ist ein Symptom und steht für tiefer greifende Strukturprobleme. Wir erkennen erst jetzt langsam die Dimensionen der Probleme, die die bisherigen Migrationsströme mit sich gebracht haben:

- Die Migranten sprechen teilweise nach Jahren ihrer Einwanderung kaum Deutsch. Sie finden wenig Anschluss in der deutschen Gesellschaft, finden zu selten Arbeit auf dem legalen Arbeitsmarkt, finden keinen geeigneten Wohnraum, werden häufig zu Sozialhilfeempfängern.
- Viele Familien mit migrantischem Hintergrund leiden unter Zerfallserscheinungen, können die Arbeitslosigkeit der Männer ebenso wenig ertragen wie die moderne Rolle der Frau in unserer Gesellschaft, leiden unter den Spannungen, die sich aus Ansprüchen ihrer Religionsgemeinschaften und den Forderungen des Staates und seinen Gesetzen ergeben und fühlen sich nach wie vor traditionellen Bräuchen verpflichtet, die sie aber völlig an den Rand der sie umgebenden Gesellschaft drängen.
- Wir haben m.E. die Integration über Jahre hinweg zu wenig gefordert, wir haben die Migranten zu wenig gezwungen, eine Entscheidung zu treffen, entweder hier zu bleiben oder das Land - wie ursprünglich vorgesehen - wieder zu verlassen. Und wir haben die zu wenig gefördert, die hier bleiben wollten. Umgekehrt haben die Migranten selbst vielfach zu wenig eigene Anstrengungen unternommen, sich hier in Deutschland zu integrieren. Viele hielten an ihrer angestammten Kultur fest und legten wenig Wert auf Kontakte mit der neuen Kultur. Assimilation und Integration sind jedoch keine Einbahnstraßen. Sie müssen angeboten und angenommen werden, sie müssen von den Einheimischen unterstützt und von den Fremden auch gegen Widerstände ausdauernd verfolgt werden. Die politische Strategie des Nebeneinanders von multiplen Kulturen hat sich nicht bewährt, weil das Nebeneinander schon immer ein Untereinander war.

Das heißt in der Gesamtschau: Migranten leben heute noch zu häufig am Rande der Gesellschaft, zu häufig in ghettoartiger Separation, in eigenen Subkulturen mit teilweise starker, fast antagonistischer religiöser Wertebindung. Sie finden sich mit dem alltäglich erlebten Widerspruch zwischen Minderheits- und Mehrheitskultur ab, sie leben in einer Art Zwischenwelt, die ihnen keine klare Orientierung gibt und viele am sozialen Aufstieg nicht partizipieren lässt. Nur wenig Migrantenkinder gehen in Sportvereine oder sonstige kommunale Einrichtungen, Migrantenkinder haben Schwierigkeiten in der Schule und in der Berufsausbildung und zu viele migrantische Jugendliche sind in kriminellen Szenen auffällig. Das sind alles Hinweise darauf, dass einerseits das Festhalten an den alten Gewohnheiten in der neuen Gesellschaft wenig hilfreich ist und die erforderlichen Anpassungen an die neue Kultur zu wenig vorgenommen werden. Andererseits ist das aber auch Ausdruck einer zu geringen (universellen oder selektiven) Unterstützung der Integrationsbemühungen von Migranten durch die aufnehmende Gesellschaft.

Worin besteht das Fremdenproblem?
Woher kommt die Fremdenfeindlichkeit?

Man kann schöne Analysen über das Fremde lesen, insbesondere von Geistes- und Literaturwissenschaftlern, aber auch von Politologen, Soziologen und Psychologen. Man verweist gern auf Schütz, Simmel, Münkler oder Waldenfels. Sie gehen alle von sehr abstrakten Ideen aus, von sehr traditionellen Gesellschaftsvorstellungen und gelegentlich wird der Flüchtling aus Afrika dann mit einer bislang unbekannte Idee in meiner Gedankenwelt oder das kognitive Universum mit einem nationalen Verband gleichgesetzt. Solche Gleichsetzungen und Analogiebildungen sind an sich schon problematisch, sie übersehen aber auch, wie unterschiedlich Fremde in modernen sozialen Verbänden behandelt werden, wobei das zusätzlich mit dem kulturellen Zustand, in dem sich eine Gesellschaft befindet, zusammenhängt.

Das Fremdheitsproblem in der BRD war in den letzten Jahren eines, das sich in einer Welt abspielte, die von Autoritätsabbau und Gemeinschaftsverlust einerseits und höchst individueller Lebensplanung, individuellem Wohlstand und eigenverantwortlicher Durchsetzung eigener Interessen andererseits geprägt war (vgl. z.B. die Analyse von Heitmeyer, 1997). Fremdheit, egal ob die des dazu gestoßenen DDR-Bürgers oder die des Flüchtlings aus dem Irak, war lange Zeit für die Deutschen kein Problem: Einmal nicht vor dem Hintergrund unserer historischen Erfahrungen und dann auch nicht im Kontext unserer höchst individualisierten, differenzierten und konkurrenzorientierten Weltsicht. Im sog. global village sind Menschen eigentlich allesamt einander Fremde. Fremdheit ist eine Alltagserscheinung. Fremdenfeindlichkeit wurde von daher auch verschiedentlich mit Menschenfeindlichkeit gleichgesetzt. Fremdheitsempfindungen kommen in unserer Zivilgesellschaft nicht mehr dadurch zustande, dass wir von Außen mit etwas Neuem konfrontiert werden, sondern dadurch, dass wir aus Bekanntem heraus Innovatives, Neuartiges entwickeln, das uns dann zunächst fremd erscheint. Wir schaffen uns sogar Fremdheit, um das Erlebnis des Außerordentlichen oder Gruseligen zu haben. Münkler (1998) beschreibt diese Form als sekundäre Fremdheit.

Man wird das Gefühl nicht los, dass wir uns lange Zeit von solchen abgehobenen Überlegungen und kognitiven Spielereien blenden ließen und die realen sozialen Probleme dadurch verharmlost haben. Die primäre Fremdenproblematik ist auch in unserer Gesellschaft noch eine sehr gravierende soziale Problematik, die sich nicht mit dem Hinweis auf Ubiquität leugnen lässt, und sie geht von beiden Seiten, von den Einheimischen und von den Fremden, aus. Fremde sind nur dann kein Problem, wenn eine Gesellschaft ihre gemeinschaftlichen Bezüge, ihre Ordnung, ihre Kultur und Wertvorstellungen weitgehend hinten anstellt. Wir haben eine Phase der Betonung individueller Freiheiten und Rechte hinter uns, soziale Anpassung, Pflichtbewusstsein oder gar Disziplin waren wenig gefragt. Das machte es den Fremden einerseits leicht, weil auch sie sich nicht anpassen mussten, und andererseits schwer, weil sie als Konkurrenten kaum eine Chance am hiesigen Markt hatten und nicht auf Solidarität hoffen konnten. Die mangelnde Integration ist Folge unserer daraus resultierenden Gleichgültigkeit gegenüber Fremden. Kommen wir aber in eine Phase der Neubelebung von Gemeinschaft, dann wird das Fremdenproblem sofort wieder das ernst zu nehmende Sozialproblem, das uns bis heute nur als Einzelfall in Erscheinung getreten ist (vgl. Terwey und Scheuer, 2007).

Worin besteht das Fremdenproblem? Die Antwort lässt sich in mehreren Punkten geben.

- Es gibt ein Drinnen und ein Draußen, es gibt Einheimische und Fremde und es gibt einen jeweils individuellen Standpunkt, von dem aus von Drinnen her die externe Welt gesehen wird: Wer als Person drinnen ist, erlebt das Eigene als das Nahe, das Vertraute, das Zugehörige, während das Fremde als das Distale, das Unbekannte, das Unheimliche gilt. Fremd ist also keine absolute Eigenschaft, sondern immer relativ zu einem fixierten Standpunkt (vgl. Graumann, 1992). Fremd heißt: Keinen dauerhaften Ort in meiner Nähe einnehmen, nicht dazugehören, nicht viel Kontakt mit mir haben, riskant und nicht vertraut sein, Sorge, Vorsicht, Abwehr auslösen. Wo es solche Reaktionen nicht gibt, kann man Fremdes und Eigenes gar nicht mehr unterscheiden.
- Das was uns vertraut ist, war schon immer so, zu ihm gibt es eigentlich keine ernstzunehmende Alternative. Eine bestimmte Lebensform und Weltauffassung, in der wir aufwachsen, die wir mit unserer Sprache erfassen und schon immer erfasst haben, erscheint uns wie selbstverständlich. Wir können Lebensform oder Kultur im eigentlichen Sinne nicht bevorzugen, weil sie ohne Alternative ist. Tradition ist das, wovon wir wohl oder übel in allem ausgehen, was wir sagen, tun und empfinden. Das vertraute Eigene bildet das Zentrum der Welt, Fremdheit ist eine Funktion des Abstands von diesem Zentrum (vgl. Waldenfels, 1998).

- Fremdheitsempfinden entsteht vor allem dann, wenn etwas, was nicht dazugehört, plötzlich von Draußen eintritt, also Platz in einem Drinnen nimmt, wo es bislang nicht aufzufinden war. In Bezug auf diesen aus der Perspektive des Einheimischen definierten Platz gehört es nicht dorthin. In diesem Sinne entsteht unsere Welt traditionell durch die Eingrenzung des Vertrauten und die Ausgrenzung des Unvertrauten, entsteht das Fremde durch das Eindringen von etwas aus der ausgegrenzten Welt in die eingegrenzte Welt des Vertrauten. Das Fremde bedeutet damit eine Herausforderung, es verlangt nach Bewältigung. Wir nehmen es nicht gleichgültig hin. Wir stutzen, sind beunruhigt, suchen nach einer Erklärung für die Störung oder das Unheimliche, das uns belastet oder gar verängstigt.
- Entscheidend für unsere Überlegungen ist dabei aber weniger die kognitive Fremdheit. Die kognitive Fremdheit gibt es in unserer vernetzten Welt, in der wir uns alles Wissen angeeignet haben, eigentlich nicht mehr. Vor 50 Jahren gab es noch weiße Flecken in den Atlanten, früher war unbekannt, was in fernen Kulturen des Himalayas oder des Amazonas gedacht und getan wurde, heute trifft man an jeder Ecke dieser Welt Deutsche oder Westeuropäer. Je komplexer unsere Gesellschaft wurde, desto mehr Möglichkeiten und Anlässe der Integration von Fremdem gab es, je offener und mobiler wir wurden, desto mehr verschwand die Vorstellung von Nähe und Ferne.
- Entscheidender für unser alltägliches Leben ist die soziale Fremdheit. Zygmunt Bauman (1995) betont, dass dem Fremden das Stigma des späten Eintritts anhaftet, dass er also aus der Ferne, aus dem ausgegrenzten Raum hierher ins Drinnen kommt und hier bleibt, nachdem die Aufteilung in ein Drinnen und Draußen erfolgt ist. Daraus folgt, dass er durch die dauerhafte Anwesenheit die hiesige Ressourcenverteilung in Frage stellt, dass er hier einen Platz einnimmt, um den sich andere Einheimische bemühen, dass er sich einmischt und dass er seine vertrauten Lebensgewohnheiten fortsetzt, wodurch die hiesige Lebensform eine Störung erlebt. Der Fremde, der kommt und bleibt, stellt subjektiv eine Herausforderung, ab und zu eine Störung und gelegentlich sogar ein Ärgernis für den etablierten sozialen Frieden dar. Das kognitive Fremde stellt kein ernsthaftes Problem dar, die Person des Fremden im materiellen sozialen Raum aber doch, weil hier plötzlich Interessen an knappen Ressourcen ins Spiel kommen und spezifische Rechte von Einzelnen oder Gruppen tangiert werden (vgl. Elias und Scotson, 1990). Solange dies nicht der Fall ist, sind wir Fremden gegenüber großzügig, zumindest gleichgültig und nennen es oftmals fälschlicherweise tolerant.

Ethnische Vielfalt im eigenen Land 25

- Die perspektivische Trennung von Drinnen und Draußen führt zu einer automatischen Privilegierung der eigenen Sicht, die auf der Individualebene als Egozentrik, auf der Sozialebene als Ethnozentrik beschrieben werden könnte. Fremdes wird bewältigt, indem es am Eigenen gemessen oder mit dem Eigenen verglichen wird. Dabei entsteht eine Tendenz, das Eigene nicht nur zu verteidigen, sondern es auch als überlegen, als „Vorhut einer universalen Vernunft" (vgl. Waldenfels, 1998, S. 62) zu begreifen. Es entstehen nicht nur soziale Distanzierungen, soziale Dominanzrelationen und Status-Abstufungen von Minderheitengruppen, sondern auch Werturteile über „uns" und „andere" (vgl. Waage und Bornewasser, 2006), ferner auch Ansprüche, wie man sich als Fremder in Kontaktsituationen zu verhalten hat und Hinweise auf Vorsichtsmaßnahmen für die Einheimischen. Daraus resultieren auf der Individual- und der Sozialebene Über- und Unterlegenheitsgefühle, auch Erwartungen von Respekt und Anerkennung. Die Kategorisierung nach Ingroup und Outgroup ist der Hintergrund für kulturelle Ablehnung oder Abstufung, wobei im Zentrum die Auffassung steht, dass die traditionelle Kultur der Fremden keine adäquate Lösung für die hiesigen Probleme bereitstellt. Man erwartet von Fremden also nicht nur, dass sie sich der hiesigen Kultur anpassen, sondern auch, dass sie erkennen, dass die hiesige Kultur Sichtweisen und Fertigkeiten vermittelt, ohne die man hier kaum zurechtkommen kann.
- Mit dem Drinnen verbindet sich auch eine Vorstellung von Einheit und Identität: Wir in unserer begrenzten Welt sind eine Einheit, wir haben eine einheitlich geprägte Ordnung, wir sind dadurch anders als andere Gruppierungen. Wir können im Inneren unserer Gesellschaft eine stets zunehmende Differenzierung und Individualisierung feststellen, die Durchsetzung eigener Interessen und der Abbau von Autoritätsstrukturen prägen unser Leben. Dabei einigt uns ein Band dieser gemeinsamen Lebensform, der gemeinsamen Anerkennung unserer staatlichen Institutionen und des Rechts sowie der gemeinsamen Sprache. Diese geschichtlich gewachsene Einheit mit ihrer ganz besonderen politischen und sozialen Organisation macht unsere soziale Identität und Stärke aus. Ethnische Vielfalt ist kein Problem, solange das Band der Einheit keinen Schaden nimmt und die herrschende Lebensform nicht tangiert wird.

Bedarf	ja	ja	nein	nein
Niederlassung	nicht angestrebt	angestrebt	nicht angestrebt	angestrebt
Zuzugsbedingung: Holen	Experten, Befreiungsarmeen +++	eingebürgerte Nationalspieler +-+	strahlenverseuchte Kinder aus Tschernobyl in Reha -++	Cap Anamur-Flüchtlinge aus Vietnam --+
Zuzugsbedingung: Kommen	Urlauber, ausl. Stipendiaten ++-	dt. Steuerflüchtlinge +--	Bürgerkriegsflüchtlinge -+-	Asylbewerber ohne Berufsausbildung ---

In den Zellen sind Beispiele angegeben sowie generelle Annahmen über die Richtung der zu erwartenden Einstellung symbolisch dargestellt. Diese Annahmen lassen die Interaktionen und Gewichtungen der einzelnen Faktoren völlig außer Acht.

Diese kurze Skizze möge dreierlei verdeutlichen:

- Fremdenfeindlichkeit als eine Form der Abwehr von sozialer Fremdheit resultiert aus der Begrenztheit sozialer Systeme, in die einzelne Personen eingebunden sind, aus der inneren Ordnung dieser Systeme, aus der wahrgenommenen Wertigkeit dieser Ordnung und aus der perzipierten Bedrohung, die mit dem Eintritt von Fremden in dieses geordnete System verknüpft ist. Sorge, Vorsicht und Abwehr der aufnehmenden Bevölkerung sind ähnlich nachvollziehbar wie Ängste, Skepsis und Zurückhaltung der Einwanderer. Fremdheit hatte schon immer und hat auch heute noch soziale Signifikanz und wird in allen Gesellschaften geregelt. Fremdenangst und Fremdenfeindlichkeit sind keine deutschen Eigenschaften, genauso wenig wie es ein deutsches Privileg ist, ein Drinnen und ein Draußen oder das In- und das Ausland zu unterscheiden. Ohne diese analytische Trennung wären viele unserer alltäglich genutzten Konzepte ihrer Bedeutung beraubt.
- Es gibt keinen psychologischen Mechanismus, der Fremdenfeindlichkeit zu einer zwangsläufigen Angelegenheit macht. Fremdenfeindlichkeit ist kein angeborenes Charakter- oder Temperamentsmerkmal. Fremdenfeindlichkeit wird erlernt: Sie ist Folge mangelnder Beherrschung angesichts einer normativen Verpflichtung im Sinne einer low self control, wie sie etwa von Gottfredson und Hirschi (1990) thematisiert wird. Damit ist gemeint, angelegten Handlungstendenzen (wie Ängsten oder Sorgen) im aggressiven Sinne nachzugeben statt sich wie viele andere Menschen auch zu beherrschen und vor Gewalt zurückzuschrecken. Je nachdem, wie das soziale und vor allem das politische Umfeld beschaffen ist, wird diese Tendenz verstärkt oder abgeschwächt, wobei die Fremdheitswahrnehmung überhaupt nicht an praktische Erfahrungen gebunden ist. Sonst wäre es ja kaum erklärbar, warum in den neuen Bundesländern die Einstellungen zu Fremden ähnlich verbreitet sind wie in den alten Bundesländern (vgl. Terwey und Scheuer, 2007).
- Auffällig ist, dass Fremdheit keine universelle Handhabung erfährt. Verschiedene Formen von Fremdheit sind mit mehr oder weniger abwehrenden Regelungen verknüpft, auf unterschiedlichen Fremdengruppen lastet das Stigma des späten Eintritts in unterschiedlichem Maße. Vor Jahren habe ich einmal versucht, eine Differenzierung nach den drei Dimensionen Holen vs. Kommen, Bleiben vs. Rückkehr, Bedarf vs. kein Bedarf vorzunehmen. Je nach Konstellation dieser Dimensionen bestehen ganz unterschiedliche Reaktionsbereitschaften.

Bewältigung von Fremdheit auf der operativen Ebene

Wir diskutieren Fremdheit häufig in abstrakter Form, ohne an die konkrete Begegnung im Alltag zu denken. Auch die von uns interviewten Polizisten berichteten über Begegnungen mit Fremden, ohne auf einzelne Personen mit ihren individuellen Besonderheiten Bezug zu nehmen, bestenfalls als Beispiele. Fremdheitsbewältigung und Fremdenfeindlichkeit sind in der Regel auch keine interpersonellen Angelegenheiten in dem Sinne, dass der Deutsche Peter Müller dem Türken Ali Gümüs einen Schaden zufügt. Oftmals fällt es schwer zu entscheiden, ob z.b. ein Nachbarstreit zwischen einer Deutschen und einer Portugiesin eine Handlung mit fremdenfeindlicher Motivation ist oder nicht bzw. auf der Basis von personaler oder sozialer Identität zustande kommt. In der Vergangenheit wurden die fremdenfeindlichen Taten oftmals gegenüber völlig unbekannten Opfern ausgeführt, die quasi als Stellvertreter oder Repräsentanten einer fremden Kultur herhalten mussten. Interaktion wird in solchen Fällen zu einer intergruppalen oder interkulturellen Angelegenheit (vgl. Waage und Bornewasser, 2006). Im polizeilichen Alltag ist das ähnlich. In der operativen Begegnung stehen sich in der Tendenz eher Rolleninhaber mit unterschiedlicher Herkunft gegenüber als namentlich bekannte und vertraute Personen.

Der konkrete Umgang mit Fremden ist eine wechselseitige Angelegenheit, zu der Polizisten und Fremde in gleicher Weise beitragen. Dabei ist der Polizei zuzugestehen, dass der Umgang mit Fremden, mit ethnischer Vielfalt insbesondere in der direkten Interaktion eine besondere Situation schafft, zumal die Polizei in der Regel nur dann Umgang mit Deutschen und Fremden pflegt, wenn Anlass zu der Vermutung besteht, dass eine Straftat oder eine Ordnungswidrigkeit begangen wurde oder aber eine Gefährdung besteht

Mit Polizeibeamten in Kontakt treten zu müssen, fällt niemandem leicht. Das liegt an der spezifischen Rolle der Polizei und an der Besonderheit der Situation, zumal bei jedem anlassbezogenen Kontakt immer Aspekte von Beschuldigung und Sanktionierung mitschwingen. Jeder meint in einer prekären Situation von sich, dass er eigentlich keine Schuld hat und der Beamte im Sinne der Nutzung seines Ermessensspielraumes ein Auge zudrücken und auf jegliche Maßnahme verzichten könnte.

Die Begegnung mit der Polizei erfordert nicht nur gute Sprachkenntnisse, sondern auch eine gewisse Sensibilität für den Umgang mit Beamten, die die Situation mit ihrem Auftreten weitgehend definieren, die Rollen fixieren und die Abfolge von Handlungsschritten festlegen. Die Sprachspiele der Vernehmung, der Verdächtigung oder der Beschuldigung mit der dominanten Rolle des Beamten und der komplementären Rolle des Bürgers sind uns im Alltag nicht so vollkommen vertraut, dass sie ein jeder locker spielen könnte. Man kann sich vorstellen, dass für einen Fremden die Situation nicht einfacher ist. Klar ist aber auch, dass jeder Polizist immer wieder mit Migranten in Berührung kommt, wobei anzunehmen ist, dass das dem Polizisten ähnlich gleichgültig ist wie einer Verkäuferin an einer Kasse oder einer Krankenschwester im Krankenhaus. Migranten gehören zu unserem Leben, wir haben uns daran gewöhnt und erkennen darin kaum noch etwas Besonderes. Dies verdeutlichen die folgenden Zahlen für das Land NRW:

- Jährlich kommt es etwa zu 1,5 Mio Straftaten und zu 0,5 Mio Unfällen, jährlich gibt es etwa 8.000 Demonstrationen, jährlich werden etwa 2 Mio Streifenwageneinsätze gefahren.
- Je nach Zählweise sind 8,6% der Bewohner Ausländer bzw. 18,6% der Bevölkerung weisen einen migrantischem Hintergrund auf. Dieser Prozentsatz erhöht sich bei Kindern und Jugendlichen auf etwa 27%, bei Kindern allein schon auf 33%. In den ABL haben 21,5%, in den NBL 5,2% der Bevölkerung einen migrantischen Hintergrund.
- Daraus resultiert, dass Migranten jährlich an etwa 300.000 Straftaten beteiligt und in ca. 100.000 aufgenommene Unfälle verwickelt sind.

Fremdheitserfahrungen sind polizeilicher Alltag. Dabei ergeben sich über die Räume hinweg jedoch keine Gleichverteilungen. Wir haben Länder und Stadtteile mit hohen und geringen Ausländeranteilen. Ferner ist eine Vergrößerung der Ausländeranteile infolge des demografischen Wandels festzustellen: Der Anteil der Deutschen an der Bevölkerung sinkt, gleichzeitig gibt es ein Anwachsen der Bevölkerung mit migrantischem Hintergrund. Der Anteil deutscher Jugendlicher nimmt aufgrund der demografischen Entwicklung ab, die Zahl der migrantischen Jugendlichen nimmt hingegen zu, wodurch auch immer mehr Kriminalität zu Lasten migrantischer Jugendlicher geht (unter der Annahme, dass das Jugendalter vor allem in Verbindung mit Armut viel Kriminalität aufklärt, vgl. Reepschläger, 2007).

Migranten gehören zum Alltag, und dennoch müssen wir uns klar machen, dass sich in jeder einzelnen Interaktion Vertreter verschiedener Kulturen begegnen. Und das ist immer ein Problem, weil hier Grundprämissen und Regelungen aufeinander treffen, die eine einfache Verständigung zu einer anstrengenden Angelegenheit machen und weil Stereotype wirken, die immer wieder neu Selbstverständliches in Frage stellen. Gerade in kritischen, stressgeladenen Situationen wird man wieder auf die primäre Fremdheit zurückgeworfen und erlebt gerade Abweichung als etwas Negatives, als Defizit, als Ungehörig, als Provokation. Dabei spielt es keine Rolle mehr, aus der Ferne zu kommen. Interessant ist allein der Punkt, wie sich Fremde mit unserer eigenen Kultur arrangieren, ob sie

Zeichen geben, sich anpassen zu wollen, ob sie bereit sind, Anstrengungen auf sich nehmen, sich rasch integrieren zu wollen, ob sie Kontakte zu Deutschen suchen oder ob sie doch eher „Nein" zu unserer Kultur sagen. In diesem Sinne stellt sich für jeden Polizeibeamten die Frage, ob die registrierte Auffälligkeit als ein Symbol für die Ablehnung oder die unzureichende Anstrengung steht.

Spätestens hier drängen sich natürlich Fragen auf: Was ist Kultur? Kann man sich auf Kulturkontakt mit Trainings zur interkulturellen Kompetenz vorbereiten?

Aus handlungstheoretischer Sicht stellt jede Kultur die Art und Weise dar, wie Menschen in einem abgegrenzten Raum (man spricht auch vom Kulturkreis) Anpassungsprobleme bewältigen, wobei danach zu trennen ist, wie sie sich dabei intern organisieren und mit welchen Mitteln sie die Zielverfolgung betreiben. Kultur verweist damit einerseits auf die innere Ordnung und andererseits auf normative Regelungen. Kultur impliziert also viel Normatives, zu dem man sich bekennen muss, dass aber auch irgendwann in Routine aufgeht. Dann wissen wir gar nicht mehr, warum wir uns in einer spezifischen Form organisiert und ausgerichtet haben. Wir können es aber noch einmal erahnen, sobald wir realisieren, dass unsere Kultur verloren geht (vgl. Stegmaier, 2007).

In diesem Sinne kann man die folgende Definition von E. Schein (1995) verstehen. Eine Kultur stellt ein Muster gemeinsamer Grundprämissen dar, das die Gruppe bei der Bewältigung ihrer Probleme externer Anpassung und interner Integration erlernt hat, das sich bewährt hat und somit als bindend gilt und das daher an neue Mitglieder als rational und emotional korrekter Ansatz für den Umgang mit diesen Problemen weitergegeben wird.

Jede Kultur hat verschiedene Tiefenschichten: Schein unterscheidet sichtbare Artefakte, bekundete Regeln und unbewusste, wie selbstverständlich hingenommene Grundprämissen. Vergleichbar differenziert der niederländische Kulturforscher Fons Trompenaars (1993) eine äußere Schicht i.S. von Nahrung, Kleidung, Architektur, eine mittlere Schicht von Normen und Werten sowie einen Kern der Kultur, der die Grundannahmen der Existenz umfasst. Etwas konkreter wird Kultur, wenn man sich anschaut, was in den verschiedenen Kulturkreisen an Handlungsregeln vorgegeben ist. Hofstede (1997) differenziert danach, ob eine Kultur mehr dem Individualismus oder dem Kollektivismus verpflichtet ist; ob es eine stark männlich geprägte Leistungs- und Karriereorientierung gibt (Maskulinität); ob ein starkes Autoritätsgefälle existiert (Machtdistanz) und ob man dazu neigt, Dinge auf der Sachebene direkt anzusprechen oder Umwege über die Beziehungsebene macht (Kontextualität).

Man erkennt schon hier, dass man einerseits über Kultur sehr viel reden kann, dass es andererseits aber sehr schwer ist, dieses Konzept zur Erklärung von konkreten Sachverhalten eindeutig zu verwenden. Was sind die Probleme eines solchen Kulturkonzepts?

- Es gibt keine Einheitskultur in einer Organisation wie der Polizei, geschweige denn in einer Gesellschaft. Kultur meint aber so etwas wie eine mehr oder weniger einheitliche Ausrichtung an verbindlichen Institutionen, was nicht ausschließt, dass es viele modifizierende Subkulturen oder gar Kontrakulturen in einer Gesellschaft gibt.
- Kultur setzt zwar Wertebildung und Wertorientierung voraus, aber vielen Kulturträgern ist die eigene Kultur kognitiv gar nicht vertraut. Man verhält sich im Alltag so, wie man es immer getan hat, aber man kann nur schlecht begründen, warum man sich so verhält und warum man es gut findet, dass man sich so verhält. Genauso fällt es oft schwer zu sagen, an welchen Stellen es zu Brüchen kommt oder wo sich Unverträglichkeiten ergeben. Jede Kultur ist zudem einem permanenten Wandel unterworfen.
- Kultur muss letztlich erst in konkretes Verhalten herabtransformiert werden, bevor darüber zu entscheiden ist, ob etwas zur Kultur passt oder zur Kultur in Widerspruch steht. Kulturen überlappen sich, einzelne Organisationsformen und Verhaltensweisen passen zu verschiedenen Kulturen, sie können aber auch im Widerspruch zueinander stehen und Reibungsverluste erzeugen.
- Kultur hält lange vor. Dennoch kann man sie aufgeben, kann man von einer Kultur zur anderen überwechseln (konvertieren) und sich an andere Kulturen anpassen (Assimilation). Alles das kann man mehr oder weniger freiwillig tun, all das impliziert eine emotional geprägte Entscheidung und Bindung, all das erfordert Mühe und Anstrengung und ist oftmals mit ganz auffälligen Konversionseffekten verknüpft (z.B. möchte eine Deutsche, die nach Holland emigriert ist, ganz besonders Holländisch erscheinen).

Egal, wie es um die Kultur bestellt sein mag: Wichtig ist, dass alle Kulturen davon leben, dass man sich ihnen gegenüber erklären muss, dass man sie anerkennen muss, dass man sich an sie bindet und dass sie die Basis für ein emotionales Zugehörigkeitsgefühl darstellen. Kultur gibt einen Ordnungsrahmen vor, zu dem man Ja sagen muss und in dem man sich dann frei bewegen kann, der allerdings auch von den anderen zur Bewertung des eigenen Verhaltens genutzt wird. Allerdings kann dieser Ordnungsrahmen durch das konkrete Verhalten auch bewusst in Frage gestellt werden (wir bezeichnen dies auch als deviantes oder kriminelles Verhalten) oder in Frage gestellt sein, ohne dass es offensichtlich zu erkennen ist (man denke z.B. an extremistische politische Gruppierungen). Diesen Rahmen müssen sich später Eingetretene mühsam erarbeiten, wenn sie die Absicht haben, sich in der neuen Kultur zu etablieren.

Was nützen in diesem Zusammenhang die interkulturellen Kompetenzen, die sich Polizeibeamte in verschiedenen Personalentwicklungsmaßnahmen aneignen können? Kompetenz als Gegenstück zur Performanz beschreibt zunächst einmal einen Satz von Merkmalen einer Person, der in einen irgendwie organisierten Leistungszusammenhang eingebunden ist. Es ist ein Zusammenspiel von Handlungsfähigkeiten als kognitiver Basis, von Handlungsbereitschaften als motivationaler Basis und von legitimierter Zuständigkeit innerhalb einer Ordnung. Kompetent ist jemand, der kann, der will und der in einer bestimmten Situation das tut, was er tun soll, weil genau er in seiner Stelle diese Aufgabe zu bewältigen hat (vgl. Staudt und Kriegesmann, 1999).

Wir alle haben nur eine vage Vorstellung davon, wann Sprachliche Kompetenz, Emotionale Kompetenz, Soziale Kompetenz, Methodenkompetenz, Führungskompetenz oder Berufliche Kompetenz gegeben oder nicht gegeben sind. Wichtig hierbei sind erneut zwei Dinge: Kompetenz hat einen finalen Charakter, d.h. man benötigt Kompetenz, um ein bestimmtes Ziel erreichen zu können. Sodann hat Kompetenz eine normative Komponente, d.h. man ist an eine Verpflichtung (wie sie z.B. in einer Stellenbeschreibung, einem Vertrag oder einer Norm festgehalten ist) gebunden und hat sich an sie zu halten.

Interkulturelle Kompetenz lässt sich in Anlehnung an diese Definition von demjenigen behaupten, der eigen- und fremdkulturellen Partnern Interesse und Respekt entgegenbringt, Kenntnisse über die eigenen und die fremden Kulturstandards hat, Kenntnisse über kulturspezifische Arten der Kontaktaufnahme, Kommunikation und Problemlösung besitzt und dieses Wissen flexibel im Sinne der eigenen Zielerreichung einzusetzen versteht (vgl. Jacobsen, 2007, i.d.B.). Dabei ist anzunehmen, dass der interkulturell kompetente Polizeibeamte einen Vorteil aus seiner zusätzlichen Kompetenz ziehen kann und dass er der Polizei Nutzen bringt.

Wenn man etwa Geschäfte mit Chinesen machen will, so ist interkulturelles Management angesagt, erscheinen sog. Culture assimilator-Verfahren sinnvoll, wird Geld in die umfassende Vorbereitung auf verschiedene Situationen, Begegnungen und Abläufe in China gesteckt (vgl. Thomas, 1993). Kann man dieses Vorgehen auch auf die Polizei übertragen? M.E spricht an sich nichts dagegen, aber man muss dabei das eigene Ziel im Auge behalten. In der Industrie verspricht man sich von einem Training etwas, sieht man bessere Chancen, kann man Nachteile ausgleichen. Durch interkulturelles Training wird der Manager zum Erfolg geführt.

Bei der Polizei gibt es kein so eindeutiges und positiv definiertes Erfolgsziel. Stattdessen konzentriert man sich verstärkt darauf, dass keine Fehler gemacht werden, also nicht z.b. ein Fremder aufgrund von Sprachdefiziten festgenommen wird, der aber unschuldig ist. Ein interkulturelles Training dient damit weniger dazu, ein spezifisches Set von Verhaltensweisen zu lernen, sondern Fehler zu vermeiden und besser als bisher zu verstehen, warum sich ein Fremder gegenüber einem Beamten in einer spezifischen Situation so und so verhalten hat und warum daraus keine Begründung für eine vorläufige Festnahme zu ziehen ist. Man nimmt den Trainees dadurch ein Stück weit ihre universelle Sicherheit und Selbstverständlichkeit, verlangt von ihnen mehr person- und situationsspezifisches Abwägen und bewahrt sie vor falschem Übereifer. Fremde machen in genau diesem Sinne eben mehr Arbeit. Das gilt auch für den koreanischen Studenten, dessen Diplomarbeit zu betreuen ist.

In der Industrie bereitet man sich auf eine spezifische Kultur vor, aber was macht man bei der Polizei, wo man auf zahlreiche Kulturen stößt? Kein Beamter kann mehrere Kulturen ausführlich kennen lernen. Das erweitert den Anspruch, generell mit Multikulturalität fertig werden zu wollen und könnte bedeuten, dass interkulturelle Schlüsselkompetenzen vermittelt werden müssen. Im Umgang mit Tatverdächtigen aus fremden Kulturen gilt dann generell: Nichts für Selbstverständlich halten, keine automatischen Schlüsse ziehen (z.B. schwarz gleich fremd), jegliches Vorgehen erläutern, Lernen, beharrlich zu sein und fest aufzutreten, sich nicht provozieren zu lassen, Emotionalität weitgehend zu unterdrücken, auf ruhige Sachlichkeit zu setzen und auf das Vergehen nicht in beamtentypischer Knappheit sondern mit hoher Kontextualität einzugehen. Erneut gilt: Der Umgang mit Fremden macht das Leben nicht leichter. Im Gegenteil muss man sogar damit rechnen, dass Fremde aus ihrem Status Gewinn ziehen möchten, indem sie z.B. Fremdenfeindlichkeit des Polizeibeamten unterstellen oder lautstark auf sich aufmerksam machen und damit dem Vorgang mehr Öffentlichkeit verschaffen.

Man muss in interkulturellen Trainingsprogrammen lernen, dass gerade ausländische Jugendliche in einer Art Matrixorganisation leben, in der sie eine kulturelle Doppelführung erfahren. Die Nachteile dieser Organisationsstruktur sind bekannt: Unklarheit bis Widersprüchlichkeit der Anweisungen aus verschiedenen Quellen, hoher vermittelnder Kommunikationsaufwand und die stetige Gefahr, dass die Führer bzw. hier die Kulturen gegeneinander ausgespielt werden. Aus den angedeuteten Kulturdifferenzen ergeben sich zusätzliche Lernfelder:

- Umgehen lernen damit, dass viele Jugendliche aus fremden Kulturen in hoher Machtdistanz in den Familien aufwachsen, aber in dieser Gesellschaft in geringer Machtdistanz leben können (Stichwort: Angst vor Papa, aber frech gegenüber dem Polizeibeamten). Daraus resultiert eine Tendenz, immer aus beiden Kulturen das Optimale herausholen, was gerade günstig ist (Stichwort: Sexuelle Gleichstellung nützen und deutsche Mädchen anmachen und gleichzeitig die eigene Frau, Schwester oder Tochter mit Verweis auf religiöse Bindungen einsperren oder misshandeln).

- Umgehen lernen damit, dass viele Jugendliche aus Ländern kommen, wo man sich auf den Staat und staatliche Ordnung nicht hinreichend verlassen kann und von daher eher in der sozialen Gemeinschaft, in der Familie Schutz und Solidarität sucht. Die Familie, das Kollektiv dient als entscheidendes Regulativ, wo der deutsche Beamte meint, den eigenverantwortlichen Straftäter ansprechen zu können. Persönliche Beziehungen, Autoritätsbeziehungen und das Ansehen von Familien spielen in anderen Kulturen eine ungleich größere Rolle und man kann sich gut ausmalen, wie schwer es ein Beamter hat, der aus seiner Rolle heraus einen Verstoß nur auf der Sachebene zu bearbeiten wünscht.
- Umgehen lernen damit, dass viele Jugendliche auch aufgrund von sprachlichen Defiziten mehr Emotionalität, mehr publikumswirksame Auftritte, die laute und große Geste, die einschüchternde Haltung oder das maskuline Gehabe praktizieren. Wer mit der argumentativen Nüchternheit unserer Kultur erfolgreich sein will, muss schon über ein sehr hohes Sprachvermögen verfügen. Wenn es nicht gegeben ist, muss man es kompensieren.

Es ist nicht nur schwer zu sagen, was Kultur ist und wie sich Kultur über Kulturstandards in Verhalten niederschlägt. Diffizil ist auch die Feststellung von kritischen Differenzen zwischen Kulturen, die Konflikte im sozialen Umfeld erzeugen oder fördern und die Antwort auf die Frage, wie ein Polizeibeamter mittels interkultureller Kompetenz sein Arbeitsergebnis verbessern kann. Bekannt ist, dass Wissen und Einstellungen allein kein besseres Verhalten erzeugen oder fördern, umso erstaunlicher ist, dass viele Trainings fast ausschließlich das Wissen um andere Kulturen zu mehren trachten. Es müsste mehr Wert auf die Darstellung der Orientierungskonflikte von Fremdengruppen in Deutschland (z.B. analog zur Matrixorganisation) gelegt werden, es müssten vermehrt klare Handlungsanweisungen für den Umgang mit solchen Orientierungskonflikten gegeben werden (wieweit sollen Konflikte berücksichtigt, wieweit fremde Standards beachtet und eigene Standards durchgesetzt werden) und man müsste verstärkt auf die eigenen Erwartungen an Fremde und die Emotionen eingehen, die sich einstellen, wenn diese Erwartungen nicht erfüllt werden. Es sollte über Coachings und verhaltensnahe Programme mehr „on the job" gearbeitet werden, viele „off the job"-Programme sind zu kognitionslastig.

Grundsätzlich erscheint es zudem notwendig, den Stellenwert solcher Trainings zu bestimmen. Es sollte Konsens darüber bestehen, dass die interkulturelle Kompetenz zu einer Verbesserung der Arbeitsleistung des Polizeibeamten führen muss, er muss über dieses Training effektiver und effizienter arbeiten können. Interkulturelle Kompetenztrainings sind keine Toleranzerziehung. Sie haben auch keine direkte sozialarbeiterische Komponente, sondern sollten ein Instrument sein, um erfolgreich polizeiliche Arbeit zu gestalten, so dass auch das polizeiliche Gegenüber mit migrantischem Hintergrund das erforderliche Handeln nachvollziehen kann. Wenn dazu türkische Sprachkenntnisse oder Wissen um den Islam helfen, so sollten diese Inhalte vermittelt werden. Wenn aber dieses Wissen letztlich nur dazu führt, dass Jugendliche meinen, sie könnten im Umgang mit der Polizei auf die deutsche Sprache verzichten, dann haben interkulturellen Kompetenztrainings ihr Ziel verfehlt. Das wäre auch dann der Fall, wenn ein Tatverdächtiger meint, dass die erfolgten Gewalthandlungen gegenüber der eigenen Ehefrau durch das Wissen des deutschen Beamten um den Koran anders bewertet würden. Deutsch als polizeiliche Umgangssprache ist letztlich mit allen legitimen Mitteln ebenso durchzusetzen wie das hier geltende Gesetz. Was dazu dienlich ist, sollte praktiziert werden. Interkulturelle Kompetenz darf nicht heißen, an diesen Essentials polizeilicher Arbeit Abstriche zu machen. Trainings dieser Art sind keine Maßnahme, um die Fremden besser verstehen zu können. Es geht nicht allein um Verständnis, sondern um erfolgreiches Arbeiten im Sinne der geltenden Gesetze.

Zur Einstellung von Personen mit migrantischem Hintergrund

Hier stellt sich sofort eine weitere Frage: Kann die Polizei das Fremdenproblem bewältigen, indem sie Personen mit migrantischem Hintergrund in die Polizei einstellt? Seit Jahren gibt es Bemühungen innerhalb der Polizei, ausländische Bewerber und Bewerberinnen in den Polizeidienst einzustellen. So heißt es z.B. in der Integrationsoffensive NRW des Landtages vom 19.6.2003: „Wir werden dafür sorgen, dass der Anteil der Polizeibeamtinnen und –beamten mit Migrationshintergrund kontinuierlich ausgebaut wird". Dieses Anliegen teilt auch die aktuelle Regierung, die sich laut Landtagsdrucksache 14/2417 dafür einsetzt, dass

- sich die ethnische Vielfalt unserer Bevölkerung auch in den Institutionen des Staates wieder finden muss – und damit natürlich auch in der Polizei

- verstärkt Personen mit Migrationshintergrund für die Polizei gewonnen werden müssen, damit die Polizei auch einen aktiven Beitrag zur Integration dieser Bevölkerungsgruppen in unsere Gesellschaft leistet.

Die IMK hat dieses Ziel auch gerade wieder erneut betont. Dabei soll diese besondere Personengruppe keine Sonderrolle in der Ausbildung erfahren und darf auch nicht nur für spezifische Tätigkeiten an bestimmten Örtlichkeiten eingesetzt werden.

Einzustellen im Beamtenverhältnis sind nach Rechtslage nur solche Personen, die Deutsche im Sinne des Art. 116 GG oder aber EU-Bürger sind. Sie mussten ursprünglich der deutschen Sprache in Wort und Schrift mächtig sein. Das wird heute nicht mehr eigens gefordert, vielleicht auch, weil zu viele Deutsche nicht mehr in der Lage sind, orthografisch korrekt zu schreiben.

Abbildung 3: Integrationspolitische und polizeitaktische Gründe der Einstellung

Integrationspolitische Gründe zur Einstellung von Migranten:
- Die Polizei hat sich in Ausbildung und Verhalten besser auf den Umgang mit dem ausländischen Wohnbevölkerung einzustellen.
- Die Polizei kann auf diese Weise zeigen, dass eine Organisation, die im vordersten Zentrum der Aufmerksamkeit steht, Werte wie Toleranz und Integration vin Minderheiten ernst nimmt. Der Ausländeranteil und Anteil von Personen mit Migrationshintergrund in der Bevölkerunglässt aus integrationspolitischen Gründen die Einstellung von Migranten als sinnvoll erscheinen.
- Anspruchshaltung der Bevölkerung ist, dass sich die Polizei auch als Integrationsfaktor für andere Bevölkerungsgruppen sieht.
- Dient der Erreichung von mehr Normalität im Verhältnis zu dieser Bevölkerungsgruppe.
- Die Einstellung von Personen dieses Hintergrundes erhöht durch ihre Auswirkungen auf die Binnenstruktur und Binnenkommunikation innerhalb der Organisation die soziale Kompetenz der Polizei als Ganzes.

Polizeitaktische Gründe zur Einstellung von Migranten:
- Ausdruck der Bürgernähe der Polizeiarbeit als ein Grundbegriff des polizeilichen Selbstverständnisses
- Ausdruck des gegenseitigen Verständnisses von Bürgern und Polizei und einer hohen Aktzeptanz der Polizeiarbeit durch die Bürger
- fördert die Vertrauensbildung in der Bevölkerung gegenüber der Polizei
- Bewerberinnen und Bewerber mit diesem Hintergrund besitzen zusätzliche Qualifikationen, die für die Polizei nützlich sein können, z. B. Beherrschung einer zusätzlichen Sprache in Wort und/oder in Schrift
- spezielle Kenntnisse in der Kultur/den Kulturen, den Mentalitäten und den Denkweisen der Bevölkerung des Herkunftslandes wirken positiv auf die Polizeiarbeit
- kann zur Verbesserung der Polizeiarbeit in Gebieten mit hohem Ausländeranteil beitragen
- auf spezifische Formen abweichenden Verhaltens gerade bei nicht integrierten jungen Angehörigen der ausländischen Wohnbevölkerung kann von Polizeibeamten mit Migrationshintergrund besser reagiert werden.

Was sind die Gründe für die Einstellung? Bislang sind es vor allem integrationspolitische und polizeitaktische Gründe, die zum Tragen kommen. In diesem Sinne hat das IM Niedersachen gerade ein Integrationsdezernat in seine Polizei-Abteilung integriert. Die folgende Abbildung gibt einen Überblick über denkbare Gründe.

Zu erkennen ist, dass zwei Gründe zentral sind:

1. Fremdheit ist kein besonderer Zustand mehr, ethnische Vielfalt ist an der Tagesordnung. Bei einer großen Zahl von Deutschen liegt ein migrantischer Hintergrund vor, so dass es keinen Grund mehr gibt, diesen Personen den Zutritt zur Polizei zu verwehren. Würde man es dennoch tun, so riskierte man politische Debatten.
2. Polizeibeamte mit migrantischem Hintergrund (MH) haben spezielle Kompetenzen, die zu einem Erfolg des polizeilichen Arbeitens in der Auseinandersetzung mit Minderheiten, insbesondere Jugendlichen dieser Minderheiten beitragen.

Wenn man einmal das integrationspolitische Argument fortlässt, dann stellt sich die Frage, ob man im taktischen Bereich tatsächlich Vorteile hat, zumal sich verschiedentlich schon gezeigt hat, dass auch die MH-Beamten selbst keine Sonderrolle spielen möchten. Nur weil man einen türkischen Hintergrund hat, möchte man nicht vornehmlich in türkisch dominierten Stadtteilen arbeiten. Es kann m.E. auch nicht sein, dass non-MH-Polizisten für Deutsche und MH-Polizisten für Ausländer zuständig sind. Dann könnte man auch direkt eine Migranten- oder Fremdenpolizei einrichten.

Eine solche Konzeption funktioniert nicht, sie lässt sich weder in den Schichten vor Ort noch im Revier übergreifend durchsetzen. Außerdem müsste es dann auch viel mehr Diversität in den einzelnen lokalen Polizeibehörden geben. Was wollte man in Stadtteilen machen, wo 40% Ausländer leben? Fraglich ist zudem, ob z.B. ein türkisch-stämmiger Beamter im Umgang mit türkischen Jugendlichen mehr Erfolg hat als ein deutscher Beamter. Hier greift wieder das Konversionsargument: Es reicht vom Vorwurf des Verräters bis hin zum konversionsbedingten Übereifer. Ferner stellt sich die Frage, ob die kulturbedingten Geschlechtsrollendifferenzierungen nicht stärker durchschlagen als die Nationalitätenabgrenzungen, wenn z.B. eine türkische Beamtin einen männlichen türkischen Jugendlichen verhört. Der Glaube, dass gemischte Interaktionsmuster (Ausländer –Deutscher) ungünstiger sind als reine Muster (Ausländer-Ausländer) stellt vermutlich zumindest in seinem Verallgemeinerungsanspruch einen Irrglauben dar.

Das heißt dann aber auch: Unter Kompetenzgesichtspunkten können Polizisten aller Ethnien eingestellt, aber auch völlig unabhängig von den konkreten Gegebenheiten vor Ort eingesetzt werden. Die Ethnie und die Beherrschung der fremden Sprache spielen keine dominante Rolle bei der Allokation der Kräfte. Dadurch verzichtet die Polizei im regionalen Außenverhältnis evtl. auf sprachliche Vorteile, die aber gleichzeitig durch den Fortfall einer Vielzahl von Nachteilen kompensiert werden. Klar müsste dabei immer sein, dass die Einsatzsprache Deutsch ist, allein schon, um eine gewisse Sicherheit für die am Einsatz beteiligten Kollegen zu schaffen und jegliche intragruppale Kungelei oder Nötigung auszuschließen (ein deutscher Beamter versteht nicht, welche Drohungen z.B. ein Pole gegenüber einer polnischen Beamtin ausdrückt, die Beamtin selbst aber will nicht darüber sprechen, weil sie sich dadurch in ihrer Position geschwächt sieht). D.h. aber auch, dass die Polizei keine bessere, aber auch keine schlechtere Arbeit vor Ort auf der Strasse leisten würde, wenn nur Deutsche oder nur MH-Kollegen den Streifendienst versehen würden. Auch hier ist zu erwarten, dass sich die Vor- und Nachteile von einheitlich oder gemischt zusammengesetzten Streifengruppen austarieren.

Wie sieht es um die polizeiinternen Strukturen aus? Es werden zwar MH-Polizisten eingestellt, aber es ist bislang recht deutlich, dass sie überwiegend im mittleren Dienst tätig sind, weil ihnen (faktisch oder angeblich) oftmals die schulischen Voraussetzungen fehlen (vgl. die Ausführungen von Groß, 2007 zu den Verhältnissen im Land Hessen in diesem Band). Das gilt vor allem für junge Frauen, die oftmals zusätzlich nicht über die erforderliche körperliche Fitness verfügen. Schulische Leistung und Benotung müssen aber ein hartes Einstellungskriterium bleiben, weil sonst die Gefahr besteht, dass es aufgrund unzureichender Leistungen der MH-Kollegen zu internen Diskriminierungen kommt. Wer in der Polizei nichts leistet und dann auch noch mit dem Stigma des migrantischen Hintergrunds ausgestattet ist, droht sonst schnell zum Opfer von Diskreditierung bis hin zum Mobbing zu werden.

Auch wenn es angesichts der aktuellen schulischen Defizite für viele MH-Bewerber vermutlich nicht möglich sein wird, in den gehobenen oder gar höheren Dienst einzutreten, sollte man an einer klaren Leistungshürde auf jeden Fall festhalten. Dabei ist allerdings auch zu berücksichtigen, dass man Ausländern Chancen nimmt, wenn das Sprachkriterium zu hoch gehängt wird. Die Sprache verhindert dann Einstellungen, gleichwohl der MH-Kandidat ähnlich klug oder gar klüger ist als der deutsche Bewerber. Die sprachlichen Benachteiligungen müssen von daher ausgeschaltet bzw. dieser Faktor statistisch herauspartialisiert werden. Dazu dienen z.B. sprachfreie Intelligenztests. Die Sprache unterdrückt die auf Intelligenz basierende Leistungsfähigkeit, von daher muss der Anteil an Leistungseinbussen, der auf den Sprachmangel zurückzuführen ist, herausgerechnet werden. Dann erst kann man die beruflichen Fähigkeiten und Fertigkeiten von MH- und non-MH- Bewerbern objektiv beurteilen und vergleichen. Man darf auch nicht so tun, als gäbe es all die Probleme, die Deutsche mit Ausländern haben, in der Polizei nicht. Natürlich haben auch deutsche Polizisten Vorurteile gegen Türken oder Polen, und selbstverständlich werden diese Vorurteile nicht gänzlich aufgehoben, wenn man Kollege ist. In diesem Sinne muss auch innerhalb der Polizei der Grundsatz der Antidiskriminierung noch eine Weile formell betont werden. Auch wenn Fremdheit im öffentlichen Alltag heute kein Problem mehr darstellt, gerade im Konfliktfall holen uns die alten Vorurteile rasch ein.

Aber wie kann man es schaffen, besonders die MH-Kollegen zu unterstützen, ohne sie dabei gleichzeitig zu diskriminieren? Wie kann man Interkulturalität fördern, so dass alle Beamten darin einen Vorteil erkennen, wenn gleichzeitig aber klar ist, dass die MH-Beamten nicht die Schwächen der deutschen Beamten kompensieren wollen und dürfen? Soll man ein Diversitätsnetzwerk schaffen und damit allen MH-Kollegen eine Heimat geben, was gleichzeitig aber auch wieder die primäre Fremdheit in der Polizei zum Ausdruck bringt? Wie kann man es schaffen, dass der MH-Polizist nicht als Konkurrent wahrgenommen sondern als Bereicherung für die Organisation verstanden wird, wenn er aber nicht in ganz spezifischen Feldern eingesetzt werden darf?

Vermutlich müssen die MH-Polizisten den gleichen Weg machen wie die Frauen in der Polizei. Die bekannten Instrumente zum Schutz vor Diskriminierung haben eben am Ende doch mehr Schutz- als Diskriminierungsfunktionen. Ein Diversitätsbeauftragter macht nicht nur auf ein Problem aufmerksam, sondern er schützt auch; ein Beurteilungssystem für Vorgesetze, in dem klar auf die Diskriminierung angesprochen wird, führt am Ende dazu, dass es zu keiner Diskriminierung kommt; die Sanktionierung von diskriminierenden Vorgesetzten führt zur Verminderung von Entgleisungen und die wachsende Zahl von MH-Einstellungen führt auch dazu, dass die Fremden in der Polizei ihren Solisten-Status verlieren und noch mehr zur Selbstverständlichkeit werden.

Vorurteile und grenzüberschreitende Kooperation

Ich habe mich seit unseren Untersuchungen vor gut 10 Jahren nicht mehr mit dem Problem der Fremdenfeindlichkeit im operativen Bereich oder innerhalb der Behörden beschäftigt. Stattdessen habe ich mich in den letzten Jahren ein wenig der Frage zugewandt, ob die deutsche Polizei in Mecklenburg-Vorpommern fit für die Kooperation mit der polnischen Polizei ist. Die Antwort sollte in einem Vergleich gegeben werden: Wie sehen die Verhältnisse an der deutsch-polnischen Grenze im Verhältnis zum Grenzgebiet Deutschland-Dänemark, Deutschland-Frankreich und Deutschland-Niederlande aus. Wie gestaltet sich die Zusammenarbeit von Polizeien über Ländergrenzen in diesen Regionen hinweg, z.B. im Kontext des Schengenabkommens? Wie beeinträchtigen Sprachdefizite und Vorurteile die Kooperation? Lassen Sie mich zum Abschluss auf ein paar Ergebnisse aus diesem Projekt eingehen (vgl. ausführlich Bornewasser, 2007; Bornewasser & Waage, 2007).

Wie gut die Kooperation zwischen den Polizeien verschiedener Länder vonstatten geht, scheint mir zentral von zwei personenübergeordneten Merkmalen abhängig zu sein: Von der Unterschiedlichkeit der Polizei- und Justizorganisation in den Nachbarländern und vom Ausmaß der Sprachdifferenzen. In diesem Sinne ist festzuhalten, dass an der deutsch-polnischen und der deutsch-französischen Grenze vergleichbar große Kooperationshemmnisse aufzufinden sind, während die Kooperation an der deutsch-niederländischen und deutsch-dänischen Grenze eher günstiger zu bewerten ist. Das liegt zuallererst daran, dass die Nachbarpolizeien in den Grenzgebieten bislang überwiegend deutsch sprechen, also für die deutschen Beamtinnen und Beamten keine sprachlichen Herausforderungen bestehen. Insgesamt ist aber zu erkennen, dass die Beherrschung der Sprache des Nachbarlandes generell zu einer besseren Bewertung der kollegialen und behördlichen Kooperation führt (vgl. Abb.4). Von daher kann die Sprachkompetenz von Beamtinnen und Beamten nicht genug gefördert werden.

Vergleichbares gilt für Vorurteile: Sind sie ausgeprägt, dann wird auch die behördliche Kooperation ungünstig bewertet. Zu erkennen ist, dass gerade in M-V ausgeprägte Vorurteile gegenüber Polen bestehen und dass diese dann auch die Kooperationseinschätzungen negativ beeinflussen. Je mehr Vorurteile, desto ungünstigere Einschätzungen zu verschiedenen Facetten der Zusammenarbeit werden abgegeben. In diesem Zusammenhang werden auch größere Gefahren für die eigenen Bürger im Nachbarland wahrgenommen.

Im Fazit bleibt festzuhalten, dass es dem Abbau von Vorurteilen nur förderlich ist, wenn fremde Sprachen beherrscht werden und es vermehrt zu interkulturellen Kontakten kommt. Anzustreben ist dabei, dass der Kontakt innerhalb einer Kultur längerfristig ähnlich ausgeprägt ist wie der Kontakt über die Kulturgrenzen hinweg, so dass ein neues Wir-Gefühl und eine neue soziale Identität geschaffen werden. Solange aber die Grenzen eher betont als abgebaut werden, solange sie als Kontakthindernisse begriffen werden, wirken sie im Sinne der Konkurrenz, des Misstrauens und der Ablehnung. Erstaunlich ist, dass diese Zusammenhänge in Polen deutlich anders wahrgenommen werden als in M-V. Die Polen erhoffen sich durch die Grenzöffnung Vorteile, während die Deutschen vornehmlich in Sorge davor sind, dass Kriminalität und Arbeitslosigkeit zunehmen werden. Die Fakten geben zwar den Polen Recht, aber Fakten prägen das Verhalten meist bei Weitem nicht so intensiv wie Fiktionen. Insofern hat die Polizei im operativen Bereich, in der internen Organisation und bei der grenzüberschreitenden Kooperation noch viel Arbeit bei der Bewältigung von Fremdheit, Vorurteilen und Kontaktverweigerungen zu leisten.

Abbildung 4: Bewertung der kollegialen und behördlichen Kooperation in Abhängigkeit vom Sprachvermögen

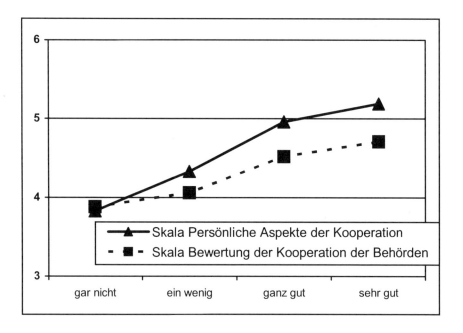

Literatur

Bauman, Z. (1995). Moderne und Ambivalenz. Frankfurt am Main: Fischer.

Bornewasser, M. (1996). Feindselig oder überfordert? Soziale und strukturelle Belastungen von Polizeibeamtinnen und Polizeibeamten im Umgang mit Fremden. In Schriftenreihe der Polizei-Führungsakademie, Fremdenfeindlichkeit in der Polizei? Ergebnisse einer wissenschaftlichen Studie (S. 16-55). Lübeck: Schmidt-Römhild.

Bornewasser, M. (2007). Kooperationserfahrungen im Schengen-Kontext. In H. Asmus & B. Frevel (Hrsg.), Empirische Polizeiforschung X: Einflüsse von Globalisierung und Europäisierung auf die Polizei. Frankfurt: Verlag für Polizeiwissenschaft (im Druck).

Bornewasser, M. & Waage, M. (2007). Chance oder Bedrohung: Ambivalente Einstellungen im deutsch-polnischen Grenzgebiet im Kontext der europäischen Integration. In W. Westphal, P. Garbe & M. Jasiulewicz (Hrsg.), Wissenschaft und Wirtschaft im Diskurs (S. 27-40). Koszalin/Torgelow: Universitätsverlag.

Elias, N. & Scotson, J. (1990). Etablierte und Außenseiter. Frankfurt: Suhrkamp.

Gottfredson, M. R. & Hirschi, T. (1990). A general theory of crime. Stanford: University Press.

Graumann, C. F. (1992). Xenophobia. A challenge to social psychology. Gastvortrag anlässlich der 4. Konferenz der 4. European Association of Experimental Social Psychology. Münster.

Groß, 2007 – in diesem Buch

Heitmeyer, W. (Hrsg.) (1997). Was treibt die Gesellschaft auseinander? Frankfurt: Suhrkamp.

Hofstede, G. (1997). Lokales Denken, globales Handeln. Kulturen, Zusammenarbeit und Management. München: dtv Beck.

Jacobsen, 2008 – in diesem Buch

Münkler, H., Meßlinger, K. & Ladwig, B. (Hrsg.) (1998). Die Herausforderung durch das Fremde. Interdisziplinäre Arbeitsgruppe, Forschungsberichte Bd. 5. Berlin: Akademie Verlag.

Proske, M. (1998). Ethnische Diskriminierung durch die Polizei. Kriminologisches Journal, 30, 3, 162-188.

Reepschläger, K. (2007). Analyse zum Zusammenhang von Armut und Kriminalität in westlichen und östlichen Kreisen und Städten in M-V. Unveröffentlichte Diplomarbeit. Greifswald: Universität Greifswald.

Schein, E. (1995). Unternehmenskultur. Ein Handbuch für Führungskräfte. Frankfurt: Campus.

Selg, H. (Hrsg.) (1971). Zur Aggression verdammt? Stuttgart: Kohlhammer.

Stegmaier, W. (Hrsg.) (2007). Orientierung. Frankfurt am Main: Suhrkamp.

Staudt, E. & Kriegesmann, B. (1999). Weiterbildung: Ein Mythos zerbricht. In Arbeitsgemeinschaft Qualitäts-Entwicklungs-Management Berlin (Hrsg.), Kompetenzentwicklung 98. Münster: Waxmann.

Terwey, M. & Scheuer, A. (2007). Etwas mehr Anpassung gewünscht. Einstellungen zur Integration von Ausländern in Deutschland. Informationsdienst Soziale Indikatoren, 38, 12-14.

Thomas, A. (1993). Kulturvergleichende Psychologie. Göttingen: Hogrefe.

Trompenaars, F. (1993). Handbuch Globales Managen. Wie man kulturelle Unterschiede im Geschäftsleben versteht. Düsseldorf: Econ.

Waage, M. & Bornewasser, M. (2006). Kooperationserfahrungen und Sicherheitsempfinden im Kontext der europäischen Integration. Tagungsband anlässlich der Wissenschaftlichen Jahrestagung der Gesellschaft für Wirtschafts- und Sozialkybernetik in Greifswald, 6.-7.10. 2005 (S. 129-143). Berlin: Duncker & Humblot.

Waldenfels, B. (1998). Der Stachel des Fremden. Frankfurt am Main: Suhrkamp.

Fremde als Belastung und Gefährdung
Zu einigen Bewertungsstrategien der 90er Jahre[1]

Hans-Joachim Heuer

Wird „Rechtsextremismus" und „Fremdenfeindlichkeit" in den Kontext mit polizeilichem Handeln gestellt und anschließend analysiert, wachsen Erklärungs- und Bewertungsmuster auf, die immer noch nicht frei von Tabus und Peinlichkeitsempfindungen sind. Das scheint auch damit zusammen zu hängen, dass noch immer nicht die Rolle der Polizei im „Dritten Reich" so hinreichend bearbeitet ist, dass das Phänomen „Fremdenfeindlichkeit in der Polizei" sowohl bei den Kritikern als auch bei den Leitungsebenen der Polizeien ohne diesen historischen Bezug auskommen kann.[2] Das Bundeskriminalamt (BKA) hat dieses Hindernis aktuell erkannt und mit drei wissenschaftlichen Kolloquien versucht, die frei zugänglich für die Öffentlichkeit waren, die „braunen Wurzeln des Amtes" frei zu legen. Das BKA möchte damit auch erreichen, dass aktuelle rechtspolitische Diskussionen frei von nationalsozialistischen Bezügen geführt werden können und plant jetzt, zur Geschichte der Behörde ein Forschungsprojekt zu vergeben.[3] Seit Mitte der 90er Jahre gibt es eine gewisse Anzahl nicht selbstständig erschienener Publikationen[4] die das Thema „Fremdenfeindlichkeit und Polizei"

---

[1] Der Vortrag wurde am 02.05.07 im Rahmen einer AKIS-Tagung an der Deutschen Hochschule der Polizei (in Gründung) in Münster gehalten; als Grundlage diente u.a. die Veröffentlichung: Heuer, H.J., Fremdenfeindliche Einstellungen und polizeiliches Handeln - Forschungsstand, Gegenmaßnahmen und Ausblick, in: Kriminalistik 6/98, S. 401 – 410, die zu diesem Zweck umfassend überarbeitet und ergänzt wurde

[2] Vgl. dazu: Heuer, H.J., Die Last der Vergangenheit als didaktische Chance: Polizei im „Dritten Reich" - ein Thema in der heutigen Polizeiausbildung, in: Buhlan, H. und Jung, W. (Hg.), Wessen Freund und wessen Helfer? Die Kölner Polizei im Nationalsozialismus, Köln 2000, S. 37 – 50

[3] Vgl. u.a. Frankfurter Allgemeine Zeitung vom 22.09.07 und DER SPIEGEL vom 01.10.07

[4] vgl. u.a. zur Einführung den Aufsatz von Murck, M. und Zimmermann, H.M., Fremdenfeindliche Straftaten, in: Kniesel, M. u.a. (Hg.), Handbuch für Führungskräfte der Polizei - Wissenschaft und Praxis, Lübeck 1996, S. 725 - 738; besonders S. 734 ff.; Schriftenreihe der Polizei-Führungsakademie, Fremdenfeindlichkeit in der Polizei? - Ergebnisse einer wissenschaftlichen Studie, Heft 1+2 / 96; Heuer, H.J, Fremdenfeindlich oder nur frustriert? - Der Umgang der Polizei mit Ausländern, in: der überblick - Zeitschrift für ökumenische Begegnung und internationale Zusammenarbeit, 1/98, S. 17 – 20; Heuer, H.J., Polizei und Fremde – Interaktionen, Konflikte und Gewaltmuster, in: iza - Zeitschrift für Migration und Soziale Arbeit, Heft 1/2000, S. 39 – 45

aufnehmen und alle Bundesländer haben – mehr oder weniger intensiv - in den letzten acht bis zehn Jahren eine zum Teil beeindruckende interne Diskussionen geführt.[5] Auch sind viele allgemeine Fortbildungsmaßnahmen für Polizeiangehörige[6] etabliert worden und an der wissenschaftlichen Analyse und Diskussion beteiligen sich mittlerweile Universitäten und freie Forschungseinrichtungen.[7] Der Schwerpunkt der Aktionen scheint bisher allerdings im Bereich der polizeilichen Aus- und Fort- sowie Weiterbildung zu liegen und weniger in der Personal- und Organisationsentwicklung polizeilicher Organisationen. Soweit Leitbilder in den Landespolizeien[8] etabliert worden sind, wird zumindest implizit das Thema „Fremdenfeindlichkeit" im Rahmen des Gleichbehandlungsauftrages der Polizei nicht ignoriert[9]. Generell haben die deutschen Polizeien sich dieses Themas angenommen, obwohl seit 2001 eine thematische Überlagerung durch den „islamischen Terrorismus" festzustellen ist.

Dieser Beitrag ist wie folgt strukturiert: Der erste Abschnitt enthält grundsätzliche Anmerkungen zu einigen Begrifflichkeiten und es werden polizeiinterne Sichtweisen und Formen der organisatorischen Verarbeitung (bzw. Umgang mit dem Phänomen) vorgestellt. Am Beispiel der im Jahr 1997 veröffentlichten Studie von Hans-Gerd Jaschke soll dann die Problematik der schutzpolizeilichen

---

[5] Einer Übersicht zu Konsequenzen und Ergebnissen aus der PFA-Studie - Polizei und Fremde - für die Behörden des Landes Nordrhein-Westfalen ist zu entnehmen, dass in allen Behörden eine umfangreiche Diskussion des Themas begonnen wurde. Hier wird die „Resonanz in der Binnenwirkung (dann) besonders positiv (bewertet), wenn neben (der) Informationsvermittlung auch (die) Erarbeitung von Lösungsansätzen und Handlungsalternativen angeboten wurden"; vgl. interne Übersicht des Landes NRW vom Juli 1997 (Ms.).
[6] Zum Beispiel die 1. Fachtagung „Fremdenfeindlichkeit in unserer Gesellschaft" an der Fachhochschule der Polizei Sachsen-Anhalt im Dezember 1998
[7] z.B. Stiftung Zentrum für Türkeistudien (Hg.), Das Image der Polizei bei türkeistämmigen Migranten in Nordrhein-Westfalen - Ergebnisse einer repräsentativen Telefonbefragung, Essen 2006 (Autorin: Martina Sauer)
[8] zum Beispiel in Hessen und Baden-Württemberg; in Niedersachsen verfügen einzelne Behörden über ein Leitbild, z.B. die Polizeidirektion Hannover
[9] In Großbritannien (Metropolitan Police of London) wurden bereits Mitte der 90er Jahre Konsequenzen in Form einer Selbstverpflichtung für den Bereich des praktischen Personaleinsatzes gezogen: *„Policing diversity: For many years we have made strong efforts to understand the particular problems of minority communities. We have recognised that the way we deal with racial attacks is of special importance. We have sought to stamp out racial discrimination by our staff against their colleagues and the public. It is vital to have the active confidence of all people living within the diverse communities of London. We must maintain and improve this confidence by working in partnership with agencies and associations in those communities. All members of the Met must be caring and compassionate to victims and witnesses, professional with suspects, and courteous in their dealings with all other members of the public, irrespective of their ethnic background or social position. We will provide a service to all that is fair and seen to be so. We will ensure that all members of the public, whoever they are and wherever they live or work, consistently enjoy the same high qualitiy of servic;* vgl. *www.met.police.uk (Zugriff: 15.12.07)*

Fremde als Belastung und Gefährdung   47

Arbeit in Frankfurt am Main im Kontext einer multikulturellen Stadtgesellschaft vorgestellt werden[10]. Es folgen dann die wesentlichen Ergebnisse der sog. Polizei-Führungsakademie-Studie (PFA-Studie)[11], die im Auftrag der Innenministerkonferenz erstellt wurde. Diese Analyseergebnisse werden noch mit Erkenntnissen aus dem Hamburger Parlamentarischen Untersuchungsbericht[12] erweitert. Im zweiten Teil werden dann die Konsequenzen und einige Maßnahmen der Organisationsentwicklung, der Führung und Maßnahmen im Bereich der polizeilichen Aus- und Fortbildung dargestellt; dieser Katalog stützt sich eng auf die Einschätzungen des Berichts der Projektgruppe „Polizei und Fremde" des Unterausschusses FEK (Führung, Einsatz und Kriminalität)[13] der Innenminister-Konferenz aus dem Jahr 1997. In den Schlussbemerkungen werden dann einige Schwachstellen der bisherigen Analysen thematisiert und es wird versucht, den dazu weiterhin notwendigen Forschungsbedarf zu skizzieren.

1 Definitionen, polizeiliche Sichtweisen und empirische Befunde

1.1 Definitionen

„Fremdenfeindlichkeit" kann „als eine motivierende Bereitschaft verstanden (werden), sich gegenüber Personen, die nicht dem eigenen Volk oder der eigenen Nation angehören und die vorübergehend oder auf Dauer im eignen Land leben, abwertend, abweisend, und diskriminierend zu verhalten."[14] Fremdenfeindlichkeit ist danach - etwas enger definiert - ein Ergebnis von „Intentionen und Entscheidungen, eine andere Person zu schädigen"[15]. Hierbei spielen sowohl „instinktive Reaktionen auf Andersartigkeit" eine Rolle, aber eine solche Einstellung oder Haltung kann auch erlernt worden sein. In diesem Falle sind fremdenfeindliche Einstellungen auch (pädagogisch) veränderbar. Typischerweise schwingen bei solchen Einstellungen aber auch immer Gefühle der eigenen Höherwertigkeit mit, die sich stets aus dem minderen Ansehen (Minderwertigkeit) der Anderen

---

[10] vgl. Jaschke, H.G., Öffentliche Sicherheit im Kulturkonflikt - Zur Entwicklung der städtischen Schutzpolizei in der multikulturellen Gesellschaft, Frankfurt am Main / New York 1997
[11] Kuratorium der Polizei-Führungsakademie (Hg.), Fremdenfeindlichkeit in der Polizei? Ergebnisse einer wissenschaftlichen Studie, in: Schriftenreihe der Polizei-Führungsakademie 1-2 / 96
[12] Kurzfassung der Ergebnisse des Parlamentarischen Untersuchungsausschusses „Hamburger Polizei", Ms. Februar 1997
[13] UAFEK - Projektgruppe "Polizei und Fremde" - Abschlussbericht vom 23. Januar 1997 (Ms.)
[14] vgl. Bornewasser, M. Feindselig oder überfordert? Soziale und strukturelle Belastungen von Polizeibeamtinnen und -beamten im Umgang mit Fremden, in: Kuratorium der Polizei-Führungsakademie (Hg.), Fremdenfeindlichkeit in der Polizei? Ergebnisse einer wissenschaftlichen Studie, Schriftenreihe der Polizei-Führungsakademie 1-2 / 96, S. 20
[15] ebd.

speist.[16] Es muss also einen Unterschied in der interaktiven Umgangsweise seitens der fremdenfeindlich eingestellten Menschen geben, sonst wäre es in diesem Zusammenhang sinnlos, von „Fremdenfeindlichkeit" zu sprechen, wenn nämlich „inländische und ausländische Bürger in gleicher Weise repressiv und abwertend behandelt"[17] würden. „Fremdenfeindlichkeit beschreibt somit ein negativ bewertetes, motiviertes Handeln, das auf einen Standard zu beziehen ist."[18]

1.2 Polizeiinterne Sichtweisen zur Fremdenfeindlichkeit

In der jahrelangen Diskussion haben sich einige populäre Erklärungsmuster und -strategien etabliert, die Jaschke in seiner Studie über die Frankfurter Schutzpolizei zusammen fasst:[19] Er zeigt auf, dass es eine Theorie der „schwarzen Schafe" gebe: Diese basiere auf der Einschätzung, fremdenfeindliche Vorkommnisse bei der Polizei seien definitive Ausnahmeerscheinungen, also bloße Einzelfälle. Die zweite Strategie benennt der Autor mit „Relativierungsthese", hier wird die Polizei einfach mit anderen Berufsgruppen verglichen und so wird erklärt, dass die Polizei - bezogen auf fremdenfeindliches Verhalten - keine Ausnahme mache, denn fremdenfeindliches Verhalten gebe es auch in anderen Berufsgruppen. In diesen Kontext fällt dann auch die dritte Erklärung, die sog. „Spiegelbildthese". Diese geht – entgegen Erkenntnisse von sozialstrukturellen Analysen - davon aus, die Polizei sei ein Spiegelbild der Gesellschaft. Da es in der (deutschen) Gesellschaft zu fremdenfeindlich motivierten Übergriffen kommt, sei es danach nur „normal", dass auch einige Polizeiangehörige fremdenfeindliche Motivationen in ihre Alltagspraxis einfließen lassen. Die vierte Erklärungsvariante sieht polizeiliche Fremdenfeindlichkeit als das Ergebnis eines Medienkonstrukts an: Hier werden besonders polizeikritische Medien in der Rolle gesehen, eine konstruierte und überzogene Berichterstattung zu inszenieren, die systematisch Polizeiangehörige zu Tätern stigmatisiere.[20]

Ohne nun eine dieser Muster mobilisieren zu wollen, soll auf der Basis von vorliegenden empirischen Einsichten eine Zusammenfassung von vorläufig gültigen Erkenntnissen versucht werden. Dabei ist die Ausgangsposition die, dass Fremdenfeindlichkeit - in welchem Umfang auch immer - ein faktisches und beobachtbares Phänomen im polizeilichen Berufsalltag ist, welches zur Zeit

---

[16] zum grundsätzlichen Verhältnis zwischen Inländern und Ausländern siehe die machttheoretische Studie von Elias, N. und Scotson, J., Etablierte und Außerseiter, Frankfurt am Main 1990
[17] vgl. Bornewasser aaO, S. 20
[18] vgl. ders., S. 21
[19] vgl. Jaschke 1997, S. 191 / 192
[20] Die Verlagerung der Verantwortung oder auch Schuldzuschreibung - weg von den polizeilichen Organisationen - ist dabei offensichtlich.

anlassbezogenen allerdings immer noch die volle Aufmerksamkeit der Medien und des polizeilichen Managements[21] findet.

1.3 Makro- und Mikroebene von Fremdenfeindlichkeit und Rechtsextremismus

In den Sozialwissenschaften gibt es nach wie vor keine einheitliche Theorie zum Rechtsextremismus und über die Begrifflichkeit wird gestritten. Insbesondere besteht keine Einigkeit darüber, ob es sich bei dem Rechtsextremismus um eine kognitive Einstellung im engeren psychologischen Sinne oder um ein situatives bzw. dauerhaftes Set von Verhaltensweisen im soziologischen Sinne handelt.[22] Dies wäre der erste grobe Befund auf der Ebene des Individuums, der Mikroebene dieser Analyse.

Die Soziologen Silbermann und Hüsers haben 1995 in einer Studie nachgewiesen, dass ca. 15 % der bundesdeutschen Bevölkerung als „überdurchschnittlich stark fremdenfeindlich einzustufen" sind. Darüber hinaus können weitere 35 % der deutschen Bevölkerung als „etwas fremdenfeindlich" gelten.[23] Auf dieser Ebene werden u.a. Institutionen, Bewegungen und Subkulturen sowie Ideologien (Makroebene) untersucht, um Rechtsextremismus als kollektives und / oder institutionelles Phänomen zu verstehen.[24] Wenn man unter „Rechtsextremismus" antidemokratische Auffassungen und Bestrebungen versteht, dann können hier „im Kern Nationalismus, Autoritarimus, Antipluralismus und die Ideologie der Ungleichheit"[25] im Denken und Handeln des (rechtsextremistischen) Individuums subsumiert werden. Hier spiegelt sich auch das Verständnis und der Arbeitsbegriff der Verfassungsschutzämter, um insbesondere Rechtsradikalismus vom Rechtsextremismus abzugrenzen.

Schon unmittelbar nach den ersten Wahlerfolgen der Partei „Die Republikaner" im Jahr 1989 bekannten sich zahlreiche Polizeibeamte öffentlich als Mitglieder dieser Partei und teilweise wurden höhere Funktionen bzw. Mandate in

---

[21] Vgl. DER SPIEGEL, Nr. 18/2007; Personenschützer (hessische Polizeibeamte) des ehemaligen stellvertretenden Vorsitzenden des Zentralrats der Juden, M. Fiedmann, sollen sich rechtsextremistisch betätigt haben
[22] vgl. Stöss, R., Forschungs- und Erklärungsansätze - Ein Überblick, in: Kowalsky, W. und Schroeder, W., (Hg.), Rechtsextremismus - Einführung und Forschungsbilanz, Opladen 1994, S. 23 - 66, hier: S. 24 / 25
[23] vgl. Silbermann, A. und Hüsers, F., Der "normale" Haß auf die Fremden. Eine sozialwissenschaftliche Studie zu Ausmaß und Hintergründen von Fremdenfeindlichkeit in Deutschland, München 1995, S. 98
[24] vgl. dies., S. 27
[25] Pfahl-Traugher, A., Brücken zwischen Rechtsextremismus und Konservativismus, in: Kowalsky, W. und Schroeder, W., (Hg.), Rechtsextremismus - Einführung und Forschungsbilanz, Opladen 1994, S. 160 - 182, hier: S. 160

dieser rechtsextremistischen Partei von Polizeibeamten übernommen (z.B. in Berlin). In einer Polizeieinsatzeinheit outeten sich 16 von 18 Beamten als Wähler der Republikaner.[26] Diese wenigen (und damit natürlich nicht ausreichenden) Hinweise auf die Verbreitung von rechtsextremistischen Einstellungen bei der Polizei - festgemacht an der Mitgliedschaft bzw. Wahlverhalten der Partei „Die Republikaner" – mögen aber zumindest illustrieren, dass sich rechtsextremistische Einstellungen auch in der Polizei verbreitet haben; nach wie vor ist eine gesicherte quantitative Aussage nicht möglich.[27]

Neben diesen Befunden zu rechtsextremistischen Einstellungen erscheint die Analyse von „Fremdenfeindlichkeit" im Polizeialltag ebenso bedeutsam; sie ist auch etwas genauer untersucht worden. „Fremdenfeindlichkeit" kann mitunter polizeiliches Handeln motivieren und/oder beeinflussen. Darüber hinaus gibt es auch Gerichtsverhandlungen und -entscheidungen gegen Polizeibeamte, somit auch einen punktuellen empirischen Nachweis, dass berufliches Handeln mit „Aversionen" gegen Fremde vermischt war.[28] Zur Dokumentation sei etwas ausführlicher ein Auszug aus einem Gerichtsurteil[29] gegen drei Polizeiobermeister hier dargestellt, die in der Innenstadt von Frankfurt am Main einen nichtdeutschen Tatverdächtigen misshandelten: „Die Angeklagten gehörten der Beweissicherungs- und Festnahmeeinheit der Hessischen Bereitschaftspolizei in Mühlheim an. ... Gegen 21.30 Uhr wurde bei dem Zeugen Kamel S. eine geringe Menge Haschisch gefunden worden. Der Angeklagte Sch. brachte ihn gefesselt zum Streifenwagen, einem VW-Bus, wobei er ihn überflüssigerweise mit dem Kopf gegen das Fahrzeug stieß. In gegenseitigem Einverständnis fuhren die Angeklagten mit dem Zeugen, der auf die unmittelbar hinter der Fahrerbank befindliche Sitzbank gelegt wurde, knapp 30 Minuten durch die Straßen der Innenstadt, um ihn zu schlagen und zu quälen. Während der Angeklagte T. fuhr und die Musik aus einem Kassettenrecorder laut stellte, um die Schreie des Misshandelten zu übertönen, begann der Angeklagte Sch., mit der flachen Hand und mit der Faust auf S. einzuschlagen und immer wieder zu fragen, woher das Haschisch sei. Im Verlauf der Misshandlungen spuckte Sch. den Festgenomme-

---

[26] vgl. Jaschke 1997, S. 196 u.H.a. Stock, J. und Klein, L., Hat die Polizei ein Ausländerproblem?, in: Monatsschrift für Kriminologie und Strafrechtsreform, Heft 5, S. 186 - 196
[27] vgl. hierzu auch die Seminararbeit von Schönherr, D., Republikaner in der Polizei - Vorübergehendes Frustpotential oder bedenkliche Entwicklung? Polizei-Führungsakademie 5/1997, S.12 ff.
[28] vgl. hierzu u.a. die Süddeutsche Zeitung vom 05.09.1997, S. 9: „Ausgerechnet ein Kielschwein packte aus - Zivilcourage: Der 23 jährige Polizist Christian M. zeigte Kollegen an, die Ausländer mißhandelt haben"; die Frankfurter Allgemeine Zeitung vom 12. September 1997, S. 5: „Polizeibeamte gestehen Misshandlungen - Drei Frankfurter Polizeibeamte haben am Donnerstag vor dem Landgericht Übergriffe gegen Ausländer gestanden." und die auf weiteren Zeitungsquellen beruhende Dokumentation der „Schwarzen Schafe" in der Zeitschrift *Unbequem*, Ausgabe 27 / September 1996, S. 24 ff.
[29] vgl. Urteil des Amtsgerichts Frankfurt am Main (Az. 89 Js 39133.3/94-913 Ls) vom 09.10.1996

nen an und verteilte mit den Fingern den Speichel in dessen Gesicht. Außerdem traktierte er ihn mit Handkantenschlägen in die Rippen. Schließlich hielt er mit der linken Hand den Kopf des Festgenommenen hoch und steckte ihm mit der rechten Hand den Lauf seiner Pistole an oder in den Mund und fragte, wo das Haschisch sei und von wem er es habe." Zur Bewertung führte das Gericht in dieser Sache folgendes aus: „Auch hat das Gericht bedacht, dass die drei Angeklagten, bislang unbescholtene Polizeibeamte, überdurchschnittlich strafempfindlich sein dürften und die zu verhängenden Strafen ihr Ausscheiden aus dem Polizeidienst nach sich ziehen werden. Auf der anderen Seite war nicht zu übersehen, dass Art und Ausmaß des Fehlverhaltens dieser drei Angeklagten nicht mehr annähernd mit beruflichem Frust zu erklären sind, auch nicht mit spätpubertären Rabaukentum der sämtlich noch nicht 30 Jahre alten Angeklagten. Art und Ausmaß des Fehlverhaltens der drei Angeklagten zeigen hingegen ein ungewöhnliches Maß an Zynismus und Menschenverachtung." Die drei Angeklagten wurden zu Freiheitsstrafen zwischen 2 Jahren und zwei Monaten und drei Jahren verurteilt. Die Tatbegehung erfolgte im Berufskollektiv und das Opfer der Misshandlungen war in diesem Fall ein nichtdeutscher Tatverdächtiger. Auch um das generelle Verhältnis und ggf. typische Interaktionsmuster zwischen Polizeibeamte und Migranten, die unter Tatverdacht geraten sind, zu untersuchen, trägt die von der Innenminister-Konferenz initiierte und von der Polizei-Führungsakademie vergebene Studie den Titel: „Polizei und Fremde".

1.4 Polizeiliche Stadtwahrnehmung und Fremdenfeindlichkeit

Jaschke ist einer der prominentesten Analytiker von Stadtgesellschaften und ihren lebensweltlichen Veränderungen; insbesondere hat er die polizeiliche Arbeit über Jahre hinweg in diesem Kontext untersucht. Damit ist von ihm ein besonderes Paradigma gewählt, welches über die individuellen Einstellungen und Verhaltensweisen, die klassischerweise den theoretischen Hintergrund zur Fremdenfeindlichkeit bilden, hinaus zuweisen vermag. Deshalb ist die Vorgehensweise und sind die Ergebnisse seiner Studie interessant. Den Rahmen der Studie umschreibt der Autor mit „Herausforderungen für die Polizei in den 90er Jahren". Diese sieht Jaschke auch in der Armutsentwicklung und in der damit verbundenen Ausgrenzung von ganzen gesellschaftlichen Milieus. Zweitens in der Globalisierung, die nicht nur einen internationalen Austausch von Gütern und Leistungen erzeugt, sondern auch „nationale Effekte" mit sich bringt: Es kommt zu Delikten wie die organisierte und professionelle Kriminalität sowie zu Computerdelikten, und zu neuen Formen der Wirtschaftskriminalität - begangen auch durch nichtdeutsche Täter - auf nationalem Boden. Darüber hinaus fordert und fördert die Globalisierung auch den Austausch und die Mobilität von Menschen, d.h. Multikulturalität und -ethnizität sind die Folge. Eine Verdichtung solcher Effekte finden gerade in großstädtischen Räumen statt. Auch neuartige und veränderte innenpolitische Konflikt- und Spannungsfelder führen zu Polizeistrategien, die nach Ansicht von Jaschke kaum erfahrungsgesättigt sind. Als Beispiel nennt er die „militante Fremdenfeindlichkeit im Spannungsbogen von Rostock bis Hoyerswerda", verbunden mit einer einzigartigen geringen Fehlertoleranz seitens der Öffentlichkeit gegenüber der Polizei.[30] Er meint zusammenfassend: „Eine als ausländerfeindlich beargwöhnte Polizei kann in diesem Konflikt all zu leicht durch Fehler stigmatisiert werden."[31] Aber auch die „Trends in der Stadtentwicklung" gehören zu den Rahmenbedingungen polizeilicher Arbeit. Hierzu zählt Jaschke u.a. die konzentrierte Kriminalität in den Großstädten mit über 500.000 Einwohnern, die Verelendung bestimmter großstädtischer Quartiere, verbunden mit den entsprechenden Kriminalitäts- und Gewaltformen sowie der „strukturellen Diskriminierung von Ausländern in Deutschland".[32] Entsprechend schwierig wird es für das städtische politische Management, eine Politik zu organisieren, die die gesteigerten „Bedürfnisse nach Entwicklungs-, Steuerungs-, Finanzierungs-, und Vermarktungs- und Kontrollfunktionen"[33] erfüllen kann. So wird die geleistete Polizeiarbeit mit dem Image von Städten verknüpft, und die Polizei gerät in die Rolle „eines Werkschutzes des Unternehmens Stadt".[34]

Wenn die Polizei diesen Herausforderungen professionell begegnen möchte, muss sie sich den städtischen Trends stellen, und besonders junge Polizeiangehörige müssen in der Ausbildung entsprechend auf diese Aufgaben vorbereitet werden. Zunächst aber interessierte sich Jaschke insbesondere für die Stadtwahrnehmung seitens der in Frankfurt am Main arbeitenden Polizeiangehörigen. Er hat dabei zwei Gruppen voneinander unterschieden, nämlich die „Revierbeamten" und die Angehörigen einer Sondereinheit mit der Bezeichnung: „S 500".[35] Diese Spezialeinheit war im Bereich der Innenstadt von Frankfurt/Main für die Kontrolle Drogenkriminalität eingesetzt. Mit dieser Befragungsmethode und den (nicht repräsentativen) Ergebnissen können indirekt auch Spuren von Fremdenfeindlichkeit identifiziert werden. Dazu einige ausgewählte Ergebnisse:

---

[30] vgl. Jaschke 1997, S. 37 - 41
[31] ders., S. 41
[32] vgl. ders., S. 61 - 71
[33] ders., S. 62
[34] vgl. ders., S. 72/73
[35] zur Methode der Erhebung vgl. ders., S. 211

Fremde als Belastung und Gefährdung 53

Tabelle 1: Wahlabsicht: „Wenn am nächsten Sonntag Kommunalwahlen wären, für welche Partei würden Sie sich dann entscheiden?"[36]

	Revierbeamte (n=318)	S 500 (n=166)	Kommunalwahlergebnis 1993 in Frankfurt in % der Wahlberechtigten
CDU	24,7	18,1	22,8
SPD	17,6	15,4	21,9
GRÜNE	5,1	5,5	9,6
FDP	3,1	2,7	3,0
REPUBLIKANER	14,5	17,0	6,4
ANDERE PARTEIEN	6,3	7,1	6,0
NICHTWÄHLER/ KEINE STIMMABGABE	28,7	34,2	30,3
	100,0	100,0	100,0

Zusatz: „Um die Nichtwähler als Gruppe prozentuieren zu können, wurde das Kommunalwahlergebnis auf der auf der Basis der Wahlberechtigten errechnet (vgl. Frankfurter Wahlanalysen Bd. 1, Kommunalwahlen 1993 in Frankfurt am Main, hg. vom Amt für Statistik, Wahlen und Einwohnerwesen, S. 6)"; Quelle: Jaschke 1997, S. 212

Die hier ausgewählten Befragungsergebnisse können deutlich machen, dass ein bestimmter Anteil von den befragten Polizeibeamten, die Partei „Die Republikaner" für wählbar erachtet. Jaschke kommentiert dieses wie folgt: „Obwohl auch in der Gruppe der Polizei ein kleiner Prozentsatz entschiedener Rechtsextremisten angenommen werden muss, ist deren Anteil gewiss nicht identisch mit der Höhe der abgegebenen Stimmen für die ‚Republikaner'. Es spricht daher einiges dafür, dass rechtsextreme Parteien sehr wohl eine vergleichsweise hohe Anziehungskraft auf Polizeibeamte ausüben, es spricht aber nichts dafür, diese Tendenz zu dramatisieren, allerdings: die Wahl von rechtsextremen Parteien ist auch immer verbunden mit der Distanzierung oder Ablehnung von Demokratie."[37] Fast ein Drittel der befragten Revierbeamten und die Hälfte der befragten Angehörigen der „S 500"[38] meinen, dass Frankfurt eine Stadt sei, „die krank mache". Andere - hier nicht dokumentierte - Befragungsergebnisse hinsichtlich der „Nutzung von städtischen Einrichtungen" durch Polizeibeamte zeigen, dass insbeson-

---
[36] vgl. ders., S. 212
[37] vgl. ders., S. 197
[38] Bezeichnung für eine polizeiliche Spezialeinheit, die sich besonders um innerstädtische polizeiliche Lagen kümmern sollte

dere Museen, Kunstausstellungen, Theater, Oper und Konzerte von über 2/3 der Angehörigen der „S 500" nie genutzt werden[39]. Dieses Verhalten erklärt sich nur zum Teil mit den relativ großen Entfernungen zum Heimatort[40], denn auch in Frankfurt am Main gab und gibt es eine Dienstregelung, die eine Nutzung solcher Einrichtungen ermöglichen würde. In jedem Fall wird aber so die tatsächliche Distanz zur „normalen" Stadt Frankfurt am Main und die spezifische „Einseitigkeit" des Erlebens der Stadt deutlich. Die Partizipation an städtischen Einrichtungen forciert grundsätzlich die Identifikation mit einer Stadt und zugleich kann dadurch auch die Brechung oder Aufweitung des geschlossenen polizeilichen „Berufsbildes" zu einer Stadt möglich werden.

Tabelle 2: Stadtwahrnehmungen[41]

Frankfurt ist	Revierbeamte (n = 352)	S 500 (n=182)
die Stadt mit wachsender Kriminalität	94 %	94 %
die Stadt, wo Banken und Versicherungen das Sagen haben („Bankfurt")	61 %	68 %
die Stadt mit zu vielen Ausländern	59 %	73 %
die Stadt, in der die Reichen immer reicher und die Armen immer ärmer werden	48 %	69 %
die weltoffene Stadt	43 %	31 %
die Stadt der Skandale und Korruptionen	34 %	51 %
die Stadt, die krank macht („Krankfurt")	30 %	50 %
die Stadt, in der Kultur für alle da ist	27 %	19 %
die Stadt, in der es noch gute alte Traditionen gibt	13 %	9 %
die schönste Stadt der Bundesrepublik	2 %	2 %
die kinderfreundliche Stadt	1 %	1 %
die altenfreundliche Stadt	1 %	1 %
die Stadt, die ihre Bürger liebt	1 %	1 %

Dieser Ansatz stellt eine Verbindung zwischen der Stadtwahrnehmung durch in Frankfurt arbeitende Polizeibeamte und ihren arbeitsweltlichen Erfahrungen her.

---

[39] vgl. ders., S. 216
[40] vgl. ders., S. 211 mit den Strukturdaten der Untersuchung
[41] vgl. ders., S. 215

Damit wird ein paradigmatischer Kontext aufgezeigt, mit dem es möglich erscheint, Fremdenfeindlichkeit nicht nur als ein kognitiv determiniertes Handeln Einzelner zu erkennen. Auch kann sich dadurch die Polizeiführung in die Lage versetzt sehen, etwas einfacher zielgruppengerechte Maßnahmen der Organisationsentwicklung in der Kombination mit Verbesserungen für die grundsätzliche städtische Verankerung von Polizeibeamten zu erstellen. Ein weiterer Vorteil dieses Ansatzes liegt auf der Hand: Fremdenfeindlichkeit wird von individueller Zuschreibung und somit vom persönlichen Verdacht gelöst. Damit kann die Betroffenheit von Polizeibeamten reduziert werden und es eröffnet sich die Chance, offener über Fremdenfeindlichkeit zu reden und sie auch entsprechend zu erforschen. So trägt dieser Ansatz ganz wesentlich dazu bei, einer weiteren Tabuisierung keinen Vorschub zu leisten.

1.5 Wesentliche Ergebnisse der PFA-Studie von 1995

Auf der Grundlage von Einzel- und Gruppeninterviews mit 151 Polizeibeamten und -beamtinnen aus ausgewählten Stadt- und Landdienststellen sowie der Bereitschaftspolizei kam die Studie von Bornewasser u.a. zu folgenden Ergebnissen:

Übergriffe von Polizeiangehörigen gegenüber Fremden auf der Grundlage dieser Studie deuten daraufhin, „dass es sich weder um ‚bloße Einzelfälle'" noch um „ein systematisches Verhaltensmuster der Polizei" handelt, sondern dass die Kumulation von Belastungen in Ballungszentren mit hoher illegaler Einwanderung und Kriminalität sowie bei Großeinsätzen gegen verbotene Demonstrationen manche Beamte und Beamtinnen überfordert. Insbesondere die Erfolgs- und Folgenlosigkeit des alltäglichen und allnächtlichen Handelns, die innerbetriebliche Tabuisierung der Konflikte und aggressiven Emotionen, die mit Ausländern zu tun haben, und die mangelhafte justizielle Verarbeitung von Anzeigen sind es, die die Beamten auf der Straße am Sinn ihres Handelns zweifeln lassen."[42] Die Autoren schlussfolgern: „Diese [Beamten, Anm. H.J.H.] geraten dann in Gefahr, einerseits zu resignieren und auch bei offenkundigen Delikten wegzuschauen (wenn sie der Meinung sind, dass eine Anzeige doch nichts bringt), andererseits mit „Ersatzjustiz" ihrem Gerechtigkeitsgefühl oder auch nur ihrer Frustration und Überlastung illegal Ausdruck verleihen."[43] Die weitere Analyse gliedern die Autoren in Bereiche „externer Belastungen" und in Faktoren, die sich aus der „inneren Verfasstheit" der Polizei ergeben.

---

[42] Eckert, R., Bornewasser, M., Willems, H., Weder Einzelfälle noch ein generelles Muster - ein Fazit, in: Kuratorium der Polizei-Führungsakademie (Hg.) 1996, S. 160
[43] ebd.

Zu den externen Belastungen zählen die Autoren, u.a. die „Last der deutsche Geschichte", die auf die Beamten einwirken würde. Denn häufig werden einschreitende Beamte mit „Nazi- und/oder Faschismusvorwürfen" konfrontiert. Die Ausländer würden die deutsche Geschichte für sich so instrumentalisieren, „um Oberwasser zu bekommen."[44] Weitere Frustrationen würden entstehen, weil die Polizei - nach Ansicht der Befragten - in den letzten Jahren an Macht und Ansehen verloren habe. Dadurch schwinde auch insgesamt die Akzeptanz von polizeilichen Entscheidungen. Die Befragten meinen, eine Solidarisierung der deutschen Bevölkerung mit den ausländischen Tatverdächtigen bemerken zu können und dies veranlasse Polizeiangehörige zum Kontern und Gegenargumentieren.[45] Darüber hinaus wird die Presse als ein zentraler und einseitiger Gegner erlebt. Der polizeiliche Einsatz mit Ausländerbeteiligung wird so zum karrieregefährdenden Risiko. Polizeiangehörige fühlen sich entsprechend häufig vorverurteilt. Kontakte mit ausländischen Tatverdächtigen werden als ausweglose und damit frustrierende Situationen erlebt. Ausländische Tatverdächtige würden dies Dilemma durchschauen und jeweils versuchen, es für ihre eigenen Zwecke zu nutzen.[46] Die Polizei gilt nach dieser Einschätzung als der „Buhmann", „auf den von verschiedenster Seiten eingeprügelt wird." Empörung entsteht dann in besonderer Ausprägung, wenn Politiker polizeiliches Fehlverhalten öffentlich kritisieren und selbst nicht zur Lösung des Problems beitragen. In jedem Verfahren (insbesondere bei der Amtshilfe) muss sie den Part des Gewaltanwenders spielen. Die Bevölkerung kritisiere dies auch noch: Obwohl die Polizei „die Kohlen aus dem Feuer holt, bezieht sie Prügel."[47]

Nach Meinung der befragten Polizeiangehörigen würden Gerichte „zu lasch" urteilen und das Verhältnis der Polizei zur Justiz wurde als „sehr problematisch" bewertet. Die Befragten meinten weiter, dass „die Justiz die polizeiliche Arbeit zunichte" [mache], obwohl gerade Ermittlungstätigkeiten gegen Ausländer sehr aufwendig seien. Als Polizeiangehöriger will man die Erfolge der Arbeit sehen und wenn die Justiz diese Erfolge nicht garantiere, so die Schlussfolgerung der Wissenschaftler, dann wachse eben die Bereitschaft, für die Erfolge selbst zu sorgen. So erscheint es auch zwangsläufig, dass Polizeiangehörige auch vor Gericht sich nicht wohl fühlen. Die häufig geringen Strafen werden als „persönliche Niederlage" verstanden und dies wiederum führe zur Verunsicherung ihres Rechtsverständnisses.[48] Der ständige Umgang mit Konfliktsituationen und die

---

[44] vgl. Bornewasser, M. u.a., Seminarprotokolle zu vier Workshops, in: Kuratorium der Polizei-Führungs-akademie (Hg.) 1996, S. 58
[45] vgl. ebd.
[46] vgl. dies., S. 58/59
[47] vgl. dies., S. 59
[48] ebd.

hohe emotionale Belastung erzeugen permanenten Stress, der im Dienst nicht abgebaut werden kann. Dieser Stress belastet auch das Privatleben und wirkt dann in den Dienst zurück. Ein wesentliches inneres Belastungsmoment ist der „zu geringe Schutz seitens der polizeilichen Vorgesetzten."[49] Die Befragten sind der Auffassung, dass die strafprozessuale Unschuldsvermutung in diesen Fällen nicht in dem Umfang Geltung habe, wie sie eigentlich auch für Polizeibeamte zu gelten habe. Und es werden auch die täglichen Schwierigkeiten mit Ausländern durch die Vorgesetzten tabuisiert: „Ich hatte schon Angst, Türke zu sagen, man wird in die rechte Ecke gedrückt!"[50], so eine Äußerung eines interviewten Polizeibeamten. Im Gegensatz dazu würden dann die scharfen Bewertungen durch die Vorgesetzten stehen.

Weiterhin wurde die aktuelle Personalpolitik (("Gleichmacherei von prüfungsfreiem Aufstieg und FHS-Studium") beklagt. Die Polizei sei darüber hinaus schlecht ausgestattet und Eigeninitiativen würden mit disziplinarrechtlichen Androhungen beantwortet. Auch die Erfahrungen mit Frauen im Polizeidienst (Stichworte: Ausdünnung der Schichten, Mehrarbeit für Männer, Frauen werden aber trotzdem befördert) würden mit zur Unzufriedenheit beitragen. Der Ermittlungsaufwand im Zusammenhang mit Verfahren gegen Ausländer sei sehr hoch (Identitätsfeststellung und erkennungsdienstliche Behandlung), und Staatsanwälte einschließlich Richter seien (gerade) am Wochenende schlecht erreichbar. Daraus entstehen Gefühle des Alleinverantwortlichseins für eine komplexe gesellschaftliche Situation. Vorgesetzte würden zusätzlich einen starken Leistungsdruck mittels „Anzahl von Anzeigen" ausüben und gerade Ausländer würden in dieser Hinsicht immer eine „sichere Bank" darstellen.[51]

Fasst man diese Erkenntnisse zusammen, dann kann von einer Überforderung von Polizeiangehörigen - bedingt durch äußere Anforderungen und durch interne suboptimale Strukturen - ausgegangen werden. Die Ursachen für polizeiliche Übergriffe lassen sich demzufolge mit Erkenntnissen aus der psychologischen Stresstheorie beschreiben: Stress ist - nach einer klassischen Definition - die Summe von „Belastungen, Anstrengungen und Ärgernisse, denen ein Lebewesen täglich durch Umwelteinflüsse ausgesetzt ist. Es handelt sich um Anspannungen und Anpassungszwänge, die einen aus dem persönlichen Gleichgewicht bringen können und bei denen man seelisch und körperlich unter Druck steht."[52] Auf der Basis dieser Analyse sind dann eine ganze Reihe von Gegenstrategien möglich. Anzumerken ist allerdings, dass aber das Generieren von polizeilicher

---

[49] dies., S. 60
[50] ebd.
[51] dies., S. 61
[52] Definition nach Hans Selye; vgl. Wagner-Link, A., Aktive Entspannung und Streßbewältigung, Ehningen 1993, S. 8

Stressresistenz in der Ausbildung nicht in jedem Fall eine hinreichende Antwort auf das Phänomen ist. Inwieweit berufsbedingte Sozialisations- und / oder Handlungssituationen im Einzelnen die polizeilichen Übergriffe motivieren können, ist schwer zu belegen. Es gibt aber begründete Annahmen darüber, dass auch das berufliche Kollektiv in konkreten - von der Öffentlichkeit abgeschirmte Situatione - Hemmschwellen zur nicht berechtigten physischen Gewaltanwendung absenken kann: So weisen die eingangs - aus dem Urteil des Frankfurter Gerichts - zitierten Vorgehensweisen der Polizeibeamten bei der Misshandlung des ausländischen Tatverdächtigen auf einen bestimmten modus operandi hin: Solche Übergriffe werden kollektiv und in Arbeitsteilung begangen.[53]

Verschiedene Einsatzeinheiten wurden in den 90er Jahren in Hamburg mit Vorwürfen der Fremdenfeindlichkeit und mit dem Verdacht von Misshandlungen konfrontiert. Der damalige Innensenator Heckmann trat zurück und die Bürgerschaft richtete einen Parlamentarischen Untersuchungsausschuss ein: In 57 Ausschusssitzungen - in der Zeit von Oktober 1994 bis November 1996 - wurden mehr als 3.000 Akten ausgewertet. Es wurden auch Beschwerdevorgänge, disziplinar- und dienstrechtliche Verfahren im Kontext von polizeilichem Fehlverhalten - auch gegenüber ausländischen Tatverdächtigen - überprüft. Hier standen besonders einige polizeiliche Dienststellen und Einsatzeinheiten im Mittelpunkt des Untersuchungsinteresses. Zur Ergänzung der oben gemachten Anmerkungen zur Verbreitung von rechtsextremistischen Einstellungen in der Polizei stellt nun dieser Bericht fest: „Die Vermutung, es gebe bei der Hamburger Polizei rechtsextremistische Einstellungen, hat sich nicht bestätigt." Zur Bewertung der internen Kommunikation hält der Untersuchungsausschuss fest: „Von Verdachtsmomenten gegen einzelne Beamte (seit 1990 weniger als 10 Vorgänge) wegen rechtsextremistischer Denk- und Verhaltensweisen hat die Polizeiführung meist schnell erfahren. Sie haben sich in der Regel nicht bestätigen lassen."[54] Eine Sitzung des Untersuchungsausschusses beschäftigte sich ausschließlich mit der Analyse der polizeilichen Arbeitswelt und entsprechenden Verhaltensweisen unter dem Stichwort „Mauer des Schweigens". „Kameraderie ist eine auf allen Ebenen der Polizei, wenngleich in Einzelfällen, vorkommende Verhaltensweise. In der Polizei besteht aufgrund besonderer, diesem Beruf eigener Umstände, ein stärkeres Zusammengehörigkeitsgefühl als in anderen Berufsgruppen und Organisationen. Dies hängt mit der dem Polizeiberuf eigenen Gefährlichkeit der Tätigkeit zusammen: Polizeibeamte sind darauf angewiesen, sich in Gefahrensitua-

---

[53] vgl. Heuer, H.J., Zur Zivilisierung der Gewaltmonopolisten, in: Barlösius, E. u.a. (Hg.), Distanzierte Verstrickungen - Die ambivalente Bindung soziologisch Forschender an ihren Gegenstand, Berlin 1997, S. 375 - 395

[54] Kurzfassung der Ergebnisse des Parlamentarischen Untersuchungsausschusses "Hamburger Polizei", Januar 1997, S. 25 (Ms.)

tionen auf ihre Kollegen verlassen zu können, was wiederum zu einer notwendigen Solidarität führt, die ihre negative Ausprägung in einem undifferenzierten Korpsdenken findet."[55] Weiter führt der Bericht aus: „Die Polizei ist deshalb anfälliger für das Entstehen von Kameraderie (und damit auch für das Entstehen von Schweigemauern) als andere Berufe. Das Vorhandensein von Kameraderie ist kein individuelles Problem einzelner Polizisten, sondern bedingt durch Strukturen, Berufsbedingungen und auch Mentalitäten."[56] An anderer Stelle zu dem Thema „Misshandlungen durch Polizeibeamte" kann im Untersuchungsbericht nachgelesen werden: „Hinsichtlich der Häufigkeit von Misshandlungen kann nicht von Einzelfällen einiger weniger „schwarzer Schafe" gesprochen werden, allerdings auch nicht von einem regelhaften Verhalten aller im Reviergebiet ... eingesetzten Polizeieinheiten. Auffallend ist, dass bei allen einzelnen Einheiten wie der Wachdienstgruppe D der PRW (Polizeirevierwache) 11 und den Einsatzzügen Mitte offenbar Fehlverhalten häufiger aufgetreten ist, als bei anderen Polizeieinheiten."[57]

Der Hamburger Untersuchungsausschuss hat eine ganze Reihe von internen Abläufen und Kommunikationsstrukturen öffentlich gemacht, die das bisherige Wissen über die informellen polizeilichen Strukturen und Dynamiken empirisch ergänzten.[58] Insbesondere die Hamburger Ergebnisse regen dazu an, nicht nur in die polizeiliche Aus-, Fort- und Weiterbildung zu schauen, sondern die alltägliche und allnächtliche Praxis gerade größerer Dienststellen genauer zu analysieren. Zu einer ähnlichen Einschätzung kommt die (nicht veröffentlichte) Konzeption zur „Erhöhung einer wertorientierten Gleichbehandlungskompetenz bei der hessischen Polizei" aus dem Jahr 1995; dort heißt es u.a.: „Grundsätzlich wird im Rahmen der Aus- und Fortbildung zwar ein realitätstüchtiges Aufgabenverständnis erzeugt, aber kritisch ist anzumerken, dass dieses nicht immer in allen Fällen gelingt. Soweit das Aufgabenverständnis kognitiv und affektiv vermittelt wurde, relativiert sich dieses mitunter in der schutz- und kriminalpolizeilichen Einzeldienstpraxis sowie der Bereitschaftspolizei."[59] Damit scheinen auch die Schwerpunkte der Analyse des Phänomens Fremdenfeindlichkeit und Rechtsextremismus im Kontext polizeilichen Handelns erkannt worden zu sein: Neben Aus- und Fortbildungsfragen und belastenden Stresssituationen im polizeilichen Alltag, scheint im besonderen Maße eine kritische Annäherung an die Funktio-

---

[55] ders., S. 29
[56] ebd.
[57] ders., S. 13
[58] zur grundsätzlichen Bedeutung von informellen Strukturen und internen Kommunikation vgl. Behr, R., Die Bedeutung informeller Prozesse im Organisationshandeln bei der Polizei, in: Kniesel, M. u.a. (Hg.) 1996, S. 1205 - 1242
[59] vgl. Erlass des Hessischen Ministeriums des Innern und für Landwirtschaft, Forsten und Naturschutz, III B 2 - 8 e 10 03 - vom 24. Mai 1995 (unveröffentlicht)

nen des polizeiberuflichen Berufskollektivs geboten zu sein, um in diesem Feld die besondere Relevanz von internen und verdeckten Kommunikationen und Abläufen für Phänomene wie die „Mauer des Schweigens" richtig zu erkennen und zu bewerten. U.a. aus den Hamburger Erkenntnissen kann aber auch schlussgefolgert werden, dass die innerbetriebliche Kommunikation und besonders die von unten nach oben initiierte Kommunikation in den untersuchten Fällen häufig sehr schwerfällig war, es gab seitens der Polizeiführung mitunter kein niedrig-schwelliges Kommunikationsangebot bzw. ist die Brisanz der Information (bewusst oder unbewusst) nicht in jedem Falle hinreichend erkannt worden. Nicht ohne Grund wird auch in Hamburg die Installierung eines (kommunikativen) „Frühwarnsystems" vorgeschlagen.[60]

2 Konsequenzen für die polizeiliche Organisations- und Personalentwicklung, der Führung sowie Maßnahmen im Bereich der polizeilichen Aus- und Fortbildung

Oben sind (exemplarisch) die komplexen Situationen, in der sich die Vermischung von fremdenfeindlichen Motivationen mit polizeilichem Handeln beschreiben lassen, dargelegt. Es bleibt allerdings die Herausforderung, auch zukünftig mit der Feststellung eines in der PFA-Studie befragten Polizeiangehörigen umgehen zu müssen, nämlich: „Wir haben nichts gegen Fremde, sondern wir haben etwas gegen fremde Straftäter, wir sind darum bemüht, Fremde und Deutsche gleich gut und höflich zu behandeln. Wir stoßen im Umgang mit Fremden auf besondere Erschwernisse, die die Arbeit zur Belastung werden lassen."[61] Verschiedene Strategien der Organisations- und Personalentwicklung wurden daraufhin vorgeschlagen, die sich systematisch den Bereichen vom Einstellungsverfahren bis hin zum Personaleinsatz widmeten. Einstellungsverfahren in den Polizeidienst sollten optimiert werden. Ausschließlich berufserfahrene und für diese Aufgabe qualifizierte Einstellungsberater sollten in diesem Bereich eingesetzt werden. Bei der Bewerbungs- und Aufstiegsauswahl sollte der Umgang mit Aggressionen, Konflikten sowie kognitiven Einstellungen - insbesondere zu Minoritäten - intensiver und umfassender durch geschultes Prüfungspersonal hinterfragt werden. Es wurde weiterhin vorgeschlagen, durch Experten aus Bund und Ländern gemeinsame Verfahrensweisen zu entwickeln, um die Quote der

---

[60] vgl. Kurzfassung der Ergebnisse des Parlamentarischen Untersuchungsausschusses "Hamburger Polizei", Januar 1997, S. 37 (Ms.).
[61] Bornewasser, M. und Eckert, R., Abschlußbericht zum Projekt Polizei und Fremde - Belastungen und Gefährdungen von Polizeibeamtinnen und -beamten im alltäglichen Umgang mit Fremden, Polizeiführungsakademie Münster-Hiltrup 1995 (Ms.), S. 21/22

bereits eingestellten Polizeiangehörigen mit Migrationshintergrund zu erhöhen. Darüber hinaus wurde auch die Einführung eines Leitbildes für die Polizei dringend empfohlen, denn „die zunehmende Komplexität polizeilichen Handelns erfordert die Einführung eines Leitbildes für die Polizei. Leitbilder sind kein Selbstzweck, sondern Grundlage moderner Unternehmensführung. Sie bieten Orientierungshilfe und stellen ein Identifikationsmittel dar, an dem Selbstkontrolle ermöglicht wird. Dadurch werden Orientierungsrahmen für Handeln und Verhalten nach innen und außen sowie über Zwecke und Ziele angestrebter Verhaltensweisen auf der Grundlage eines bestimmten Menschenbildes vorgegeben. Im Ergebnis wird so ein Verhaltensmuster sichtbar, dass zusätzlich einen Anspruchsrahmen für den Bürger definiert."[62]

Aufgrund der außerordentlichen Bedeutung des Wechselschichtdienstes für die polizeiliche Arbeit, sollte die Situation der Beamtinnen und Beamten in diesem Organisationsbereich verbessert werden. Als konkrete Maßnahmen wurden angeregt: Die weitere Einführung vereinfachter Verfahren zur Kriminalitätsbekämpfung zu prüfen; die personelle Verbesserung ist anzustreben (z.B. keine Ansiedlung von Fehlstellen im Wechselschichtdienst). Auch sollen die Arbeitsbedingungen (Räume, Ausstattung) überprüft und modernisiert werden. Aufgabenkritisch soll die weitere Reduzierung von polizeifremden oder polizeiinadäquaten Aufgaben angestrebt werden. Der Aspekt der Dienst- und Fachaufsicht spielt dabei eine nicht unwesentliche Rolle: So soll eine Stärkung der Stellung der Dienstgruppenleiterinnen und der Dienstgruppenleiters durch eine klar umrissene Aufgabenbeschreibung mit Zuweisung entsprechender Kompetenzen erfolgen, und die Führungskräfte sollen verstärkt den Kontakt zu den Angehörigen des Wechselschichtdienstes suchen. Durch verschiedene neue Schichtmodelle sollte die Mehrarbeit im Wechseldienst ausgeschlossen werden und eine Rotation sollte völlig selbstverständlich werden. Denn viele Polizeiangehörige aus diesem Arbeitsbereich fühlten (und fühlen) sich überfordert und von der Führung alleingelassen, daher soll auch eine psychosoziale Betreuung besonders geprüft werden. Die Führungsspannen in diesen Organisationsbereichen werden mit dem Ziel einer Reduzierung ebenfalls überprüft.

Die Auswahl und Ausbildung der Führungskräfte ist in diesem Zusammenhang von besonderer Bedeutung. Bei der Auswahl von Führungskräften muss der Umgang mit Aggressionen und Konflikten hinterfragt werden. Soweit keine besonderen Auswahlverfahren mehr stattfinden (z.B. bei der „zweigeteilten Laufbahn"), müssen entsprechende Fortbildungsangebote entwickelt werden. Zur Weiterqualifizierung der Führungskräfte in ihrer persönlichen sozialen und methodischen Kompetenz wird ein obligatorisches Führungskräftetraining für

---

[62] vgl. vorgenannten Bericht der UAFEK- Projektgruppe, S. 15

erforderlich gehalten. Die interne Kommunikation soll durch die Intensivierung von regelmäßigen Mitarbeitergesprächen verbessert werden. Die uneingeschränkte Dialogbereitschaft der Polizei (-führung) muss durch eine permanente Öffentlichkeitsarbeit nach außen, und ständige Informationsarbeit nach innen deutlich werden. Leitbilder sollen implementiert werden, sie entbinden die Führungskraft allerdings nicht von den obligatorischen Kontrollaufgaben gegenüber den Mitarbeiterinnen und Mitarbeitern. Hierzu seien auch exakte Zielvorgaben unerlässlich; Leitlinien zur Führung sind in diesem Zusammenhang hilfreich. Bestandteil eines „Frühwarnsystems" soll auch die Bestellung eines neutralen Ansprechpartners sein. Sofern Fehlverhalten festgestellt werden sollte, ist dieses konsequent unter Ausschöpfung aller Maßnahmen der Dienstaufsicht und des Disziplinarrechts zu ahnden. Um eine zügige Abwicklung solcher Verfahren zu gewährleisten, wurde auch vorgeschlagen, die Sanktionsbefugnis ggf. auf dezentrale Organisationseinheiten zu delegieren.

Für die Ausgestaltung der Aus- und Fortbildung werden folgende Empfehlungen ausgesprochen: Die Vermittlung „sozialer Kompetenz" soll im Vordergrund der polizeilichen Pädagogik stehen. Dabei ist auf eine fächerübergreifende Werte- und Leitbildvermittlung auf der Grundlage der Verfassungswerte zu achten bzw. muss diese Thematik als (neuer) eigener Themenkomplex für die Ausbildung entwickelt werden. Einen breiteren Raum und einen höheren Stellenwert soll das Unterrichtsfach „Berufsethik" erhalten und fächerübergreifend sollte die „Rolle der Polizei im demokratischen Verfassungsstaat" vermittelt werden. Die Inhalte eines Seminars zur „Konfliktbewältigung" sollen bereits in der (ersten) Ausbildungsphase vermittelt und durch eine intensive Auseinandersetzung zu Wertvorstellungen fremder Religionen, Kulturen, gesellschaftlicher Minderheiten sowie Randgruppen begleitet werden.

Auch wurde eine bundeseinheitliche Seminarkonzeption zum Umgang mit gesellschaftlichen Minderheiten und zur Vermittlung fremder Kultur- und Wertvorstellungen vorgeschlagen.[63] Als unverzichtbar werden realitätsnahe Praktika und die Durchführung von Sozialpraktika in anderen Behörden und Einrichtungen als Vorbereitung für die Verwendung in Großstädten und Ballungszentren angesehen. Darüber hinaus soll umfassend die rechtliche und berufsethische Erörterung von innerpolizeilichem Fehlverhalten und die Darstellung der Gefahren, die aus der notwendigen Kameradschaft, Kollegialität und dem positiven Wir-Gefühl resultieren, reflektiert werden.

Auch im Bereich der Fortbildung gab es eine ganze Reihe von Vorschlägen und Empfehlungen: Als Ausgangslage sollte dem immer größer werdenden Stellenwert der Präventionsarbeit und dem gestiegenen Bedürfnis nach mehr Bür-

---

[63] vgl. Ahlheim, K. und Heger, B., Vorurteile und Fremdenfeindlichkeit - Handreichungen für die politische Bildung der Polizei, Münster 1998

gernähe in der Fortbildung Rechnung getragen werden. Ein Führungskräftetraining soll obligatorisch vor der Übernahme von Führungsfunktionen erfolgen. Workshops und Seminare sollten die interkulturelle Kommunikation verbessern; damit kann gerade in diesem Bereich eine Steigerung der sozialen Kompetenz erzielt werden. Über die Einführung von Einzel- oder Gruppensupervisionen bei Dienststellen mit besonderer Belastung - auch unter Einbeziehung externer Referenten - soll konzeptionell gearbeitet werden. Das polizeiliche Lehrpersonal hat dabei einen engeren Kontakt zu den Praxisdienststellen zu suchen. Seitens vorgesetzter Dienststellen sollen Exkursionen, Studienreisen oder auch Austauschprogramme besonders gefördert werden. Die Einführung eines Bildungscontrollings wird angeregt, denn neben der Erfolgskontrolle gewährleistet es gleichzeitig die ständige Anpassung der Aus- und Fortbildung an die sich wandelnden gesellschaftlichen Entwicklungen an praktischen Anforderungen.

Unabhängig von diesen damaligen (umfassenden und nur bedingt spezifischen) (Sofort-)Maßnahmen scheint eine kritische Untersuchung und Beschreibung von Sozialisations- oder genauer Vergesellschaftungseffekten in solchen polizeiberuflichen Berufskollektiven nützlich zu sein. In diesem Feld liegt wohl der Schlüssel zum Verständnis der fremdenfeindlichen Motivationen im Kontext von polizeilichem Handeln. Diese Handlungsabläufe weisen einen bestimmten modus operandi auf, der insbesondere für die sozialpsychologische Interpretation bedeutsam erscheint: Die Taten werden im kameradschaftlichen Kollektiv begangen, meistens an für die Öffentlichkeit nicht oder schwer zugänglichen Orten und auf Revierwachen. Wie können solche Verhaltensweisen also erklärt werden, wenn die auf das Individuum bezogene stresspsychologische Argumentation offensichtlich verkürzt erscheint? Über Jahre und Jahrzehnte hinweg sind polizeiliche Sozialisationseffekte im Kontext von kasernierter Ausbildung zu Recht mit einem „Trend zur Deprivatisierung ihrer Mitglieder" beschrieben worden, wobei die besagten Ausbildungsinstanzen im weitesten Sinne mit einer „totalen Institution" (E. Goffmann) gleichzusetzen waren und entsprechend wirkten.[64] In einem solchen Fall von Vergesellschaftung gestalten sich individuelle Abgrenzungen und Distanzierungen zur Gruppe der Kollegen und Kolleginnen als äußerst schwierig, weil der individuelle Raum für entsprechende Privatheiten in einer totalen Institution nicht gegeben ist; dies wird dann die entscheidende Voraussetzung und der Kern der „Deprivatisierung". Die Studie von Bornewasser u.a. nimmt nur an zwei Stellen indirekt dieses Phänomen auf: „Weitere Probleme wirft die schwierige rechtliche Situation auf, in die Polizeibeamte geraten, wenn sie Kenntnis von Übergriffen eines Kollegen haben und dies nicht sofort zur Anzeige bringen (Strafvereitelung im Amt). Für viele Beamte stellt jedoch die

---

[64] vgl. von Harrach, E.M., Grenzen und Möglichkeiten der Professionalisierung von Polizeiarbeit, Diss. Münster 1983. S. 200

Anzeige gegen einen Kollegen einen zu weitgehenden Schritt dar, insbesondere dann, wenn dies zur Suspendierung des Kollegen führen könnte. Der polizeiinterne Gruppendruck (»Korpsgeist«) und die Angst vor Ausgrenzung als Denunziant tragen zusätzlich dazu bei, dass hier eine hohe Hemmschwelle vorhanden ist."[65] Und an anderer Stelle heißt es: „Im Zusammenhang mit den öffentlichen Anschuldigungen gegen Beamte wurde der polizeiliche Korpsgeist ambivalent beurteilt. Einerseits sei es natürlich sehr wichtig, die Gewissheit zu haben, dass man sich auf seine Kollegen verlassen und mit deren Rückendeckung rechnen kann. Andererseits sei es dadurch schwierig, eine eventuelle Entgleisung zur Sprache zu bringen, weil man u.U. sofort die ganze Gruppe gegen sich habe und ein Klima des Misstrauens entstehe".[66]

Diese Notizen und die dargestellten Tatbegehungsweisen verweisen auf die besondere Bedeutung des Berufskollektivs und deuten die affektive Anbindung Einzelner an das Kollektiv bzw. die Polizei als solche an.[67] Dies ist vom Grunde her auch ein Effekt, den jede corporate identity exklusiv mit sich bringen soll. Hier passiert aber etwas anderes: Es besteht in solchen (hochkohäsiven) Kollektiven qua einfachem Dazugehören eine grundsätzliche Akzeptanz von Verhaltensweisen, die in weniger affektiv besetzten Gruppen erst thematisiert, ausgehandelt und vereinbart werden müssten; dies ist das immanente Risiko - nicht nur aus der Sicht des polizeilichen Managements - solcher Berufsgruppen. In diesen Berufskollektiven besteht nämlich grundsätzlich eine realistische Chance, abweichende Handlungen (z.B. die oben geschilderte Misshandlung eines ausländischen Tatverdächtigen) quasi als „normal" anzusehen, solche Handlungen weitestgehend zu akzeptieren und sie sogar zu legitimieren. Solche Vorhaben werden in die Abgeschlossenheit des polizeieigenen Raumes verlegt, die Öffentlichkeit hat keinen Zugang, und selbst juristisch legitimierte Personen, wie Angehörige oder Anwälte, haben hier nur einen erschwerten Zugang. So wird ein hermetisch-polizeilicher Aktionsbereich geschaffen. Hier sind die Mitglieder des Berufskollektivs unter sich und Gewaltexzesse haben eine Chance, als „Widerstand gegen Vollstreckungsbeamte" (§ 113 Strafgesetzbuch) umdefiniert zu werden.[68] In solchen Situationen ist es aus der Sicht des Kollektivs erforderlich, dass

---

[65] Bornewasser, M. und Eckert, R., Abschlussbericht zum Projekt Polizei und Fremde - Belastungen und Gefährdungen von Polizeibeamtinnen und -beamten im alltäglichen Umgang mit Fremden, Polizei-Führungsakademie Münster-Hiltrup 1995 (Ms.), S. 80

[66] dies. S. 137

[67] vgl. Proske, M., Polizei und Diskriminierung - Zur Kritik der Pädagogisierung struktureller Phänome: Eine diskurs- und organisationstheoretische Erklärung von institutionellen Diskriminierungspraktiken. Diplom-Arbeit Universität Frankfurt am Main 1995. S. 132 (Ms.)

[68] vgl. zur polizeilichen Definitionsmacht die klassische Analyse von Blankenburg, E. und Feest, J., Die Definitionsmacht der Polizei - Strategien der Strafverfolgunmg und soziale Selektion, Düsseldorf 1972

alle Involvierten ähnliche bis identische Verhaltens-, Bewertungs- und Empfindungsmaßstäbe zeigen, nur diese homogenen Standards sichern die Exklusivität der Gruppe und legitimieren ihre Handlungen. Es werden nun untereinander „Geheimnisse" geteilt, mitunter exklusive Regeln und Normen erzeugt, die auch die zukünftige Zugehörigkeit und andauernde Anbindung an dieses Kollektiv sicherstellen. Dieser Prozess des zunehmend intensiver werdenden »Aufeinander-angewiesen-Seins« lässt Anbindungen entstehen, die sich in Qualität und Intensität als »symbiotische Anbindung« erweisen.[69] Hier verspricht das im eigenen und hermetischen Raum agierende berufliche Kollektiv zugleich individuelle psychische Entlastung (ein schlechtes Gewissen entsteht kaum) und die Zugehörigkeit zu diesem Kollektiv wird zum entscheidenden Teil der individuellen Selbstbewertung Einzelner. So erfährt das berufliche Kollektiv einen enormen (nicht nur) psychischen Bedeutungszuwachs: Das grundsätzlich zivilisierte »Ich« der betroffenen Polizeiangehörigen erfährt infolge der beruflichen Anforderungen und dem stringenten Eingebundensein im Kollektiv eine »Wir«-Aufladung.[70] Da solche Aufladungen auch immer eine Schwächung des jeweiligen individuellen Gewissens bedeutet, welches u.a. mit der Reduktion von Mitleidsempfindungen einhergeht, wirkt diese Balanceverschiebung in die entzivilisierende Richtung. Die Balance zwischen dem »Ich« und dem »Wir« bewegt sich eindeutig zum kollektiven »Wir«, d.h. notwendige und übrigens auch rechtlich gebotene Distanzierungsleistungen gegenüber dem Kollektiv werden kaum gezeigt. Betroffene sehen diesen Effekt sogar als zwangsläufig und unabwendbar an. So spielt sich in diesem Feld ein gruppeninterner zivilisatorischer Nachhinkeffekt ganz besonderer Art ab. Einerseits ist der soziale Konformitätsdruck auf das einzelne Individuum in einer solchen symbiotischen Gruppierung enorm, andererseits bietet und sichert ein solches Kollektiv gelungene Konzepte für die psychische Verarbeitung von Übergriffen. Solche Gruppen sichern diese Funktion nach außen durch eine „Mauer des Schweigens"; der Hamburger Untersuchungsbericht belegt dieses umfänglich.[71] Im Übrigen gehört diese Einsicht zu den Alltagserfahrungen auch von polizeilichen Ermittlern, die solche Geflechte zu durchdringen versuchen. Insofern stellt sich der stets mit dem - aus dem militärischen Sprachgebrauch stammende und damit verkürzte - Begriff »Korpsgeist« unzureichend beschriebene Vergesellschaftungseffekt dieser Kollektive gerade nicht als eine beliebig auswählbare kognitive Disposition einzelner Mitglieder dar, sondern dokumentiert eine so intensive affektive Anbindung, welches sogar die Qualität einer Persönlichkeitsstrukturveränderung haben kann. Es

---

[69] vgl. Siberski, E., Untergrund und offene Gesellschaft, Stuttgart 1967
[70] vgl. Elias, N., Die Gesellschaft der Individuen, Frankfurt am Main 1988. S. 209 - 310
[71] vgl. den Bericht des Parlamentarischen Untersuchungsausschuß der Bürgerschaft der Freien und Hansestadt Hamburg „Hamburger Polizei" aaO.

sind meistens die Lebenspartner und -partnerinnen, die diese Veränderungen zuerst bemerken.

3 Schlussbemerkungen

Die vorstehend dargestellten verschiedenen Maßnahmen zur Organisations- und Personalentwicklung sind nicht so durchgehend realisiert worden wie sie damals formuliert wurden. Für die vorgeschlagenen temporären Beschäftigungszeiten in innerstädtischen Polizeidienststellen sind mitunter ganz andere Gründe ausschlaggebend (z.b. um Verwendungsbreite im persönlichen Einsatzbereich zu erhöhen). Alle Bundesländer haben allerdings ihre Bemühungen intensiviert, Bewerber und Bewerberinnen mit Migrationshintergrund für den Polizeidienst zu gewinnen. So erklärte der niedersächsische Innenminister am 18.10.07 in einer Rede im Niedersächsischen Landtag: „Erst vor kurzem habe ich an einer Veranstaltung der Polizeidirektion Hannover teilgenommen, in der sich Jugendliche aus Zuwandererfamilien über den Polizeidienst informieren konnten. Niedersachsen möchte vermehrt geeignete Bewerberinnen und Bewerber mit Migrationshintergrund einstellen. Diese Veranstaltung stieß auf ein außerordentlich großes Interesse. Unmittelbar danach haben über 100 junge Leute Bewerbungsunterlagen bei der Polizei angefordert. Aufgrund dieser ausgesprochen positiven Resonanz werden auch alle anderen Polizeidirektionen im Lande entsprechende Veranstaltungen durchführen. Ich bin sicher, dass diese Aktion der Polizei erfolgreich sein wird. Allein zum 01.Oktober 2007 konnten sieben Bewerberinnen und 15 Bewerber eingestellt werden. Insgesamt sind über 300 Beschäftigte mit Migrationshintergrund bei der Polizei Niedersachsen tätig. Sie stellen einen großen Gewinn dar. Für eine erfolgreiche Polizeiarbeit brauchen wir Beamtinnen und Beamte, die die Kulturen, Denk- und Lebensweisen aller hier lebenden Menschen kennen."[72] Auch wenn der Kontext zu dem Phänomen „Fremdenfeindlichkeit in der Polizei" hier nicht mehr erkennbar wird, scheint sich in diesem Feld eine neue Sensibilität – auch vor dem Hintergrund der aktuellen Analysen zum demografischen Wandel in der Bundesrepublik - ausgebildet zu haben.

Noch nicht hinreichend untersucht ist die Nachhaltigkeit eines neuen Instituts des rechtlichen Fremdzwanges für das polizeiliche Handeln. Erst im August 2006 wurde das Allgemeine Gleichbehandlungsgesetz verabschiedet.[73] Ziel dieses Gesetzes ist es, Benachteiligungen aus Gründen der Rasse oder wegen der ethnischen Herkunft, des Geschlechts, der Religion oder Weltanschauung, einer

---

[72] Vgl. www.mi.niedersachsen.de/master/C41966379_L20_D0_I522_h1.html (Zugriff: 24. Dezember 2007)

[73] Vgl. Bundesgesetzblatt I, S. 1897 – 1910, vom 18. August 2006

Behinderung, des Alters oder der sexuellen Identität zu verhindern oder zu beseitigen. Eine Evaluation könnte in diesem Bereich ergeben, dass diskriminierendes Handeln ggf. weniger häufig durch Polizeiangehörige verübt wird. Als Indikator für eine Ausgangslage könnten die Ergebnisse einer aktuellen nordrhein-westfälischen Studie dienen: Danach glaubt jeder zweite türkischstämmige Einwohner in Nordrhein-Westfalen, dass Polizisten Türken für krimineller halten. Nach unmittelbaren Erfahrungen mit der Polizei verschlechterte sich dieses Bild noch: Ca. ein Drittel der Migranten, die in den Jahren 2000 bis 2005 als Zeuge oder Opfer Kontakt zu Polizisten hatten, unterstellte der Polizei auch diskriminierendes Handeln.[74]

Die Vermittlung sozialer und interkultureller Kompetenz sollte im Vordergrund der polizeilichen Pädagogik stehen, so damals die Kernforderung für die zukünftige polizeiliche Ausbildung. Die Polizei in Köln hat zwischenzeitlich ein umfassendes Training empirisch getestet, mit der Bausteine zur interkulturellen Qualifizierung der Polizei genauer beschrieben werden konnten.[75] Der aktuell akkreditierte Bachelor-Studiengang an der Polizeiakademie in Niedersachsen enthält in der Lernzielbeschreibung des Moduls „Transnationale Polizeiarbeit" folgendes: Die Studierenden sollen kritisch die eigene verdeckte Kultur sowie die Muster und Maßstäbe des eigenen Handelns reflektieren; sie sind kulturell aufgeschlossen und kontaktinitiativ, können Interaktionen wertschätzend gestalten; insbesondere begegnen sie Angehörigen anderer Kulturen empathisch, tolerant und vorurteilsfrei. Des Weiteren sollen sie eine emotionale Stabilität entwickeln und sensibel für fremdenfeindliche und diskriminierende Erscheinungen sein.[76]

Die Implementierung von Leitbildern in den Polizeibehörden, die in den 90er Jahren ein wenig als Allheilmittel gegen abweichendes Verhalten von Organisationsmitgliedern gesehen wurde, ist nicht durchgängig realisiert worden. Davon abgesehen, dass mitunter sog. top-down-Verfahren gewählt wurden, die definitiv nicht die gewünschten Identitätsstiftungen zum Ergebnis haben können, hat die Studie von Behr[77] verdeutlicht, dass es mindestens zwei Leitbild-Kulturen in den Polizeien gibt, die eher informalisierte[78] Kultur der Straßenpolizisten (Cop culture) und das eher offizielle Leitbild des polizeilichen Managements, welches in den Internet- und Intranetportalen nachzulesen ist. Nach der

---

[74] Vgl. Stiftung Zentrum für Türkeistudien (Hg.) 2006 (Autorin: Martina Sauer), S. 12 ff.
[75] Vgl. Leenen, W.R., Grosch, H., Groß, A. (Hg.), Bausteine zur interkulturellen Qualifizierung der Polizei, Münster 2005
[76] Vgl. Curriculum des Bachelor-Studiengangs der Polizeiakademie Niedersachsen vom 01.10.2007 (unveröffentlicht)
[77] Vgl. Behr. R., Cop culture – Zum Alltag des Gewaltmonopols, Opladen 2000
[78] Prozesse der Informalisierung sind beschrieben bei Wouters, C., Informalisierung, Opladen/ Wiesbaden 1999

Analyse von Behr haben beide Leitvorstellungen oder –bilder nicht unbedingt vielfältige Schnittstellen miteinander.

Zusammenfassend kann nach über zehn Jahren Recherchen, Analysen, Bewertungen und verschiedenen Maßnahmen sicherlich festgehalten werden, dass rassistisches Verhalten (intern und extern) nicht mehr geleugnet oder irgendwie relativiert wird. Trotz noch vieler Peinlichkeiten ist das Bemühen unverkennbar, Fremdenfeindlichkeit bei der Polizei zunehmend offensiver anzugehen, auch wenn der Kontext ein anderer geworden ist. Darüber hinaus wird polizeiintern noch stärker als bisher an das notwendige Vertrauen aller Bürger und Bürgerinnen in die Polizei appelliert, um überhaupt Polizeiarbeit hoch legitimiert fortsetzen zu können. Die Gefahr fremdenfeindlichen Verhaltens und die Beeinflussung polizeiberuflicher Handlungen durch fremdenfeindliche Motive scheint aber keineswegs auf Dauer gebannt zu sein.

Zivile Einsatztrupps in ethnisch segregierten Stadtteilen Duisburgs[1]

Thomas Schweer

Die Mitglieder der Einsatztrupps zur Bekämpfung der Straßenkriminalität sind die klassischen *Jäger* der Polizei. Sie agieren in Zivil, arbeiten in der Regel nachts und verfügen über ein hohes Maß an Autonomie. Ein Großteil ihrer Einsätze ist eigenbestimmt. Integraler Bestandteil ihrer Aktivitäten ist die Überprüfung von – in ihren Augen – verdächtigen Personen und Fahrzeugen, wobei die Personen- und Fahrzeugkontrollen nicht nur die Funktion haben, Kriminelle aufzuspüren, sondern auch dazu dienen, Präsenz im Revier zu zeigen. Hiervon versprechen sich die Beamten einen nachhaltigen Präventionseffekt: Potenziellen Gesetzesbrechern soll signalisiert werden, dass rechtsfreie Räume nicht geduldet würden, streng nach dem Motto: „Die Straße gehört uns!"

„Man kontrolliert zum hundersten Mal die Personalausweise, auch wenn man weiß, dass die anschließende Datenanfrage nichts Neues ergeben und die ‚Jungen' nicht positiv sein werden. Man ist auch nicht unbedingt daran interessiert, tatsächlich festzustellen, dass sich die Anschrift verändert haben könnte. Entscheidend ist auch nicht allein, den Akteuren der Street-Corner-Szene zu vermitteln, dass man immer zur Stelle ist, dass sie z.B. keine offene kriminelle Drogenszene bilden können, dass die Überwachung umfassend und unberechenbar ist; entscheidend ist vielmehr, dass man die als deviant (z.B. als Dealer) eingestuften ‚Jungs' dadurch entnervt, dass man ihnen keinen Raum lässt,

---

[1] Von 2001-2004 begleitete der Autor im Rahmen eines DFG-Forschungsprojekt zum Thema „‚Das da draußen ist ein Zoo, und wir sind die Dompteure': Polizisten im Konflikt mit ethnischen Minderheiten und sozialen Randgruppen – Teilnehmende Beobachtung des Alltags von operativen Kräften" u. a. verschiedene ETs (Einsatztrupps zur Bekämpfung der Straßenkriminalität) des Polizeipräsidiums Duisburg. Ziel der Studie war es, die Beziehung zwischen Polizei und sozialen Minderheiten darzustellen, Alltagskonflikte zwischen den Polizeibeamten und ihrem polizeilichen Gegenüber zu analysieren und auf der Grundlage der wissenschaftlichen Befunde Fortbildungsprogramme und Projekte zu entwickeln, um das Miteinander von Polizeibeamten und ethnischen Minderheiten sowie sozialen Randgruppen zu erleichtern und Konfliktpotenziale abzubauen.

um sich zu vergesellschaften beziehungsweise ihnen die Bühne der wohnumfeldnahen Öffentlichkeit verleidet" (Hüttermann 2000, S. 540).

Abbildung 5: Anteil des polizeilichen Gegenübers, die Angehörige einer sozialen Randgruppe waren

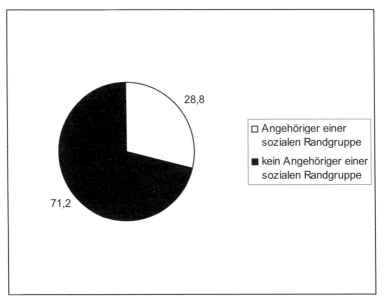

Quelle: Eigene Berechungen auf Grund eigener Befragungen
Basis: N=545

Da Aktivitäten der Einsatztrupps nur zu einem geringen Anteil von außen veranlasst werden, sind die Beamten dieser Organisationseinheit stärker als die Mitarbeiter des Wach- und Wechseldienstes auf ihre berufliche Erfahrung und Informationen aus dem jeweiligen Milieu angewiesen. Die Einsatztrupps handeln wie gesagt viel eigeninitiierter, häufig mit der Folge, dass sich Stereotypen und eine selektive Kontrollpraxis in dieser Organisationseinheit schneller verfestigten als bei anderen Polizeieinheiten. Daher laufen sie eher Gefahr, Opfer von Vorurteilen zu werden. Die Homogenität ihrer Klientel sowie die Tatsache, dass die üblichen Verdächtigen in der Regel stigmatisiert sind, was sie als kriminell diskreditiert, führt schließlich zu einer selektiven Kontrollpraxis. Es verwundert daher nicht, dass es sich beim polizeilichen Gegenüber der Einsatztrupps häufig um

Angehörige sozialer Randgruppen handelt: Drogenabhängige, Kleindealer, Asylbewerber, Illegale, Prostituierte, Kleinkriminelle etc. Zwangsläufig ist ein Großteil der „Kunden" auch schon polizeilich in Erscheinung getreten. Problematisch ist, dass die polizeilich konstruierte Wirklichkeit eine Mischung aus besagten Stereotypen und realen Alltagserfahrungen darstellt, die sich wiederum gegenseitig bedingen. Auf diese Weise bedienen die im Einsatz gemachten Erfahrungen gängige Stereotypen („Osteuropäer sind Einbrecher"), auf der anderen Seite bestimmen Stereotypen das polizeiliche Handeln (ein osteuropäisches Kennzeichen führt nahezu automatisch zur Observation des Fahrzeugs bzw. zur Überprüfung der Insassen).

Aus dem Feldtagebuch:

Zwei Zivilbeamte kontrollieren während der Nachtschicht ein Kleinbus mit polnischen Kennzeichen, der besetzt ist mit acht männlichen und einer weiblichen Person. Der Fahrer gibt auf die Nachfrage eines Beamten, wohin er den wolle, an, dass man auf den Weg nach Belgien sei. Während der eine Beamte über Funk die Personalien und das Kennzeichen überprüft, nutzt sein Kollege die Zeit, ein Blick in das Innere des Fahrzeuges zu werfen, wobei ihm nichts Ungewöhnliches auffällt. Der Kofferraum ist voll mit Reisetaschen, in denen sich Kleidungsstücke und persönliche Gegenstände der Fahrzeuginsassen befinden. Nachdem der Beamte die Fahrzeugdurchsuchung beendet hat, stellt er sich an den Straßenrand und wartet auf das Ergebnis der Personenüberprüfung, mit der sein Kollege noch beschäftigt ist. Der Fahrer des polnischen Kleinbusses, der mittlerweile ausgestiegen ist, nutzt die Zeit und bittet den Beamten, sich auszuweisen, da seines Wissens nach in Belgien häufig Kriminelle sich als Polizeibeamte ausgeben würden und er nur sichergehen wolle, dass er es auch mit richtigen Polizisten zu tun habe (Anmerkung: Die Beamten hatten das Fahrzeug mit einer Kelle zum Anhalten aufgefordert). Der Beamte, angesichts dieser Bitte vollkommen konstaniert, holt seinen Ausweis mit den Worten hervor: „Wir sind hier in Deutschland und nicht in Polen. Hier geht alles noch korrekt zu!"

Wie gesagt, die Mitarbeiter der Einsatztrupps sind die klassischen Jäger der Polizei. So können auch Personen ins Visier der Beamten geraten, die durch ihr Verhalten bzw. Aussehen dem gängigen Täterprofil entsprechen, jedoch unbescholtene Bürger sind, was zu unangenehmen Erfahrungen für das polizeiliche Gegenüber führen kann. So wurden 40,6% der Personen, die die Beamten des

Einsatztrupps im Rahmen eigeninitiierten Handelns kontrollierten, auch durchsucht, wobei in 64,7% der Fälle keine weitere Maßnahme folgte, da ein Gesetzesverstoß nicht vorlag bzw. nicht nachgewiesen werden konnte.

> *Aus dem Feldtagebuch:*
> *Im Rahmen der Spätschicht fahren wir durch Marxloh. Ein Beamter wird auf einen Schwarzafrikaner aufmerksam, der uns entgegen kommt. „Den halten wir mal an." Der Schwarzafrikaner wird nach seinen Ausweispapieren gefragt. Wie aus den Dokumenten hervorgeht, handelt es sich um einen Asylbewerber. Während ein Beamter die Personalien überprüft, durchsucht der andere den jungen Mann. Er vermutet bei dem Schwarzafrikaner illegale Drogen, wird aber nicht fündig. Sein Kollege steigt kurze Zeit später aus dem Fahrzeug und überreicht dem Asylbewerber seine Papiere. „Alles klar. Tschüss." Im Wagen fragt der Beamte, der die Durchsuchung vorgenommen hatte: „Und, hatte der Erkenntnisse?" „Nein", erwidert sein Kollege. „Wie nein! Keine Erkenntnisse? Das kann doch gar nicht sein." „Doch, der war absolut negativ." „Wirklich negativ?" Der Kollege, schon ein wenig genervt: „Ja, negativ. Wie der Name schon sagt: negertief" (Schallendes Gelächter).*

Diese auf den ersten Blick als polizeiliche Willkür anmutenden Maßnahmen erscheinen jedoch in einem anderen Licht, hält man sich vor Augen, dass die Beamten bei ihren Durchsuchungen von aus ihrer Sicht verdächtigen Personen häufig auf Einbruchswerkzeuge stoßen, die Hinweise darauf geben, dass die Kontrollierten in Begriff waren, eine Straftat zu begehen. Da es aber nicht verboten ist, mit Schraubenziehern, Brecheisen und Zündkerzen[2] durch ein Gewerbegebiet zu laufen, ziehen diese Kontrollen auch keine polizeilichen Maßnahmen nach sich. Auf der anderen Seite wird den *Drecksäcken* (so werden u. a. Täter aus Osteuropa tituliert, die Kfz-Aufbrüche bzw. Wohnungseinbrüche, häufig in Serie, begehen) jedoch unmissverständlich signalisiert, dass man *ein Auge auf sie hat*.

---

[2] Diese werden bei Kfz-Aufbrüchen zum Einwerfen der Scheiben benutzt.

Zivile Einsatztrupps in ethnisch segregierten Stadtteilen Duisburgs 73

Abbildung 6: Geschlecht des polizeilichen Gegenübers (Angaben in %)

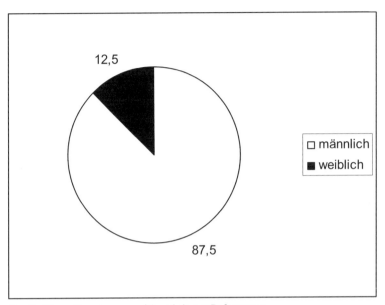

Quelle: Eigene Berechnungen auf Grund eigener Befragungen
Basis: N=545

Neben Angehörigen von Randgruppen werden auch überdurchschnittlich häufig Männer bzw. Bürger ausländischer Herkunft kontrolliert. Das hat mit dem spezifischen Aufgabenfeld der Einsatztrupps und/oder mit der soziodemographischen Struktur bestimmter Stadtteile zu tun. Der überproportionale Anteil an Männern resultiert nicht zuletzt aus den Spezifika der Straßenkriminalität. Gefährliche Körperverletzungen, Raub etc. sind Delikte, die zum weitaus größten Teil von Männern begangen werden, was wiederum beweist, dass der überproportionale Anteil an Klienten männlichen Geschlechts nicht nur ein Selektionseffekt ist.

Differenziert muss auch der hohe Anteil an ausländischen Klienten bzw. Klienten mit ausländischer Herkunft gesehen werden. Gerade in ethnisch segregierten Stadtteilen bestimmt in den Abendstunden die *street corner society* das Stadtbild. Hierbei handelt es sich häufig um Jugendliche, Heranwachsende und Jungerwachsene aus Migranten- und Aussiedlerfamilien. Ältere deutschstämmige Bürger sind dagegen zu dieser Tageszeit die Ausnahme.

Abbildung 7: Nationalität des polizeilichen Gegenübers (Angaben in %)

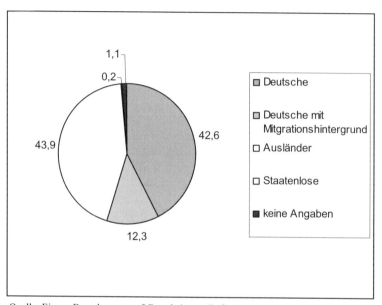

Quelle: Eigene Berechungen auf Grund eigener Befragungen
Basis: N=545

Auf Grund ihrer Sprache, ihres Habitus und ihrer Vorgehensweise entsprechen die Beamten der Einsatztrupps am ehesten dem *Dirty-Harry-Image*. Sie verstehen sich als „Abräumer- Truppe" (Hüttermann 2000, S. 35). Mehr noch als die Angehörigen des Wach- und Wechseldienstes sind sie Teil der subkulturellen *street corner society*.[3] Kollegen aus dem Wach- und Wechseldienst begegnen ihnen mit Respekt, wenn auch mit ironischem Unterton, wie aus einer scherzhaften Beschreibung der einzelnen Organisationseinheiten durch einen Polizeibeamten, entdeckt an einer PIN-Wand eines Aufenthaltraumes, zu entnehmen ist:

„Die Ninjas der PI, so gut wie unsichtbar erledigen sie ihre Arbeit. Keiner weiß, wann und wo sie auftauchen. Durch Stellenabbau oder fehlenden Nachersatz ständig vom Aussterben bedroht."

---

[3] Nach Hüttermann (2000, S. 534) stellt dieser Beamtentypus eine besondere Ausprägung der street cops dar, die er als *Street Corner-Polizei* bezeichnet.

Anders als die *street cop culture*[4] misstraut die *management cop culture* den Jägern. Das ergibt sich schon aus dem hohen Grad an Autonomie, den die Jäger genießen, und sich damit der Kontrolle durch die Führung weitgehend entziehen. Dieser Umstand widerspricht dem Selbstverständnis der Managementkultur von Polizei, das geprägt ist durch hierarchische Struktur, Kontrolle und formal korrektes Auftreten und Verhalten. Auch die Nähe zum polizeilichen Gegenüber schürt bei den Vorgesetzten Ängste, da bei zu langer Verweildauer in dieser Organisationseinheit ein Abdriften ins kriminelle Milieu befürchtet wird. Hinzu kommt, dass das Vokabular der Beamten, das sich am Slang der Straße orientiert, ihre Art, sich zu kleiden sowie ihr häufig *hemdsärmeliges* Auftreten bei der Führung nicht selten Irritationen auszulösen.

Der Einsatzbereich der zivilen Einsatztrupps ist ihr *Jagdrevier*. Auf ihren Jagdzügen folgen sie einem gewissen *Beuteschema*. Hierzu gehört der Betäubungsmittelkonsument und Kleindealer ebenso wie der jugendliche Rollerdieb oder der Tageswohnungseinbrecher. An oberster Stelle in der *Beutehierarchie* steht der *Täter am Ort*, d.h. die Festnahme eines Täters auf frischer Tat, wobei mit der Qualität des Täters bzw. der Tat auch das Ansehen des Jägers steigt. Am unteren Ende der Skala rangieren die typischen Drogendelikte. So setzt die Sicherstellung einer geringen Rauschgiftmenge, die der Betäubungsmittelkonsument für den Eigenbedarf erwirbt, keine nennenswerten *Jagdfähigkeiten* voraus. Hierbei handelt es sich in den Augen der Jäger lediglich um „Hühnerscheiße".

Für den Jäger ist rhetorische Schlagfertigkeit unabdingbar. Sich auf den formalen Apparat zurückzuziehen, wird nicht nur vom polizeilichen Gegenüber, sondern auch von den eigenen Kollegen als Schwäche empfunden. Ein Jäger wendet selten physische Gewalt an, seine Autorität garantiert seine Handlungsfähigkeit in nahezu allen Situationen. Sein polizeiliches Gegenüber hat ein Gesicht, „man kennt seine Pappenheimer", wobei die Bindung zum kriminellen Milieu nicht nur den polizeilichen Erfolg der Jäger garantiert, sondern auch Quelle seiner Autorität ist, denn „je anonymer eine Institution erfahren wird, um so weniger wird ihr ... ‚Autorität' zugeschrieben" (Fiedler 2001, S. 29).

Frauen sind bei den Jägern rar und auch nicht gern gesehen, denn Jagen und Kämpfen ist Männersache. Darüber hinaus sind Jäger für den Normalbürger nahezu unsichtbar. Ihre Welt ist klar unterteilt in Gut, Böse und *arme Wurst*. Die nahezu fehlenden Kontakte zu Opfern und Normalbürgern ist das wichtigste Unterscheidungsmerkmal zu Mitarbeitern des Wach- und Wechseldienstes. Jäger

---

[4] Hüttermann (2000, S. 533f.) konstatiert, dass „die ‚management cop culture' ... von sacharbeitenden und managerialen Polizisten und solchen Beamten getragen (wird), welche die Behörde nach außen beispielsweise in der korporativen Welt und der medialen Öffentlichkeit repräsentieren. Demgegenüber stehen die Beamten der ‚street cop culture' mit einem Bein in der korporativen und mit dem anderen Bein in der leibhaftigen Welt."

können das „cops and robber game" (Manning 1997, S. 296) noch in seiner Reinform praktizieren.

Literatur

Fiedler, Anja (2001): Polizeiliches Handeln in Einsatzsituationen des privaten Konfliktes – die Definitionslast der „verunsicherten Sicherheitsexperten". Eine qualitative Annäherung an polizeiliche Handlungsmuster. Diplomarbeit im Rahmen des Aufbaustudiums Kriminologie an der Universität Hamburg.

Hüttermann, Jörg (2000): Polizeiliche Alltagspraxis im Spannungsfeld von Etablierten und Außenseitern. In: Heitmeyer, Wilhelm/Anhut, Reimund (Hrsg.), Bedrohte Stadtgesellschaft. Soziale Desintegrationsprozesse und ethnisch-kulturelle Konfliktkonstellationen. Weinheim und München: Juventa, S. 497-548.

Schweer, Th. u. H. Strasser (2003): „‚Die Polizei – dein Freund und Helfer?' Duisburger Polizisten im Konflikt mit ethnischen Minderheiten und sozialen Randgruppen.", in: Groenemeyer, A. und J. Mansel (Hg.): Die Ethnisierung von Alltagskonflikten, Opladen, S. 229-260.

Schweer, Th. u. S. Zdun (2005): Gegenseitige Wahrnehmung von Polizei und Bevölkerung. Polizisten im Konflikt mit ethnischen Minderheiten und sozialen Randgruppen. In: Groß, H. u. P. Schmidt (Hg.): Empirische Polizeiforschung VI: Innen- und Außensicht(en) der Polizei, Frankfurt am Main, S. 65-89.

Interaktion und Kommunikation zwischen Polizei und Migranten
Die Polizeiausbildung in Baden-Württemberg auf dem Prüfstand

Anke Sauerbaum

Einleitung[1]

Seit mittlerweile sechs Jahren beschäftigen sich EthnologiestudentInnen der Universität Tübingen im Rahmen des Forschungsseminars "Ethnographisches Laboratorium" intensiv mit dem Thema Migration. Die Studierenden haben dabei nicht nur die Möglichkeit aktuelle Texte zur Migrationsforschung zu lesen sowie über den spezifisch ethnologischen Beitrag zu diskutieren, sondern auch eigene Forschungsprojekte zu konzipieren und durchzuführen. Neben dem ethnographischen Laboratorium hat sich 2001 auch die Arbeitsgruppe Ethnologie und Migration (ArEtMi) gegründet. StudentInnen, DoktorandInnen und Interessierte können hier über Migration und Integration diskutieren und gemeinsam über die praktischen und theoretischen Probleme ihrer Forschungsvorhaben reflektieren.

Die unterschiedlichen abgeschlossenen und laufenden Forschungsprojekte verfolgen dabei alle einen interaktionalen Ansatz. D.h. anstelle von ethnographischen Untersuchungen, die sich allein auf Migrantengemeinden und -familien fokussieren, stehen die Schnittstellen des Kontaktes zwischen deutschen Institutionen und Migranten im Mittelpunkt des Interesses.

Als Teilnehmerin des ethnographischen Laboratoriums und Mitglied von ArEtMi stand ich im Sommer 2004 vor der Aufgabe, ein geeignetes Thema für mein eigenes Forschungsvorhaben zu suchen. Das Interesse an der Thematik Polizei und Migranten ist bei mir während einer Diskussion zum Thema Abschiebungen geweckt worden. Eine Situation, die sowohl für Polizeibeamte als auch Migranten konflikt- und stressreich sowie emotional nahe gehend sind

---

[1] Siehe auch www.aretmi.de und www.uni-tuebingen.de/ETHNOLOGIE

(Hücker 2000: 45). Neben dem fachlichen Interesse an der Thematik kam das private Interesse hinzu, da mein Freund von Beruf Polizeibeamter ist. Mit der Seminararbeit "Interaktion und Kommunikation zwischen Polizei und Migranten: Ein Thema in der Ausbildung?" habe ich mein Forschungsprojekt im Sommer 2005 schließlich beendet. Den Forschungsprozess und die Ergebnisse meiner Arbeit werde ich im Folgenden vorstellen.

Fragestellung

Mit der Themenfindung für ein Forschungsprojekt beginnen mehrere Phasen des wissenschaftlichen Arbeitens. In der Phase der Vorbereitung[2] muss das Thema eingegrenzt und eine spezifische Fragestellung gefunden werden.

Die Polizei in Deutschland nimmt vielfältige Aufgaben war. Sie ist Träger des Gewaltenmonopols, soll Straftaten verhindern und verfolgen, Gefahren abwehren und die öffentliche Ordnung wahren. Folglich können Polizei und Migranten[3] in unterschiedlichen Situationen aufeinandertreffen (Leiprecht 2002: 1.). Diese Situationen werden in der Literatur häufig als konfliktanfällig bezeichnet (Hücker 2000: 7.). Konfliktanfällig deshalb, weil Sprachbarrieren die Kommunikation erschweren und Vorurteile oder Rassismusvorwürfe Interaktionen belasten können. Um ihre Aufgaben trotzdem erfolgreich erfüllen zu können, benötigen Polizeibeamte entsprechende Qualifikationen, damit sie diese Schwierigkeiten meistern können. Die Aus- und Fortbildung von Polizeibeamten bietet sich dabei an, um Polizisten Kenntnisse über Schwierigkeiten zu vermitteln und Lösungsmöglichkeiten anzubieten (Leiprecht 2002: 16.; Hücker 2000: 7.). Die Ausbildung von Polizeibeamten schien mir daher eine geeignete Eingrenzung für meine Fragestellung. Ziel meiner Arbeit sollte es sein zu untersuchen, ob in der Ausbildung des polizeilichen Nachwuchses Ziele und Lernmöglichkeiten vorhanden sind, den Umgang mit Migranten zu schulen und gegebenenfalls wie diese aussehen. Dabei interessierte mich insbesondere, wie die Auszubildenden ihre eigene Ausbildung in diesem Bereich wahrnehmen und einschätzen.

In Deutschland ist die Errichtung und Organisation der Polizei Sache der Bundesländer[4]. Damit liegt die „Hoheit" für die Ausgestaltung der Polizeiorganisation, die Ausbildung der Bediensteten und ihre Ausstattung bei den Ländern.

---

[2] Zur Vorbereitung gehört aber auch die Recherche und Auswerung von Literatur, das Herstellen von notwendigen Kontakten sowie das Einholen einer Forschungsgenehmigung

[3] Die Bezeichnungen Polizei und Migranten verwende ich im Folgenden für Polizeibeamtinnen und -beamte, sowie Migrantinnen und Migranten. Auch Begriffe wie z.B. Bürger schließen das weibliche Geschlecht mit ein.

[4] Auf Bundesebene gibt es darüber hinaus das Bundeskriminalamt (BKA) und den Bundesgrenzschutz (BGS), die jeweils besondere Zuständigkeiten erledigen (Leiprecht 2002: 15.).

Folglich gibt es zwischen den Polizeien der Bundesländer erhebliche Unterschiede, nicht zuletzt was die Laufbahnen und damit die Ausbildungsverläufe angeht (Heuer 2000: 40.). In meiner Arbeit habe ich mich daher auf die Ausbildung in den Laufbahngruppen des mittleren und des gehobenen Dienstes[5] des Landes Baden-Württemberg konzentriert.

Der Zugang zur Laufbahn des mittleren Dienstes erfolgt durch Einstellung in den sogenannten Vorbereitungsdienst[6] für den mittleren Dienst. Die ausgewählten Bewerber befinden sich damit in der Ausbildung und führen die Dienstbezeichnung „Polizeimeisteranwärter/in (PMAin)". Die Ausbildung dauert 2 Jahre und 6 Monate und gliedert sich in folgende Abschnitte: Dem 12-monatigen Aufenthalt in einer der fünf Bereitschaftspolizeien[7] in Baden-Württemberg, der aus einem Grundkurs (6 Monate) und Aufbaukurs (6 Monate), besteht, folgt das erste Praktikum (3 Monate) im Polizeieinzeldienst[8]. Dem Praktikum schließt sich ein weiterer Aufbaukurs (6 Monate) in der Bereitschaftspolizei an. Mit dem zweiten Praktikum (3 Monate) und dem Abschlusskurs (6 Monate) endet die Ausbildung zum Polizeimeister mit der Prüfung für den mittleren Polizeivollzugsdienst. Die einzelnen Abschnitte der Ausbildung bauen dabei inhaltlich und im Schwierigkeitsgrad aufeinander auf.

Der Zugang zur Laufbahn des gehobenen Dienstes kann über den Aufstieg vom mittleren Polizeivollzugsdienst oder direkt durch Einstellung in den Vorbereitungsdienst für den gehobenen Polizeivollzugsdienst erfolgen. Die direkt eingestiegenen Auszubildenden werden als „Polizeikommissaranwärter/in (PKAin)" bezeichnet. Die Ausbildung zum Kommissaranwärter/in dauert 3 Jahre und 9 Monate. Sie untergliedert sich in die Vorausbildung bei einer der fünf Bereitschaftspolizeien in Baden-Württemberg und das Studium an der Fachhochschule der Polizei in Villingen-Schwenningen. Während der 9-monatigen Vorausbildung wird den Auszubildenden in einem Grundkurs (3 Monate) und einem Aufbaukurs (6 Monate) das Grundwissen vermittelt, welches sie für die erfolgreiche Teilnahme am Studium benötigen. Das Studium dauert drei Jahre und wird in 6 Studienhalbjahre unterteilt. Beginnend mit dem Einführungspraktikum (1 Semester) folgt das Grundstudium (2 Semester), das Hauptpraktikum (1 Semester)

---

[5] LVOPol §3 (1): Im Polizeidienst des Landes bestehen die Laufbahnen des Polizeivollzugsdienstes in den Laufbahngruppen des mittleren, des gehobenen und des höheren Dienstes und die Laufbahn des gehobenen Dienstes der Wirtschaftskriminalisten. Da in meiner Arbeit die Laufbahn des höheren und des gehobenen Dienstes der Wirtschaftskriminalisten keine Rolle spielt, sind beide oben auch nicht weiter aufgeführt worden.
[6] Beamte auf Widerruf im Vorbereitungsdienst befinden sich in der Ausbildung, Daher verwende ich im Folgenden lediglich den Begriff ‚Ausbildung'.
[7] In Baden-Württemberg gibt es derzeit Bereitschaftspolizeiabteilungen in Biberach an der Riß, Böblingen, Bruchsal, Göppingen und Lahr.
[8] Umgangssprachlich auch Streifen- und Bezirksdienst genannt.

und das Hauptstudium (2 Semester). Für Aufstiegsbeamte besteht die Ausbildung dagegen lediglich aus einem 5 Studienhalbjahre dauernden Studiums, da für sie das Einführungspraktikum durch ihre bisherige Dienstzeit als erbracht gilt. Nach Erstellen einer Diplomarbeit und bestandener Staatsprüfung führen die Polizeibeamten den Hochschulgrad „Diplomverwaltungswirt Polizei (FH)" und sind damit Polizeikommissar.

Die Fragestellung, ob Migranten ein Thema in der polizeilichen Ausbildung in Baden-Württemberg sind, erforderte für die Zwecke meiner Arbeit eine weitere Präzisierung. Da Kenntnisse des Ausländerrechts und Asylverordnungen im Alltag der Polizei unabdingbar sind, ist es selbstverständlich, dass rechtswissenschaftliche Inhalte in diesem Bereich gelehrt werden. Somit lag mein analytischer Fokus auf der Frage, inwieweit und auf welche Art und Weise im gesellschaftspolitischen Bereich der Ausbildung, also v.a. in den Fächern Psychologie oder Soziologie, Themen wie „Polizei und Bürger ausländischer Herkunft" behandelt werden (Leiprecht 2002: 55-56.; Reinstädt 1997: 20.).

Methodik

Forschungsfragen lassen sich auf unterschiedliche Art und Weise untersuchen. Folglich muss der Forscher auch Überlegungen zu seiner methodischen Vorgehensweise anstellen. Mithilfe der ethnographischen Methode der "teilnehmenden Beobachtung" kann die Ethnologie einen besonderen Beitrag zur Erforschung der Interaktion und Kommunikation von Polizeibeamten und Migranten leisten. Mithilfe dieser Methode können im Alltag stattfindende Kontaktsituationen beobachtet und im Kontext gedeutet werden. Der ethnologische Beitrag zur Migrationsforschung kann also im Sinne einer „Ethnologie der Begegnung" begriffen werden, bei dem der Fokus nicht nur auf fremdkulturellen Hintergründen, sondern auch auf unterschiedlichen sozialen und politisch-rechtlichen Positionen der Akteure, ihren Interessen und Erfahrungen, liegt (Müller 2004: 103-104.). Die Beobachtung von migrationsspezifischen Einsätzen ist unerlässlich, um Zusammenhänge zwischen Ausbildung und dem Verhältnis Polizei und Migranten zu verstehen. Dies liegt nicht am Misstrauen gegenüber den Aussagen der Polizeibeamten, sondern vielmehr an der Bedeutung, die eine direkte Beobachtung der Schnittstelle bezüglich der Wahrnehmung von sozialen Diskontinuitäten[9] hat, sowie die Diskrepanz zwischen Rhetorik und Praxis, die bei Menschen im All-

---

[9] D. h. welche sozialen Diskontinuitäten treten zwischen Polizei und Migranten auf, welche sind entscheidend. Mit welchen Herausforderungen werden die Polizeibeamten dabei konfrontiert, welche Strategien verwenden die Akteure?

gemeinen auftreten[10]. Darüber hinaus lassen sich damit nicht nur öffentliche Diskurse, sondern auch informelle Beziehungen und Sprechweisen erfassen, die für die Interaktion zwischen Polizei und Migranten eine bedeutende Rolle spielen (Müller 2004: 104.). Es besteht zudem die Chance, Probleme und Herausforderungen im Umgang mit Migranten aufzudecken und die Beamten in der Ausbildung auf diese vorzubereiten, bzw. Ausbildungskonzepte zu verändern.

Teilnehmende Beobachtung in der Ethnologie hat eine lange Tradition. Allerdings spricht man in diesem Zusammenhang meist von einer mehrjährigen Forschung, bei dem der Forschende nicht außerhalb der Gruppe steht, sondern Teil derselben wird. Diesen Ansprüchen konnte ich im Rahmen meiner Forschung nicht gerecht werden. Migrationsspezifische, polizeiliche Einsätze teilnehmend zu begleitend wurde aus Sicherheits- und Versicherungstechnischen Gründen abgelehnt. Und eine durchgängige Beobachtung der Polizeibeamten während ihrer Ausbildung war ebenfalls nicht möglich. Dennoch kann die teilnehmende Beobachtung eine hilfreiche Methode sein, die Interpretationen von und Schlussfolgerungen aus Daten zu erleichtern und somit handlungsanleitende Verbesserungsvorschläge ermöglicht. Meine teilnehmende Beobachtung beschränkte sich somit auf die Teilnahme an themenrelevanten Unterrichtseinheiten in der Bereitschaftspolizei Böblingen (mittlerer Dienst), sowie in der Fachhochschule der Polizei in Villingen-Schwenningen (gehobener Dienst). Ergänzt wurden diese Erkenntnisse durch Interviews mit Lehrenden und Auszubildenden. Für meine Arbeit standen mir daher folgende Daten zur Verfügung: Lehrmaterialien zur Ausbildung von PMA sowie PKA; Protokolle und Materialien von Unterrichtseinheiten; 14 themenzentrierte Interviews; Notizen zu den Gesprächen im Innenministerium sowie mit den Kontaktpersonen[11]. Zur Beantwortung der Frage, wie die Polizeibeamten ihre Ausbildung im Themenbereich „Polizei und Fremde" beurteilen, entschloss ich mich methodisch mit themenzentrierten Fragebögen zu arbeiten. Der Fragebogen enthielt dabei vor allem offene Fragen, d.h. Fragen ohne vorgegebene Antworten. Darüber hinaus wurden die Polizeibeamten direkt mündlich befragt. Der von mir entworfene Fragebogen lässt sich in drei Teilabschnitte untergliedern. Im ersten Abschnitt fragte ich die Beamten zunächst nach ihrem Alter, ihrem Geschlecht, ihrer bisherigen Berufslaufbahn sowie nach den Beweggründen für ihre Berufswahl. Danach folgte eine Reihe von Fragen über ihre Praxiserfahrung, ihrem Einsatzgebiet, sowie den darin am

---

[10] Direkt beteiligte Menschen nehmen Situationen häufig anders wahr, als der Beobachtende.
[11] Kontakt zu den jeweiligen Forschungsfeldern war über die Vermittlung von Kontaktpersonen durch das Innenministerium, das ich zunächst um eine Forschungsgenehmigung gebeten hatte, erfolgt. Die Kontaktpersonen stellten mir dabei Lehrmaterialien und Informationen, zu welchen Zeiten, für mich relevante Unterrichtseinheiten stattfanden, zur Verfügung. Des Weiteren unterstützten Sie mich durch Anmerkungen zu meinem Forschungsdesign, sowie bei der Suche nach Interviewpartnern.

häufigsten zu erledigenden Aufgaben. Der zweite Abschnitt thematisierte den Bereich Polizei und Migranten. So fragte ich nach den zu leistenden Integrationsbeiträgen der ausländischen und deutschen Bevölkerung sowie der Häufigkeit des dienstlichen und privaten Kontaktes der Beamten mit Migranten. Darüber hinaus fragte ich nach Herausforderungen und Verhaltensgrundsätzen im Umgang mit Migranten. Erst im dritten Abschnitt stellte ich Fragen zur polizeilichen Ausbildung. Dazu gehörten zunächst allgemeine Fragen über die Bedeutung der Thematik „Migranten" in der theoretischen und praktischen Ausbildung, sowie der Frage nach Inhalten, d.h. was sie bisher über Migranten gelernt haben. Danach folgte die Beurteilung der Ausbildung mit Fragen nach der Praxisnähe der Ausbildung, welche Aspekte der Ausbildung in diesem Bereich als besonders wichtig eingeschätzt wurden, sowie welche eigenen Vorschläge sie zur Verbesserung haben. Zudem stellte ich drei Vorschläge, die von Seiten der Polizei[12] erarbeitet worden sind, zur Beurteilung vor. Mit dieser Gliederung des Fragebogens erhoffte ich mir zum einen zu erfahren, ob sich aufgrund des Alters, des Geschlechtes, der Erfahrung, sowie des Einsatzgebietes Unterschiede in den Antworten der Polizeibeamten feststellen lassen. Zum anderen wollte ich durch Fragen zum Umgang mit Migranten und zur Bedeutung von Integration herausfinden, ob die Interaktion und Kommunikation zwischen Polizei und Migranten als schwierig eingeschätzt wird und wie darauf zu reagieren ist. Der Abschnitt zur Ausbildung sollte es mir ermöglichen zu klären, wie die Polizisten ihre Ausbildung einschätzen und verbessern würden und wo sie grundlegende Umsetzungsschwierigkeiten von der Theorie in die Praxis sehen.

Ergebnisse

Interviewt wurden 11 Männer und 3 Frauen. Die Auszubildenden des mittleren Dienstes hatten bereits ihre schriftlichen Prüfungen ablegt und hatten die Thematik „Ausländischer Mitbürger/Asylbewerber" wenige Tage zuvor durchgenommen. Einen Teil der Auszubildenden des gehobenen Dienstes interviewte ich im Anschluss eine Vorlesung zu Stereotypen, einen anderen Teil der Auszubildenden zu einem späteren Zeitpunkt. Zudem bleibt anzumerken, dass die Vorausbildung an der Bereitschaftspolizei für die befragten Auszubildenden des gehobenen Dienstes unterschiedlich lange her war. Die Praxiserfahrung der Interviewpartner unterschied sich ebenfalls erheblich. Die interviewten Auszubildenden waren also zwischen 22 und 39 Jahre alt, vorwiegend männlich und ihre Praxiserfahrung reichte von weniger als 6 Monaten bis zu 15 Jahren.

---

[12] Hücker 2000

Meine Daten führten mich zu dem Schluss, dass die Polizei Baden-Württemberg die Thematik „Polizei und Fremde" auf vielfältige Weise in der Ausbildung behandelt. Sowohl die Lehrenden als auch die Aufstiegsbeamten bestätigten zudem, dass diese Thematik generell und insbesondere im gesellschaftspolitischen Bereich an Bedeutung gewonnen hat. Neben der theoretischen Wissensvermittlung wird versucht, mithilfe des situativen Handlungstrainings den Beamten auch praktische und soziale Kompetenzen zu vermitteln. Darüber hinaus gibt es Ansätze, den Beamten die Lebenssituation der Migranten z.b. durch Besuche in Asylbewerberheimen nahe zu bringen. Neben Ausbildungseinheiten, die sich mit dem Thema „Ausländischer Mitbürger/Asylbewerber" beschäftigen, gibt es eine Reihe von Veranstaltungen, die sich z.b. im Rahmen des Unterrichtsfaches Berufsethik allgemein mit dem Selbstbild der Polizei, Menschenrechten und ethischem Verhalten auseinandersetzen. Fächer, die sich auch dem Namen nach mit der Vermittlung von interkultureller Kompetenz beschäftigen werden nur bedingt angeboten, oder sind keine Pflichtveranstaltungen. Die fehlenden empirischen Untersuchungen über den positiven Zusammenhang zwischen praktischen Trainingseinheiten in der Ausbildung und der Praxis machen jedoch deutlich, dass, obwohl in die Konzeption der Ausbildungseinheiten praktische Erfahrungen einbezogen werden, unabhängige Evaluierungen fehlen.

Die Polizeibeamten selber beurteilten ihre Ausbildung hinsichtlich des Umgangs mit Migranten positiv. Die Fokussierung auf rechtliche Grundlagen wurde zwar kritisiert, jedoch mit Verweisen auf den begrenzten Ausbildungszeitraum, der Bedeutung von eigener Praxiserfahrung, sowie der Unterstützung durch Kollegen, wieder relativiert. Die Auszubildenden kritisierten einige Aspekte ihrer Ausbildung, äußerten allerdings großes Verständnis für die bisherige Ausbildungspraxis. So erklärten sie den Fokus der Ausbildung auf rechtliche Grundlagen mit deren Bedeutung in der Praxis.

Rechtssicherheit schafft Handlungssicherheit. Wenn ich nicht Kenntnisse über die Rechtslage habe, kann ich draußen nicht arbeiten und werde unsicher.

Die Auszubildenden merkten weiter an, dass aufgrund des vielfältigen polizeilichen Aufgabenspektrums im Rahmen der zeitlich begrenzten Ausbildung lediglich die wichtigsten Kenntnisse vermittelt werden müssen und können. Des Weiteren wiesen sie darauf hin, dass die Auszubildenden Unterstützung von ihren erfahrenen Kollegen sowie in den Praktika von ihrem Praxisausbilder erhalten und dass man in diesem Beruf von und aus seinen eigenen Erfahrungen lernt.

Es wird ja echt viel gemacht, und man gibt sich Mühe uns alles beizubringen. Aber vieles würde einfach den Rahmen der Ausbildung sprengen, dann müssten wir ja erst mal sechs oder mehr Jahre auf die Polizeischule gehen.

Der Polizeiberuf ist ein Erfahrungsberuf, in der Praxis eignet man sich die Dinge auch leichter an. Außerdem müsste man ja sonst den Aufenthalt in der Bepo verlängern. Wir PKAler können ja auch im Praktikum auf die Erfahrung von unserem Praxisausbilder zurückgreifen.

Der Polizeiberuf ist ein Beruf, den man auf der Strasse erlernt, und das in allen Bereichen, nicht nur bei der Ausländerthematik. Die Kollegen, die in allem schon Erfahrungen haben kann man ja auch fragen und wenn ich also mal was nicht weiß oder einen Rat brauche, kann ich ja meinen Praxisausbilder fragen.

Mein Praxisausbilder hatte sehr viel Erfahrung und er hat auch viel über die kommunikative Schiene erledigt. Da hat sich dann auch gezeigt, dass die Anwendung von Gewalt nicht mehr nötig war. Also kommt auch viel auf den Praxisausbilder an.

Zusammenfassend lässt sich daraus schließen, dass in der Ausbildung von Polizeibeamten das Thema Migranten und Polizeibeamten behandelt wird. Theoretische und praktische sowie allgemeine und spezifische Aspekte spielen dabei gleichermaßen eine Rolle. Die Qualität der Ausbildung wird dadurch erhöht, dass fächerübergreifend ausgebildet wird und neben der Wissensvermittlung auch auf Reflektionsfähigkeit Wert gelegt wird.

Aussagekraft der Daten

Entscheidend für die Beurteilung der ethnographischen Daten und Ergebnisse sind Kenntnisse über die Bedingungen der Feldforschung, sowie Kenntnisse darüber, wie sehr die Ergebnisse von der Person des Ethnographen abhängen.

Diese Arbeit und somit die Aussagen zur Ausbildung der Polizei im Bereich „Polizei und Migranten" beruhen vor allem auf den Aussagen von 14 Interviewpartnern. Die in den Interviews geäußerten Einsichten, Ideen und Bewertungen der Ausbildung der Polizei, wie die praktischen Erfahrungen sind individuelle Erlebnisse und Einschätzungen. Somit kann man weder von repräsentativen Ergebnissen sprechen, noch lassen sich daraus Schlussfolgerungen für die gesamte Polizei und ihre Ausbildung ableiten. Meine explorativ angelegte Studie gibt jedoch Hinweise auf weitere Forschungsfelder und ermöglicht somit eine „vorläufige" Interpretation der von mir gemachten Beobachtungen. Daher komme ich nun auf einige Probleme, die ich während meiner Datenerhebung hatte, zu sprechen.

Einige meiner Interviewpartner hatten Bedenken, wie die von mir erhobenen Daten verwendet werden und welche Folgen sie haben könnten. So äußerten sie den Wunsch, ihre Antworten von einem ihrer Lehrer korrigieren zu lassen, da sie *„mit ihren Aussagen der Polizei nicht schaden wollen."* Auch wenn die Interviewten dem Forscher immer nur darüber Auskunft geben, wozu sie bereit sind zu erzählen, stellt sich trotzdem die Frage, wie aussagekräftig ihre Antworten überhaupt sind, wenn sie diese selbst zensieren.

Interviewt habe ich lediglich diejenigen Beamte, die sich freiwillig dazu bereit erklärt haben. Die Motive, warum sie sich dazu bereiterklärt haben, sind mir zwar nicht bekannt, aber ich gehe davon aus, dass einige ein besonderes Interesse an dieser Thematik haben und sich damit bewusst für ein Interview entschieden haben[13], andere haben dagegen vielleicht aus Unsicherheit von vornherein ein Interview mit mir abgelehnt. Einer der Polizeibeamten, der sich zunächst für ein Interview gemeldet hatte, lehnte dieses dann auch mit der Begründung ab, das Thema sei zu brisant.

Aufgrund der Freiwilligkeit der Interviews bleibt hier ebenfalls offen, ob die Aussagen unter quantitativen Gesichtspunkten tatsächlich typisch sind und somit aussagekräftig.

Der späte Zeitpunkt zu dem die Thematik „Ausländischer Mitbürger/Asylbewerber" in der Ausbildung zum mittleren Dienst behandelt wird, führte dazu, dass es den Auszubildenden des mittleren Dienstes schwer fiel, das Gelernte in Bezug zur Praxis zu setzen, da sie es noch nicht in der Praxis anwenden konnten.

Die Aussagekraft meiner Ergebnisse wird möglicherweise dadurch eingeschränkt, dass ich nicht ausschließen kann, dass die Diskussionsbeiträge bzw. die Diskussion durch meine Anwesenheit im Unterricht beeinflusst wurden. Da ich in der Bereitschaftspolizei als einzige keine Uniform getragen habe, war deutlich sichtbar, dass ich weder Auszubildende noch in irgendeiner Funktion für die Polizei tätig war.

Literatur und Praxis

Vergleicht man die Angaben der Literatur zu den Schwierigkeiten im Umgang mit Migranten mit den Aussagen der 14 interviewten Polizisten, so fällt auf, dass es sowohl Gemeinsamkeiten als auch Unterschiede gibt. So stimmt die Literatur mit den Auszubildenden überein, dass das Verstehen und Sprechen von Grundzügen der deutschen Sprache für eine erfolgreiche Interaktion und Kommunikation entscheidend ist. Dabei wurde mehrfach der Integrationswille von Migran-

---

[13] Zeitliche Gründe können ebenfalls eine Rolle gespielt haben, da sich die PM-Anwärter damals auf ihre mündliche Abschlussprüfung vorbereitet haben.

ten angezweifelt, aber auch der fehlende Integrationszwang von Seiten der deutschen Behörden kritisiert.

Ausländer sollten Deutsch lernen wollen. Wenn ich seit 15 Jahren in Deutschland lebe und kein Wort Deutsch spreche, dann glaube ich, dass die gar nicht Deutsch lernen wollen.

Ebenso übereinstimmend haben Literatur und Auszubildende auf kulturelle Unterschiede als Hindernisse für eine erfolgreiche Kommunikation und Interaktion hingewiesen. Dabei betonten die Auszubildenden insbesondere die unterschiedlichen Auffassungen bezüglich der Rolle von Mann und Frau sowie Verhaltensweisen, die für die Polizisten zunächst nicht verständlich sind, wie z.b. besonders aggressives Verhalten von Tschetschenen gegenüber der Polizei.

Ungerechtfertigte Diskriminierungsvorwürfe gegenüber der Polizei oder tatsächliche Diskriminierung wurden im Vergleich zur Literatur von den Auszubildenden nicht als Problem genannt. Lediglich einer erwähnte beiläufig, dass man

...manchmal das Verhalten von Kollegen[14] ausbügeln muss...

Warum die Polizeibeamten diese Thematik in den Interviews nicht angesprochen haben, könnte zum einen an der geringen Praxiserfahrung der Auszubildenden, zum anderen aber auch an dem zu erledigenden Aufgabenspektrum in den jeweiligen Revieren liegen. Denn mit Ausnahme eines Polizeibeamten hatten alle Polizisten wenig bis durchschnittliche dienstliche Kontakte zu Migranten.

Nichtsdestotrotz war den Polizisten die Bedeutung des korrekten Auftretens und Handelns von Polizisten gegenüber der gesamten Bevölkerung, insbesondere aber auch gegenüber den Migranten, bewusst. So formulierten einige „sinnvolle" Strategien im Umgang mit Migranten, wie z.B. einfache Wortwahl zu wählen, höflich sein und bleiben, sowie die Autorität des Mannes nicht bewusst zu untergraben, verwiesen aber auch auf die Abhängigkeit solcher Strategiewahlen von der jeweiligen Person.

Man muss sein Verhalten der Person anpassen und weniger daran, ob jemand Ausländer ist oder nicht.

Die Polizei schränkt tagtäglich Menschen- und Grundrechte ein. Der Gedanke, dass dies für den Bürger nicht normal ist, ist in der Praxis schnell weg. Rechtlich darf ich das ja, das ist mein Job, aber ich muss bedenken, das ich es auf die eine oder die andere Weise tun kann. Ich muss erklären, warum ich das

---

[14] Damit meinte der Polizeibeamte frühere Erfahrungen des Migranten mit der Polizei.

darf, um Verständnis zu wecken, ich muss es transparent machen, und so schnell als möglich erledigen....

Um zu klären, ob diese Unterschiede zwischen Literatur und Interviews tatsächlich bestehen, wäre es sinnvoll, weitere Forschungen hinsichtlich der Frage, welche Herausforderungen es aus Sicht der Polizisten im Umgang mit Migranten tatsächlich gibt, zu betreiben. Dies ist im Rahmen dieser Arbeit durch die fehlende Beobachtung der Kontaktsituation nicht möglich gewesen.

Was nun die Bewertung der Ausbildung von Seiten der Polizisten angeht, so bleibt festzuhalten, dass insbesondere Auszubildende mit wenig Berufspraxis nur unzureichende Aussagen über den Realitätsbezug ihrer Ausbildung machen konnten. Daraus könnte man den Schluss ziehen, dass aufgrund ihrer langen Berufserfahrung lediglich die Aufstiegsbeamten den Nutzen der Ausbildung beurteilen können und darüber hinaus aufgrund der Erfahrungen in zwei Ausbildungsverläufen diese miteinander vergleichen können. Andererseits könnte es auch sein, dass die PM-Anwärter und PK-Anwärter einerseits aufgrund ihrer geringen Praxiserfahrung unsicher waren, die Ausbildung zu bewerten und andererseits aufgrund ihrer wenigen Erfahrungen mit der Institution Polizei keine Kritik äußern wollten. Dies wäre möglicherweise eine weitere Erklärung, warum sich die meisten Polizisten bei eigenen Vorschlägen zur Verbesserung ihrer Ausbildung zurückhielten.

Weitere Forschungsaspekte und Vorgehensweisen

Für weitere Forschungen wäre es daher sinnvoll, zum einen auf ein ausgewogenes Verhältnis zwischen Aufstiegsbeamten und Neueinsteigern zu achten, zum anderen nicht nur die Ausbildung, sondern auch Fortbildungsmaßnahmen zu untersuchen. Diskussionen über Berufs- und Leitbilder der Polizei sowie Menschenrechtsseminare sind schon seit längerem Teil der Ausbildung. Dagegen findet ein Austausch zwischen Polizei und Migranten bisher nur in einem sehr begrenzten Rahmen statt. Dies liegt vor allem an der Unsicherheit darüber, an wen sich solche Ausbildungsformen zu richten haben und in welchem Rahmen diese stattfinden sollten. Welchen Nutzen bestimmte Ausbildungseinheiten sowie gegebenenfalls auch Fortbildungsmaßnahmen haben, an wen sie sich richten sollten, also beispielsweise mit welchen Akteuren und in welcher Form ein Austausch zwischen Polizei und Migranten stattfinden sollte, dies alles sind Fragen, die mit weiteren empirischen Forschungen beantwortet werden könnten.

Darüber hinaus wäre es sinnvoll zu untersuchen, ob in der Ausbildung auf allzu einfache Modelle zurückgegriffen wird und dies die Stereotypisierung und

Dichotomisierung unterstützt. Dies kann dazu führen, dass einzelne Menschen in Schubladen gesteckt werden oder vermittelt wird, dass Kenntnisse über die Gewohnheiten, Werte und Einstellungen fremder Kulturen ausreichen, um Migranten im Sinne eines homogenen und statischen Kollektivs zu verstehen, die wie Marionetten an den Fäden ihrer Kultur hängen (Leiprecht 2002: 84).

Ein weiterer lohnenswerter Forschungsaspekt wäre die Frage, welche Rolle der Ausbildungsleiter und die Kollegen für die Praxisausbildung und Entwicklung der Auszubildenden spielen. Mehrfach wiesen die Polizisten darauf hin, dass sie bei Fragen auf die Unterstützung ihrer Kollegen und Praxisausbilder zurückgreifen können. Darüber hinaus wurde auf den Vorbildcharakter des Praxisausbilders hingewiesen. Interessant wäre es nun zu erforschen, wie die Praxisausbilder[15] ausgebildet werden und welchen Einfluss dieser im Einzelnen auf die Auszubildenden haben kann.

Neben diesen Schlussfolgerungen und den darin geäußerten Vorschlägen für weitere Forschungsprojekte in diesem Themenbereich, stellt sich jedoch die Frage, wie diese methodisch am sinnvollsten untersucht werden könnten.

Literatur

Bornewasser, Manfred/Eckert, Rudolf 1995: Abschlussbericht zum Projekt „Polizei und Fremde", Belastungen und Gefährdungen von Polizeibeamtinnen und –beamten im alltäglichen Umgang mit Fremden, Polizeiführungsakademie Münster-Hiltrup.

Ewald, Uwe/Feltes, Thomas 2003: Germany: Multicultural Contect, Crime and Policing in Germany: Challenges After Unification, in: Journal of Police & Society, Special Issue: Policing a multicultural Society, Community & Civil Guard Department, Israel National Police.

Gramckow, Heike P. 1993: Polizei, Ausländerfeindlichkeit und Minderheitenprobleme-Lösungsversuche in den USA, Villingen-Schwenningen: Hochschule für Polizei.

Heuer, Hans-Joachim 2000: Polizei und Fremde - Interaktionen, Konflikte und Gewaltmuster, in: IZA. Zeitschrift für Migration und Soziale Arbeit, Heft 1/2000, S. 39-45.

Hücker, Fritz 2000: Polizeibeamte und die Achtung der Menschenrechte - Human Rights on Duty: ethische und interkulturelle Dimensionen polizeilichen Handelns, Villingen-Schwenningen : Hochschule für Polizei.

Kaya, Haluk/Khalil, Nassif 2000: Ausländerbeauftragte im Polizeipräsidium Frankfurt am Main- Intervention, Mediation und Kulturinterpretation, in: IZA. Zeitschrift für Migration und Soziale Arbeit, Heft 1/2000, S. 46-49.

Kersten, Joachim 2004: Polizisten als Straßenarbeiter und Polizeiforschung, in: Neue Kriminalpolitik, 16. Jahrgang Heft 4, 148-152.

---

[15] Praxisausbilder sind besonders befähigte Beamte des gehobenen und mittleren Vollzugsdienstes.

Leiprecht, Rudolf 2002: Polizeiarbeit in der Einwanderungsgesellschaft Deutschland, 's-Gravenhage, Niederlande: Elsevier Overheid.

Long, Norman 1993: Handlung, Struktur und Schnittstelle: Theoretische Reflexionen in: Bierschenk, Thomas/Elwert Georg: Entwicklungshilfe und ihre Folgen- Ergebnisse empirischer Untersuchungen in Afrika, Frankfurt/Main; New York, Campus Verlag, 217-248.

Maibach, Gerda 1996: Polizisten und Gewalt- Innenansichten aus dem Polizeialltag, Hamburg: Rowohlt.

Müller, Ulrike 2001: Die Beteiligung von Migranten an der Lokalpolitik. Ethnographische Studien in einer südwestdeutschen Stadt, unveröffentlichte Magisterarbeit, Tübingen.

Müller, Ulrike 2005: „Interkulturelle Kommunikation in der Lokalpolitik", in: Ethnoscripts, Heft 1, 86-110.

Reich, Kerstin 2005: Kriminalität junger Zuwanderer – zwischen „gefühlter Bedrohung" und Realität, in: Meier-Braun, Karl-Heinz: Kulturelle Vielfalt: Baden-Württemberg als Einwanderungsland, Stuttgart: Landeszentrale für politische Bildung, 232-244.

Reinstädt, Karl-Heinz 1997: Prügelnde Polizisten –geprügelte Polizei, Wiesbaden: Verwaltungsfachhochschule, Fachbereich Polizei.

Reichertz, Jo/Schröer, Norbert 1992: Polizei vor Ort- Studien zur empirischen Polizeiforschung, Stuttgart: Enke Verlag.

Schröer, Norbert 2002: Verfehlte Verständigung: kommunikationssoziologische Fallstudie zur interkulturellen Kommunikation, Konstanz: UVK-Verlagsgesellschaft.

Sökefeld, Martin 2003: Strukturierte Interviews und Fragebögen in: Beer, Bettina 2003: Methoden und Techniken der Feldforschung, Berlin: Reimer, 95-118.

Töster, Irene 2005: Aussiedler – „neue alte Deutsche", in: Meier-Braun, Karl-Heinz: Kulturelle Vielfalt: Baden-Württemberg als Einwanderungsland, Stuttgart: Landeszentrale für politische Bildung, 146-163.

Internet

Allgemeine Informationen: www.polizei-bw.de
Fachbereich 4 der Fachhochschule für die Polizei: www. fhpol-vs.de/studium/fb4.htm
Informationen zum Berufsbild „Polizist" und der Ausbildung von Polizeibeamten: www. polizei-bw.de/beruf/berufsinformationen/index_1.htm
Stoffpläne der Fachhochschule für Polizei, 25. Studienjahrgang-Grundstudium: www.fhpol-vs.de/studium/vorschriften
Stoffpläne der Fachhochschule für Polizei, 25. Studienjahrgang-Hauptstudium: www.fhpol-vs.de/studium/vorschriften
Studienordnung der Fachhochschule Villingen-Schwenningen vom 03.03: www.fhpol-vs.de/studium/vorschriften
Zu ArEtMi: www.aretmi.de
Zum Institut für Ethnologie: www.uni-tuebingen.de/ETHNOLOGIE/

Weitere Quellen

Verordnung des Innenministeriums über die Ausbildung und Prüfung für den mittleren Polizeivollzugsdienst (APrOPol mD) in: Gesetzessammlung der Polizei in Baden-Württemberg/Boorberg Verlag, S. 1-14.

Verordnung des Innenministeriums über die Ausbildung und Prüfung für den gehobenen Polizeivollzugsdienst (APrOPol gD) in: Gesetzessammlung der Polizei in Baden-Württemberg/Boorberg Verlag, S. 1-14.

Verordnung des Innenministeriums über die Laufbahnen der Polizeibeamten (LVOPol) in: Gesetzessammlung der Polizei in Baden-Württemberg/Boorberg Verlag, S. 1-14.

„Was mach ich denn, wenn so´n Türke vor mir steht?"
Zur interkulturellen Qualifizierung der Polizei[1]

Astrid Jacobsen

Die Polizei hat es in ihrem Arbeitsalltag mit Angehörigen verschiedener Kulturen zu tun. Oft handelt es sich um Situationen, die schnelllebig sind und keine oder nur wenige Informationen über das polizeiliche Gegenüber bereithalten. Sie erfordern prompte Reaktionen ohne Zeit für Recherche. Andere polizeiliche Situationen, etwa Vernehmungen von Zeugen, ermöglichen mehr oder weniger intensive Vorbereitungen: Staatsangehörigkeit, eventuell Migrationsbiografie, Sprachkompetenz, Familienstand und weitere Informationen über den Zeugen sind den ermittelnden Polizeibeamten meist bekannt. Bei dem Ruf nach interkultureller Qualifizierung für die Polizei, der sowohl von Seiten der Polizeipraktiker wie auch politischer Instanzen laut wird, stellt sich daher die Frage, welcher Art die Kompetenz sein muss, die Polizistinnen und Polizisten einen souveränen Umgang mit Angehörigen unterschiedlicher Kulturen ermöglichen.

Die Frage „Was mach ich denn, wenn so´n Türke vor mir steht?" (Titel) stellte mir ein Student einer Polizeihochschule im Rahmen einer Soziologievorlesung. Ich nutze sie, um dem polizeilichen Bedarf nach interkultureller Qualifizierung auf die Spur zu kommen. Anschließend stelle ich das Konzept Interkulturelle Qualifizierung 1+3 vor, das – wie ich meine – die Mitglieder der Polizei darin schult, polizeiliche Situationen, in denen verschiedene kulturelle Einflüsse relevant werden, aktiv und souverän zu gestalten.

---

[1] Dieser Text erschien im Original in der Tagungsdokumentation Frevel, Bernhard (Hg.): Empirische Polizeiforschung X: Einflüsse von Globalisierung und Europäisierung auf die Polizei, Frankfurt: Verlag für Polizeiwissenschaft, 2008. Dieser Nachdruck erfolgt mit freundlicher Genehmigung des Verlags für Polizeiwissenschaft.

1 Was bedeutet kulturelle Vielfalt – und was bedeutet sie für die Polizei?

Durch die weltweiten Migrationsbewegungen gibt es heute auch in Deutschland eine Vielfalt nationaler, ethnischer und religiöser Kulturen. Dabei unterscheiden sich nicht nur die verschiedenen Kulturen von ihren Gewohnheiten, ihren Bräuchen und ihren Tabus voneinander, sondern auch die individuellen Lebenswelten der Mitglieder innerhalb eines kulturellen Zusammenhanges. Es gibt große Unterschiede, in welcher Beziehung Personen mit Migrationshintergrund zu ihren Herkunftskulturen stehen und damit auch Unterschiede, wie sie sich in ihrer Einwanderungskultur positionieren.

Auch das Statistische Bundesamt trägt der Vielfalt der Migrationsbiografien in ihrer Bevölkerungsstatistik Rechnung. Während bis 2004 die Bevölkerung Deutschlands lediglich in Deutsche und Ausländer ausgewiesen ist, differenziert der Mikrozensus 2005 die Bevölkerung in Deutsche ohne Migrationshintergrund und Personen mit Migrationshintergrund. Die letzte Gruppe wird weiterhin nach ihrer Migrationserfahrung (eigene Erfahrung oder Erfahrung ihrer Eltern bzw. Großeltern), ihrer Staatsangehörigkeit (nicht-deutsch oder deutsch) und schließlich ihrem Einbürgerungsstatus unterschieden. Das hat zur Folge, dass die offizielle Bevölkerungsstatistik Deutschlands 9% Ausländer ausweist, aber auch 10% Deutsche mit Migrationshintergrund und damit knapp 1/5 der Bevölkerung Deutschlands als Personen mit Migrationshintergrund identifiziert (vgl. Statistisches Bundesamt Deutschland 2007, 5ff.).

Kulturwissenschaftlich lässt sich die alltägliche Vielfältigkeit innerhalb einer kulturellen Gruppe mit der Zeit- und Kontextgebundenheit sozialen Lebens beschreiben: 'Kultur' ist ein Muster im Sinne von Handlungserwartungen, die immer nur von einer Gruppe in einem bestimmten Kontext zu einer bestimmten Zeit erfüllt werden – nicht aber von jedem einzelnen Mitglied jederzeit und allerorten. Damit wird der Vorhersagbarkeit von Verhalten der Angehörigen einer spezifischen kulturellen Gruppe eine deutliche Absage erteilt (vgl. Leenen 2005, 72 und 80f.). Die öffentliche Debatte dagegen thematisiert vorwiegend die – meist als problematisch dargestellten – Gegensätze unterschiedlicher Kulturen. Das ist nicht nur wenig hilfreich für die Gestaltung sozialer Situationen, in denen verschiedene kulturelle Zusammenhänge relevant werden, es führt auch in die Irre: Vermeintliche Sicherheiten, was vom Gegenüber (aufgrund der Zugehörigkeit zu einer bestimmten Kultur) zu erwarten ist, führen zu inadäquatem Verhalten, das die jeweilige Situation für alle Beteiligten problematisch macht.

Die statistischen Daten wie auch die kulturwissenschaftlichen Argumente weisen schon darauf hin, dass die Frage „Was mach ich denn, wenn so´n Türke vor mir steht?" keine adäquate Frage zur Bewältigung der polizeilichen Realität darstellt. Vier Situationen aus dem polizeilichen Alltag mögen das verdeutlichen:

1. Im Gebetsraum einer Moschee brennt es. Über Notruf wird die Polizei verständigt. Als die ersten Polizeibeamten in der Moschee eintreffen, werden sie von einem Mann angehalten, der verlangt: „Schuhe aus."
2. Ein Geschäftsmann in modernem Anzug mit Krawatte, in Begleitung einer Frau in ebenfalls modernem Kostüm, erscheint spät abends auf der Wache. Der Mann nennt seinen Namen und weist sich aus: Er ist türkischer Geschäftsmann und mit seiner Ehefrau auf Geschäftsreise. Ihm wurde bei einem Empfang im Hotel das Portemonnaie mit allen Kreditkarten gestohlen. Er möchte Anzeige erstatten.
3. Eine Polizistin und ein Polizist betreten zu einer Vernehmung die Privatwohnung eines Zeugen. Die Wohnung wird von einer Familie mit türkischem Migrationshintergrund bewohnt. Zwei anwesende Frauen tragen Kopftücher, sie halten sich im Hintergrund. Die Schuhe stehen aufgereiht im Wohnungseingang.
4. Die Polizei wird zu einer gewalttätigen Familienstreitigkeit gerufen. Es erwartet sie das gleiche Setting wie in Situation (3), nur dass eine aufgebrachte Stimmung herrscht. Auch hier stehen die Schuhe im Eingangsbereich.

Alle Situationen haben gemeinsam, dass Polizisten ′vor Türken stehen′. Diese Fälle zeigen, dass allein die Feststellung eines Gegenübers mit türkischem Kulturhintergrund keine ausreichende Orientierung für polizeiliches Handeln darstellen kann. Die eindimensionale Typisierung nach Nation, Ethnie oder Religion wird den komplexen polizeilichen Situationen nicht gerecht, die durch ein ganzes Bündel an sozialen Merkmalen, etwa Geschlechterverhalten, Sprachvermögen, Auftreten in der Öffentlichkeit, Rolle als Opfer, Täter, Zeuge etc. beeinflusst werden.

Welche sozialen Merkmale für eine polizeiliche Situation relevant werden, beeinflussen die Teilnehmer und Teilnehmerinnen der Situation selbst, indem sie sie relevant *machen*. In Situation (1) spielt weder Geschlecht noch Sprache eine Rolle (wobei Geschlecht schnell relevant werden könnte, wollte eine Polizistin den Gebetsraum betreten); stattdessen kommt ein Konflikt aufgrund gegensätzlicher (religiöser und beruflicher) Regeln auf. In den Familiensettings in den Situationen (3) und (4) geht es um kulturelle Regeln von Besuchen Fremder in Privatwohnungen, wobei das Geschlecht durch die verschiedenen Inszenierungen von Männern und Frauen (zunächst durch Kleider) durchaus eine Rolle spielt. Anders dagegen in der zweiten Situation, in der der geschädigte Mann seine nationale Herkunft dazu nutzt, um seine Identität nachzuweisen. Sein Auftreten (moderne Geschäftskleidung samt moderner Frau) und sein kompetentes Verhalten auf der Polizeiwache (weist sich unaufgefordert aus, formuliert die Schadensmeldung und Wunsch nach Anzeige) weisen ihn als ´westlich orientierten´ Geschäftsmann aus; seine kulturelle Herkunft ist für diese polizeiliche Situation unerheblich. Das Wissen, dass ´ein Türke vor ihm steht´ nutzt dem studierenden Polizeibeamten entweder gar nichts oder aber nur in Verbindung mit anderen Hinweisen auf relevante soziale Merkmale, die er beobachten oder abfragen kann. Seine Frage, stellvertretend für zahlreiche ähnliche Fragen sollten jedoch in der polizeilichen Aus- und Fortbildung ernst genommen werden: Sie zeigen einen Wissensbedarf der Polizeipraktiker an, der folgendermaßen formuliert werden kann: Wie erwerbe ich als Polizist oder Polizistin eine soziale Kompetenz, die es mir ermöglicht, im Umgang mit Personen mit Migrationshintergrund so flexibel zu sein, dass ich meine polizeiliche Aufgabe erfüllen kann – ohne (vermeintliches) kulturspezifisches Wissen?

2 Interkulturelle Qualifizierung der Polizei

Auf der Grundlage dieser Überlegungen schlage ich ein Konzept für die Interkulturelle Qualifizierung der Polizei vor, das durch drei Merkmale gekennzeichnet ist (2.1) und in 1+3 Modulen organisiert wird (2.2).

2.1 Merkmale der interkulturellen Qualifizierung in der Polizei

Die INTERkulturelle Qualifizierung grenzt sich von kulturspezifischen Qualifizierungen ab (2.1.1). Sie ist berufs- und aufgabenspezifisch ausgerichtet (2.1.2) und zielt auf einen nachhaltigen Lernprozess (2.1.3).

2.1.1   INTERkulturelle Qualifizierung

Die oben geschilderten Situationen aus einem möglichen Polizeialltag zeigen, dass die Zuschreibung einer Nationalität zu einem polizeilichen Gegenüber alleine keinen Aufschluss darüber gibt, wie professionelles polizeiliches Handeln aussehen sollte. Gleiches gilt für ethnische und religiöse Zugehörigkeiten. Die gelebten Mitgliedschaften sind derartig vielfältig und individuell gestaltet, dass sie kaum in ein Wenn-Dann-Wissenssystem übersetzt werden können. Darüber hinaus lässt die Schnelllebigkeit polizeilicher Situationen es oft gar nicht zu, dass sich Polizistinnen und Polizisten informieren, welcher Gruppe sich ihr Gegenüber zugehörig fühlt. Insofern hilft hier kulturspezifisches Wissen nicht grundsätzlich weiter.

Kulturspezifisches Wissen beinhaltet Regeln, Gebräuche und Werte, wie sie in einer Nation, einer Ethnie oder einer Religionsgemeinschaft üblich sind. Es handelt sich um gesellschaftliche Umgangsformen, die eine wohlgesonnene und respektvolle Interaktion ermöglichen, wenn man sich bspw. in einem fremden Land aufhält. Firmen etwa, die ihre Mitarbeiter ins Ausland schicken, schulen die Betroffenen in den entsprechenden kulturellen Umgangsformen, damit diese die Geschäftsinteressen wahrnehmen können. So lernt man, dass in Indien das Wackeln mit dem Kopf Zustimmung und nicht Ablehnung bedeutet, dass man in Deutschland nicht auf die Straße spuckt und in einigen Länder Asiens wiederum nicht laut die Nase putzt. Kleiderordnungen, Geschlechterverhalten oder Essgewohnheiten sind ebenfalls Bestandteil von kulturspezifischem Wissen.

Kulturspezifisches Wissen ist auch dann für Polizistinnen und Polizisten sinnvoll, wenn sie es vermehrt mit Personen eines kulturellen Zusammenhangs zu tun haben – wie es in einigen Revieren der Fall ist, in denen junge Männern mit bspw. russischem Migrationshintergrund durch hohen Alkoholkonsum und Gewaltbereitschaft immer wieder auffällig werden. In diesem Fall ist es hilfreich für die polizeiliche Arbeit, die Geschichte und Situation der deutschen und deutschstämmigen Migranten aus Russland oder auch anderen ehemaligen Sowjetrepubliken zu kennen, vielleicht sogar ihre Sprache zu sprechen.

Es wäre jedoch eine unzumutbare (Über)Forderung, wenn die Mitglieder der Polizei sich verschiedenen kulturspezifischen Trainings zu den auch nur wichtigsten Migrationsgruppen in Deutschland unterziehen müssten. Außerdem ist es nicht notwendig. Notwendig ist eine Kompetenz, die es ermöglicht, situativ auf die kulturelle Eingebundenheit des Gegenübers reagieren zu können und diese in die polizeiliche Situation mit einzubeziehen – ohne Experte dieser Kultur zu sein. Die interkulturelle Kompetenz ist die weitaus größere Herausforderung für die Polizei (vgl. Leenen 2000, 92).

2.1.2 Berufsspezifische Qualifizierung

Die interkulturelle Qualifizierung wird berufs- bzw. aufgabenspezifisch durchgeführt. Anstatt allgemeingültiger Konzepte zu dem Phänomen Interkulturalität liegt der Schwerpunkt auf der Berufspraxis der Teilnehmer und Teilnehmerinnen. Dies wird durch die besondere Konzeption der einzelnen Qualifizierungsmodule sowie durch ihre Methodik gewährleistet (siehe 2.2). Zur berufsspezifischen Ausrichtung gehört auch, dass den Teilnehmenden deutlich wird, dass es sich nicht um eine Moralisierung handelt. Es geht nicht (in erster Linie) um mehr Mitmenschlichkeit, sondern um eine Erleichterung und Verbesserung der polizeilichen Arbeit. Anders formuliert geht es um Effizienz- und Effektivitätssteigerung, sowie um die Steigerung der individuellen Arbeitszufriedenheit.

Dies mag an den eingangs geschilderten Situationen aus dem polizeilichen Alltag deutlich werden: In einer Vernehmung (Situation 3) ist es sinnvoll, ein gutes Klima zu schaffen, da die Polizei die Zusammenarbeit des Zeugen sucht. Insofern ist es hilfreich, die Schuhe auszuziehen. Dagegen verstößt ein Beamter gegen die Dienstpflicht, würde er das gleiche bei einem Moscheebrand oder einer gewalttätigen Familienstreitigkeit (Situation 1 und 4) tun: In beiden Fällen handelt es sich um Gefahrenabwehr und die Schuhe müssen aus Gründen der Eigensicherung an bleiben, auch wenn es gegen eine kulturspezifische Regel verstößt. Im Fall des Anzeige erstattenden Geschäftsmannes (Situation 2) wird es aller Wahrscheinlichkeit nach kein interkulturelles Problem geben; im Gegenteil: Würde ein vermeintlich kultur-kundiger Beamte die Frau mit aktiver Nicht-Beachtung behandeln, könnte er den Unmut beider auf sich ziehen.

2.1.3 Nachhaltigkeit

Die Nachhaltigkeit einer Qualifizierung ist deswegen von zentraler Bedeutung, weil die Gefahr besteht, dass neu erlerntes Wissen keinen Eingang in die Praxis findet. Schon zu viele gute Inhalte von Fort- und Ausbildungen sind im Arbeitsalltag einfach untergegangen. Es geht bei dieser Qualifizierung also nicht allein darum, den Teilnehmenden neue Kompetenzen zu vermitteln, sondern sie auch zu ermutigen und sie darin zu begleiten, diese in ihrem Arbeitsalltag auszuprobieren und weiter zu entwickeln. Die Frage der Nachhaltigkeit ist also eine Frage der Vermittlung: Was bleibt hängen?

Interkulturelle Kompetenz, wie jede andere soziale Kompetenz, kann weder über Frontalunterricht noch in ein bis zwei Tagen vermittelt werden. Man kann sie auch nicht auswendig lernen. Stattdessen muss ein Bewusstsein für interkulturell relevante Situationen geweckt und ihre Gestaltung muss ausprobiert werden. Interkulturelle Kompetenz wird trainiert, wie der Aufschlag beim Tennis oder der Salto beim Trampolinspringen – immer wieder, mit kleinen Variationen und unterschiedlichen Ergebnissen. Ein weiterer wichtiger Aspekt ist ihre individuelle Gestaltung. Jeder Polizist, jede Polizistin gestaltet ihre Arbeit unter Rückgriff auf ihre individuellen Fähigkeiten. Die interkulturelle Kompetenz ist nur dann erfolgreich, wenn es den Teilnehmenden der Qualifizierung gelingt, ihre persönlichen Potentiale zu entwickeln.

Die drei genannten Merkmale – interkulturell, berufsspezifisch und nachhaltig – werden in 1+3 Modulen umgesetzt wie folgt:

2.2 1+3 Module der Qualifizierung

Die eigentliche Qualifizierung besteht aus drei Modulen: einem Training, einer Beratungsreihe sowie einer Anleitung zur kollegialen Beratung. Jedes Modul ist grundsätzlich auch für sich anwendbar, allerdings empfiehlt sich für eine nachhaltige Qualifikation die Kombination der drei Module. Grundlage der Qualifizierungen ist eine ein- bis zweitägige ethnografische Beobachtung am Arbeitsplatz der Teilnehmenden durch die interkulturelle Beraterin. Mittels der ethnografischen Methode werden erste Eindrücke über typische interkulturelle Problemfelder gesammelt, sowie Gelegenheiten geboten, mit den Expertinnen und Experten an ihrem Arbeitsplatz zu sprechen. Je nach Zusammensetzung der Qualifizierungsgruppe – ob die Teilnehmenden aus einem oder verschiedenen Arbeitsteams kommen – wird die Beobachtung auch stichprobenartig durchgeführt. Die ethnografische Beobachtung ist die Grundlage, auf der die Qualifizierungsmodule konzipiert werden. So ist gewährleistet, dass die Module berufs- bzw. aufgabenspezifische Probleme zum Gegenstand haben: etwa die spezifischen Probleme eines KK Fahndung im Revier X oder die eines Wach- und Wechseldienstes im Revier Y. Die Kombination aus ethnografischer Beobachtung als Konzeptionierungsphase und den Qualifizierungsmodulen ergibt das Konzept 1+3.

2.2.1 Die ethnografische Beobachtung

Das Konzept der ethnografischen Beobachtung für die Vorbereitung einer berufsspezifischen Qualifizierung lehnt an die wissenschaftliche Methode der Ethnografie an. Die Ethnografie wurde ursprünglich in der Ethnologie entwickelt, die die teilnehmende Beobachtung für die Beforschung fremder Kulturen einsetzt. Ein Bereich der qualitativ-empirisch ausgerichteten Soziologie nutzt dieses Konzept, um die eigene Kultur mit dem so genannten fremden Blick zu erforschen.

Die teilnehmende Beobachtung als Kernstück ethnografischer Arbeit ist dabei eine aufwendige Methode des wissenschaftlichen Erkenntnisgewinns: Die Forscher und Forscherinnen nehmen am Geschehen des interessierenden Forschungsfeldes teil – das können etwa Familien sein, Fußballfans, Blinde oder Polizisten – und erlernen auf diese Weise die kulturellen Relevanzen des entsprechenden Kulturzusammenhangs. Die anschließende Reflexion und Systematisierung der Erkenntnisse außerhalb des beobachteten Zusammenhangs (also meist an einer Forschungseinrichtung) ermöglicht die Beschreibung seiner kulturellen Logik. Der Blick der Forscherin ist deswegen fremd, weil sie nicht unter dem Handlungsdruck steht, unter dem die Beobachteten selbst stehen, und ihr ethnografische Methoden zur Verfügung stehen. Auf diese Weise ist es möglich, neue Perspektiven auf vertraute Phänomene zu entwickeln. Dieses Erkenntnispotential wird für die Interkulturelle Qualifizierung genutzt. Eine erfahrene Ethnografin, ein erfahrener Ethnograf ist in der Lage, erste Eindrücke und Expertenberichte methodisch so aufzuarbeiten, dass sie als berufsspezifische Qualifizierungsgrundlage funktionieren, die dann während der Durchführung der Qualifizierung ergänzt und korrigiert werden können. Im Rahmen der Qualifizierungsmaßnahmen können so für spezielle interkulturelle Probleme spezielle Lösungen entwickelt und umgesetzt werden.

Im Folgenden werden Ziele und Inhalte der drei Qualifizierungsmodule dargestellt, wobei ich die Trainings zu grundsätzlichen und ausführlichen Bemerkungen nutze, die auch für die folgenden Module gelten.

2.2.2 Das Interkulturelle Training

Das Training findet im Rahmen einer zweitägigen Veranstaltung mit bis zu zwölf Teilnehmenden statt. Die wesentlichen Ziele sind die Schulung des interkulturellen Bewusstseins, das Erarbeiten von Verfahren zur situativen Analyse interkultureller Konfliktsituationen und der Entwurf von Fallbeispielen für gelungenes, interkulturell kompetentes polizeiliches Handeln (ausführlich unten). Das Training bietet im Gegensatz zu Informationsveranstaltungen und Vorträgen einen Rahmen, in dem die Anwesenden sich die Inhalte selbst erarbeiten können und müssen. Entsprechend steht die Arbeit in der Gesamtgruppe und in Kleingruppen, sowie Rollenspiele im Vordergrund. Inhaltliche Impulse werden durch die Teilnehmenden selbst, durch die Interkulturelle Beraterin oder anhand von Filmmaterial gegeben. Die ethnografische Beobachtung leistet dabei die wichtige Vorarbeit, die Ausgangsposition der Teilnehmenden zu evaluieren, sowohl im Hinblick auf ihren professionellen Lernbedarf, wie auch auf ihre individuellen Erfahrungen mit interkultureller Kompetenz. Das Training bietet eine Gelegenheit, sich intensiv und exklusiv mit dem Thema Interkulturalität, seinen Problemen und Potentialen im Rahmen der eigenen Arbeit auseinander zu setzen. Seine Chance liegt gerade darin, dies außerhalb des alltäglichen Arbeitsalltags zu tun. Insofern dient das Training als Impuls, der dann in die Arbeitspraxis überführt werden muss.

- Interkulturelles Bewusstsein schulen

In einem ersten Schritt geht es darum, die eigene kulturelle Eingebundenheit zu reflektieren. Es wird deutlich, dass nicht nur das Verhalten *der Anderen* auf einen kulturellen Kontext bezogen werden kann, sondern ebenso das eigene Verhalten: Das, was als selbstverständlich und normal gilt, ist nur normal und selbstverständlich im Rahmen eines spezifischen, nämlich des eigenen kulturellen Zusammenhangs. Gilt etwa in zahlreichen Kulturen das Händeschütteln als höfliche Begrüßung, so gilt es in anderen Kulturen als unhygienische Zumutung (man vermeidet, dem Gegenüber die Handfläche anzubieten). Ebenso deutlich wird dabei die Heterogenität der eigenen Kultur. Die deutsche Kultur z.B. dient als Konstrukt, um sich von nicht-deutscher Kultur abzugrenzen. Routinen und Gewohnheiten in Deutschland und dort, wo sich Menschen mit deutscher Identität aufhalten, unterscheiden sich jedoch immens voneinander. Um beim Beispiel der Begrüßung zu bleiben: Auch in der 'deutschen Kultur' kann die angebotene Hand Irritationen hervorrufen. Wenn andere Begrüßungsformen üblich sind, etwa eine Umarmung oder ein Kuss, kann der Handschlag als emotionale Distanzierung interpretiert werden. Erst die Reflexion der eigenen kulturellen Eingebundenheit macht es möglich, 'Anderes' zu sehen, ohne es als 'unnormal' oder altertümlich abzuwerten oder, umgekehrt, es begeistert zu exotisieren. Es geht zunächst darum zu verstehen, dass andere Kulturen sich *anders* organisieren.

- Verfahren der situativen Analyse von interkulturellen Konflikten

Hier wird methodisches Wissen vermittelt, um in polizeilichen Situationen interkulturelle Konflikte analysieren zu können. Anhand von Beispielen aus der Arbeitspraxis der Teilnehmer und Teilnehmerinnen werden Beschreibungstechniken anhand bestimmter Kriterien trainiert. Es handelt sich dabei um soziale Kriterien wie Geschlechterverhalten, kulturelle Herkunft, Gruppenverhalten (individualistisch vs. kollektivistisch), soziale Rolle in der spezifischen Situation, eventuell geäußerte Auffassung über Polizei und dergleichen mehr. Aber auch die eigene Rolle und die persönlichen Erfahrungen mit anderen Kulturen können auf diese Weise reflektiert werden. Während ein Polizist, auch im Rahmen einer Soziologievorlesung, stöhnte, dass er Probleme mit den vor Testosteron platzenden Bandenjungs habe, meinte ein anderer, die Muskelburschen seien doch lustig, er habe dagegen Probleme mit jungen, muslimischen Frauen, die seinem Blick ausweichen, das mache ihn ganz hilflos. Verschiedene Kulturen lösen bei jedem Menschen positive und negative Emotionen aus, sei es aufgrund konkreter Erfahrungen oder diffuser Vorstellungen. Ihre Reflexion und die Beschreibung des polizeilichen Gegenübers sind die Grundlage, um in einem nächsten Schritt persönliche Lösungen und Umgangsformen in den entsprechenden Situationen einzuüben.

- Fallbeispiele für interkulturell kompetentes polizeiliches Handeln

Auf der Basis der Beschreibungsverfahren werden in dieser Phase verschiedene Aktions- und Reaktionstypen sowie deren mögliche Folgen durchgespielt. Dies geschieht wieder anhand von Beispielen aus der Alltagspraxis der Teilnehmenden. Dabei wird deutlich, dass es nicht DAS richtige polizeiliche, interkulturell kompetente Verhalten gibt, sondern es immer eine Frage der situativen Abwägung *und* der Persönlichkeit des entsprechenden Beamten oder der entsprechenden Beamtin ist. Wenn die Reflexion der eigenen Position individuelle Hemmschwellen und Potentiale deutlich macht, dann kann ein persönliches Handlungsrepertoire erarbeitet werden.

Die Chance des Trainings ist die Abwesenheit einer realen polizeilichen Handlungssituation. Sie erlaubt es, Reflexions- und Beschreibungsmethoden auszuprobieren und Handlungsoptionen durchzuspielen – *ohne* polizeilichen Handlungsdruck. Was das Training allerdings nicht leistet, ist die Einbindung der neuen Kompetenzen in die Arbeitspraxis. Sie müssen angewendet und ausprobiert, trainiert und korrigiert werden. Um diesen Prozess zu unterstützen und zu rahmen sind weitere Beratungen im Rahmen des Arbeitsalltages sinnvoll.

2.2.3 Die Beratungen

Grundsätzlich möglich sind Beratungen im Team und Einzelberatungen (Coaching). Der Schwerpunkt der Einzelberatungen liegt auf der Stärkung der individuellen Komponente der interkulturellen Kompetenz. Mit realistischem Blick auf die Finanzierbarkeit von Coachings für Polizistinnen und Polizisten muss sich diese Form der Beratung wohl auf Einzelfälle beschränken, etwa bei auffälligen Problemen eines Mitarbeiters oder aber für Mitarbeiter in Führungspositionen, zu deren Aufgabenbereich selbst die Vermittlung interkultureller Kompetenz gehört. Wichtiger für die Polizei sind jedoch die Beratungen im Team. Sie erfolgen in 1½- bis 2-stündigen Treffen, die im Rahmen der üblichen Dienstbesprechungen oder in außerordentlichen Sitzungen stattfinden können. Die Anzahl der Teilnehmerinnen und Teilnehmer wird in Absprache mit ihnen festgelegt; 4-6 Personen sind ideal, je nach Teamzusammensetzung kann es sinnvoll sein, die Teilnehmerzahl zu erweitern. Der Schwerpunkt der Beratungen liegt auf der Beschreibung und Analyse sowie der Entwicklung von Handlungsoptionen für aktuelle Fälle aus dem Arbeitsalltag. Das hat zwei Funktionen: Ähnlich wie im Training werden durch Gruppenarbeit und Rollenspiele interkulturelle Kompetenz an konkreten Fällen geübt, gleichzeitig werden konkrete Handlungsoptionen für die Praxis entwickelt. Die Anzahl der Beratungen sowie ihre zeitliche Planung werden ebenfalls in Absprache mit den Teilnehmenden und ihren Abteilungen festgelegt. Als Orientierungswert können 5 zweiwöchentlich stattfindende Beratungen angenommen werden. Die Beratungen sind fallorientiert und fördern die individuellen Potentiale der Teilnehmenden. Nach Beendigung der Beratungsphase ist es sinnvoll, dass die Teilnehmenden die Gelegenheit haben, sich eigenständig wechselseitig weiter zu beraten. Dazu wird eine Anleitung zur kollegialen Beratung angeboten.

2.2.4 Anleitung zur kollegialen Beratung

Die kollegiale Beratung ist eine Beratungsform, in denen sich Mitglieder eines Arbeitszusammenhanges zu konkreten Fällen ohne externe Moderation selbständig beraten. Anhand spezifischer Methoden werden einzelne Fälle reflektiert und Lösungsmöglichkeiten erarbeitet. Ihre Umsetzung kann in den folgenden Sitzungen erneut zum Beratungsthema gemacht werden. So erhalten schwierige Fälle und ihre Bearbeiter einerseits eine begleitende Beratung; gleichzeitig sind sie aktuelles Material eines anhaltenden Trainings in interkultureller Kompetenz für alle Beteiligten. Die Anzahl und Dauer der Anleitung zur kollegialen Beratung richtet sich nach den (Vor-)Kenntnissen der Teilnehmenden; bis zu 5 Beratungen sind sinnvoll.

Die dargestellten Qualifizierungsmodule sind je nach Bedarf unterschiedlich kombinierbar. Jeder Qualifizierung geht eine ethnografische Beobachtung voraus, um ihre berufs- und aufgabenspezifische Ausrichtung zu gewährleisten. Um eine nachhaltige Wirkung zu erzielen, ist eine Kombination aus Training, Beratungen im Team und einer abschließenden Anleitung zur kollegialen Beratung zu empfehlen. Damit können die verschiedenen Möglichkeiten der Qualifizierungsformen – Training, Beratung und kollegiale Beratung – optimal genutzt werden und sich ergänzen.

3 Schlussbemerkungen

Qualifizierungen zur Vorbereitung im Umgang mit Menschen aus unterschiedlichen Kulturen sind keine neue Idee. Die Vermittlung kulturspezifischer Sensibilität wurde in den USA und Kanada schon in den 60er Jahren thematisiert (vgl. Leenen 2002, 48). In Deutschland hielten zunächst kulturspezifische Trainings in Wirtschaftsunternehmen als Vorbereitung ihrer Mitarbeiter und Mitarbeiterinnen auf Auslandsaufenthalte Einzug. Heute erlebt die Vermittlung interkultureller Kompetenz eine Art Boom in der kommunalen Arbeit und der Sozialarbeit. Bei der Polizei ist der Bedarf von vielen erkannt; Qualifizierungsmaßnahmen finden bislang nur vereinzelt statt (vgl. etwa Kersten, Kiefner 2007). Der Boom kann genutzt werden, um die Vermittlung interkultureller Kompetenz zu einem Bestandteil der polizeilichen Aus- und Fortbildung zu machen. Er birgt aber auch die Gefahr, dass vor lauter Konzepten der tatsächliche Bedarf nicht mehr gesehen wird. Deswegen ist es wichtig, genau hinzugucken, wie der Bedarf bei der Polizei überhaupt aussieht. Eine fundierte Orientierung und Grundlage für die interkulturelle Qualifizierung der Polizei stellen dazu die Forschungsarbeiten von Leenen, Grosch und Groß dar (Leenen, Grosch, Groß 2002). Typische Kennzeichen polizeilicher Arbeit, ihre Probleme sowie ihre Potentiale, müssen in die Qualifizierung einbezogen werden. Typische Probleme der Polizei sind etwa das Handeln unter Zeitdruck und ständigem Legitimationszwang (vgl. Jacobsen 2005, 156f.), dem Gewaltpotential sowie der Notwendigkeit der Typisierung in polizeilichen Situationen (Jacobsen 2005, 104, 118ff.). Die Potentiale der Polizei für interkulturell kompetentes Handeln liegen darin, dass Beobachtung, Beschreibung und Analyse unter situativem Handlungsdruck längst zum Repertoire polizeilicher Methoden gehört. Hier liegen die Anknüpfungspunkte für die Erweiterung der polizeilichen Perspektiven um eine interkulturelle Perspektive. Das methodische Training öffnet den Blick auf interkulturelle Phänomene, ihre Problematik und ihre Potentiale für die Polizeiarbeit.

Interkulturelle Kompetenz kann keine interkulturellen Konflikte verhindern. Es wird weiterhin Missverständnis, Unverständnis und persönliche Verletzungen in polizeilichen Situationen geben. Aber die interkulturelle Kompetenz kann interkulturelle Konflikte gestaltbar machen. Diese Gestaltungsspielräume bringen Souveränität mit sich, sie verringern die Belastung der Polizisten und Polizistinnen und erhöhen die Qualität der polizeilichen Arbeit.

Literatur

Jacobsen, Astrid, 2005: Die gesellschaftliche Wirklichkeit der Polizei. Eine empirische Untersuchung zur Rationalität polizeilichen Handelns. Dissertation. Bielefeld.

Kersten, Joachim, Kiefner, Philipp 2007: Wir sind, wie wir sind. Aber warum sind die anderen anders? In: Polizei-heute 1, Stuttgart, S. 18-26.

Leenen, Wolf Rainer 2000: Interkulturelle Kompetenz: Theoretische Grundlagen. In: Leenen, Grosch, Groß (Hrsg.): Bausteine zur interkulturellen Qualifizierung der Polizei. Münster, S. 63-110.

Leenen, Wolf Rainer, Grosch, Harald, Groß, Andreas (Hrsg.): Bausteine zur interkulturellen Qualifizierung der Polizei. Münster.

Statistisches Bundesamt Deutschland 2007: Bevölkerung und Erwerbstätigkeit. Bevölkerung mit Migrationshintergrund - Ergebnisse des Mikrozensus 2005 https://www-ec.destatis.de/csp/shop/sfg/bpm.html.cms.cBroker.cls?cmspath=struktur, vollanzeige.csp&ID=1020312 (20.9.2007)

Berufliche Identität von Polizisten[1] mit Migrationshintergrund

Julia Sigel

Dass die Rolle, der Status, die Funktion von Polizisten mit Migrationshintergrund und die sich daraus ergebenden Folgen, Chancen und Gefahren für die Beamten und die Organisation in letzter Zeit in zunehmendem Maße Thema des öffentlichen Interesses, der Politik und der empirischen Polizeiforschung sind, zeigen verschiedene Artikel in der überregionalen Presse (Kuhlmann, 2006 in der Süddeutschen Zeitung und Holch, 2006 in Chrismon), Forschungsarbeiten (z.b. Franzke, 1999), politische Stellungnahmen (Beckstein, 2006) und nicht zuletzt das von der Volkswagenstiftung geförderte groß angelegte Projekt des Instituts für Sicherheits- und Präventionsforschung zur Aufnahme von Migranten in die deutsche Polizei (der Forschungsantrag mit einem Überblick zum Vorhaben unter ISIP, 2006).

Diese Arbeiten nehmen aber größtenteils einen soziologischen Blickwinkel ein, sie betrachten die Forschungsfrage immer aus Sicht der Organisation Polizei, nicht aus Sicht des einzelnen nicht-deutschen Polizisten.

Dem Trend des allgemeinen Forschungsthemas zwar folgend, entstand am Institut für Psychologie der Universität München eine Diplomarbeit, die im Gegensatz dazu aber eine originär sozialpsychologische Perspektive einnimmt. Die berufliche Identität von Polizisten mit Migrationshintergrund ist eine Fragestellung, in der soziologische Aspekte zwar eine Rolle spielen, das Hauptaugenmerk jedoch auf den Darstellungen der Polizisten liegt, auf deren spezifischen Erfahrungen und Sichtweisen, ihren zunächst individuellen Biographien, die jedoch gesellschaftlich entstanden und gelebt sind und damit über ihre Singularität hinaus gesellschaftliche Aussagekraft besitzen.

Der vorliegende Aufsatz ist eine stark gekürzte und überarbeitete Form dieser Diplomarbeit. Als empirische Grundlage dienten zwölf narrative Interviews,

---

[1] Aus Gründen der besseren Lesbarkeit beschränke ich mich im Folgenden auf männliche Artikel und Endungen. Gemeint sind immer beide Geschlechter. Wenn speziell männliche oder weibliche Personen gemeint sind, wurde dies kenntlich gemacht.

die mit Polizeibeamten des Landes Baden-Württemberg im Herbst 2006 geführt wurden. Theoretischer Ausgangspunkt war die Identitätstheorie von Keupp et al (1999), die auch unter dem Begriff „Patchworkidentität" bekannt geworden ist. Die Autoren entwerfen aus einer sozialpsychologischen Perspektive heraus ein Identitätskonzept, das sich an den Bedingungen, Gegebenheiten und Umständen der Gesellschaft der so genannten Spätmoderne orientiert.

In einer Gesellschaft, in der historisch vorgegebene Sozialbindungen, traditionelle Werte und (Geschlechter-)Rollenverteilungen zunehmend weniger Bedeutung haben und somit auch deren Funktion als Halt und Orientierung gebende Instanzen abnimmt, wenn nicht gar verloren geht, können Identitätstheorien, die eine vollintegrierte Persönlichkeit, eine einheitliche Identität als gelungene Identität bezeichnen, nicht mehr bestehen. Durch die wachsende Individualisierung und Pluralisierung der Gesellschaft wird es für die darin lebenden Menschen notwendig, eigene Konstruktionen ihrer sozialen Wirklichkeit vorzunehmen, Identität ist also ein Konstruktions- und Reflexionsprozess: „Identität verstehen wir als das individuelle Rahmenkonzept einer Person, innerhalb dessen sie ihre Erfahrungen interpretiert und das ihr als Basis für alltäglich Identitätsarbeit dient. In dieser Identitätsarbeit versucht das Subjekt, situativ stimmige Passungen zwischen inneren und äußeren Erfahrungen zu schaffen und unterschiedliche Teilidentitäten zu verknüpfen" (Keupp et al., 1999, S. 60). Diese Teilidentitäten sind das Ergebnis der Integration selbstbezogener situationaler Erfahrungen. In Form eines Mosaiks aus Erfahrungsbausteinen, die zukunfts- und vergangenheitsbezogen miteinander verknüpft werden, entstehen solche Teilidentitäten. Sowohl zwischen den Teilidentitäten, wie auch innerhalb sind Ambivalenzen möglich, sie können sich demzufolge auch innerhalb verändern, neue Teilidentitäten können dazukommen, andere wegfallen. Eine Vernetzung der einzelnen Teilidentitäten im Sinne von Über- oder Unterordnungen ist möglich, so dass sich daraus dominierende Teilidentitäten ergeben. Auf die Forschungsfrage dieser Arbeit bezogen, können Personen also vorwiegend Polizist, Ausländer, Sohn, Student etc. sein. Ambivalenzen und Differenzen stellen hier die Normalität, vollständige Harmonie und Ausgeglichenheit wohl eher die Ausnahme dar, es geht also darum, die Teilidentitäten in ein „lebbares Beziehungsverhältnis zu bringen" (ebd., S. 207).

Eine weitere Annahme ist, dass die Institution Polizei geprägt ist von einer Organisationskultur mit einem stark ausgeprägten Ingroup-Outgroup-Denken, das einen hohen Konformitätsdruck erzeugt. Der Umgang mit und das Agieren innerhalb dieser polizeilichen Subkultur, erfordert also ein hohes Maß an Anpassung an eine vorgegebene scheinbare Normalität.

Berufliche Identität als Versuch eines Aushandlungsprozesses von persönlichen Bedürfnissen innerhalb des vorgegebenen institutionellen Rahmens bedeutet für Polizeibeamte einerseits, den Erwartungen und Bedingungen der Organisation Polizei zu genügen, ihnen entsprechen zu müssen und dabei gleichzeitig sich als Mensch in der eigenen Subjektivität zu bewahren. Dieser Konflikt – so die Forschungsfrage der vorliegenden Arbeit – findet für Polizisten mit Migrationshintergrund unter besonderen Bedingungen statt, da sie im Gegensatz zu ihren nicht-migrantischen Kollegen ein größeres Maß an Individualität in die Interaktion zwischen Subjekt und Organisation Polizei einbringen. Wo entstehen Spannungen und Ambivalenzen und wie werden sie für die Polizisten lebbar gemacht?

Die Interviewpartner

Bevor die zentralen Ergebnisse der Arbeit vorgestellt werden, will die nachfolgende Übersicht in Kurzform Auskunft geben über Geschlecht, nationale Herkunft und Schulbildung der Befragten sowie über ihre Position innerhalb der Polizei.

Von den vier weiblichen und acht männlichen Befragten stammen zwei aus binationalen Familien (deutsch-kroatisch und deutsch-italienisch), fünf sind türkischer Herkunft, zwei stammen aus Russland und je eine Person aus Ungarn und Kroatien. Die Eltern der Interviewpartner kamen größtenteils im Rahmen der Arbeitsmigration nach Deutschland. Die russischen und ungarischen Befragten verfügen als Spätaussiedler über eigene Migrationserfahrung, die restlichen sind bereits in Deutschland geboren. Sofern die Polizisten darüber Auskunft geben gehören ihre Eltern der Arbeiterschicht an, drei berichten von finanziellen Problemen der Eltern.

Fünf der zwölf Interviewpartner haben Abitur, vier Fachabitur bzw. Fachhochschulreife und drei besitzen die mittlere Reife.

Zum Zeitpunkt der Interviews befanden sich neun Beamte als Aufsteiger in der Ausbildung zur gehobenen Dienstlaufbahn an der Fachhochschule für Polizei, drei arbeiteten im mittleren Dienst.

Um eine möglichst große Anonymität der Befragten zu gewährleisten, erfolgte die Codierung der Namen alphabetisch mit Großbuchstaben, die Reihenfolge richtete sich nach der Durchführung der Interviews, das heißt, die Buchstaben lassen keinen Rückschluss auf die Namen der Interviewten zu. Ein Interviewpartner wünschte sich ausdrücklich den Buchstaben P als Codierung seiner Aussagen. Um diesem Wunsch nachzukommen wurde deshalb an einer Stelle die alphabetische Reihenfolge unterbrochen.

Die folgenden Kapitel stellen nun die wichtigsten Ergebnisse zur beruflichen Identität der befragten Polizisten dar. Die aufgrund der Stichprobengröße ohnehin nur eingeschränkt mögliche Generalisierung der Ergebnisse, möchte ich weiter begrenzen; sie haben nur Gültigkeit für die Ausbildung, geschlossene Einheiten wie die Einsatzzüge der Bereitschaftspolizei oder Einsatzhundertschaft und den Streifendienst. Die Kriminalpolizei und andere Organisationseinheiten unterliegen meines Erachtens einer grundlegend anderen polizeiberuflichen Sozialisation. Ob und inwiefern für diese Bereiche partiell ähnliche Ergebnisse zutreffen, müssten weitere spezifische Studien zeigen.

1 Nicht-berufliche Sozialisation

Dieses erste Kapitel des Ergebnisteils soll einen Überblick über die Familiengeschichte der Befragten geben, es geht also vorrangig um die primäre und sekundäre, die nicht-berufliche Sozialisation, die in der Familie und in der Schule stattfindet. Sowohl absichtsvolle und geplante Maßnahmen wie beispielsweise Erziehung und Wahl der Schule, aber auch unbeabsichtigte Einflüsse wie das soziale Umfeld und die finanzielle Situation wirken auf die Befragten und schaffen somit eine Grundlage für die tertiäre, d. h. vor allem berufliche Sozialisation. Die familiale Sozialisation stellt einen Erfahrungshintergrund für weitere Sozialisationseinflüsse dar.

Die im Folgenden angesprochenen Aspekte haben ihrerseits wieder Auswirkungen auf weitere Kategorien, die sich bei der Auswertung der Interviews ergeben haben. Der Grad der Anpassung, der Integration, die gesamte familiäre Situation haben Einfluss auf die *Reaktion der Familie auf die Berufswahl* ihres Kindes; die Zweisprachigkeit in der Familie bedingt logischerweise auch das Nutzen der *Herkunftssprache im Beruf*; und nicht zuletzt wird während der primären und sekundären Sozialisation das *Selbstbild als Ausländer, die ethnisch-kulturelle Identität* herausgebildet und geprägt.

Meines Erachtens kommt vor allem den beiden letztgenannten Aspekten eine gewichtige Rolle bei der Frage nach der beruflichen Identität zu, so dass sie in separaten Abschnitten behandelt und nicht in dieses Kapitel mit einbezogen werden, auch wenn die Zusammenhänge oftmals mehr als offensichtlich sind und auf der Hand liegen. Die Reaktion der Eltern auf die Berufswahl wird im Kapitel „Berufwunsch" dargestellt.

1.1 Integration und Assimilation

Die Migration der Eltern und alle damit verbundenen Faktoren, deren Beruf, soziale Schicht und daraus resultierende finanzielle Situation, der Grad der Integration in und Assimilation an die deutsche Gesellschaft, das alles sind Maßgaben und Grundlagen für das Aufwachsen, für die Sozialisation der Kinder. Ich möchte nun auf die in ihrer Kindheit und Jugend konkret wirksam gewordenen Faktoren, vor allem hinsichtlich der Integration und Assimilation der Familie, eingehen.

Viele der Befragten erzählen keine Einzelheiten aus ihrer Kindheit und Jugend (P, E, F, H, I, J, K[2]). Man kann deshalb wohl davon ausgehen, dass sie diesen Lebensabschnitt wie B beantworten würden, der auf meine Frage, wie er aufgewachsen sei, antwortet: *Normal... ganz normal,* und erst auf Nachfragen, was „normal" bedeute, beginnt, von seinen Geschwistern zu erzählen. Er beschließt diesen Abschnitt seiner Erzählung mit einer weiteren Betonung der Normalität: *Dann ... ganz normal, ganz normales Elternhaus: Häuschen, Garten, Großeltern im Haus. Auf'm Land, Grundschule im Dorf, in dem ich gewohnt hab... ganz normal.*

C und D sind ebenfalls in kleinen Dörfern aufgewachsen, sie messen dieser Tatsache aber größere Bedeutung bei.

Also mein Vater zum Beispiel, der hat schon immer gesagt, das hat er auch immer später betont--. Also er ist aus der Türkei direkt nach [Großstadt] *gekommen, weil sie ihn da nach* [Großstadt] *vermittelt haben. Er wusste jetzt auch nicht, was jetzt* [Großstadt] *ist, dass es ne Stadt ist natürlich, aber wie die Lebensart dort ist oder ob's auf dem Land jetzt besser ist oder schlechter... Aber irgendwann hat er dann gesagt, wenn ich meine Familie hol, dann nicht nach* [Großstadt] *in die Großstadt. Weil er halt auch gesehen hat, dass da eben die Bevölkerung anders ist als auf dem Land. Das war schon immer so. Man wächst auf dem Land eben anders auf als in der Großstadt. Und da muss ich sagen, ich hab ihm viel zu verdanken, wobei ich nicht sagen möchte, dass ich irgendeine andere Schiene eingeschlagen hätt, ... aber da wären die Faktoren eben da gewesen, dass ich vielleicht auch mit der Polizei zu tun gehabt hätte, aber auf andere Art und Weise. ... Der ist dann auf's Land, hat sich gleich umgeguckt, und dann sind wir in* [Dorf] *gelandet, wo man sagen muss, das ist ein fünfzehnhundert Seelen-Dorf* (C/5).

---

[2] A schildert diesen Lebensabschnitt sehr ausführlich, allerdings immer vor dem Hintergrund der finanziellen Armut der Familie. Zum Thema Integration und Assimilation äußert er sich nicht weiter.

Einen anderen Aspekt, nämlich dass sie in ihrer Kindheit nie mit Ausländerfeindlichkeit konfrontiert wurde, schreibt auch D dem Landleben und den angeblich anderen Umständen der damaligen Zeit zu.

Drei der fünf türkischen Befragten (C, D, I) und G stellen die Integration der Familie in ihren Erzählungen heraus. Sie unterscheiden dabei nicht explizit zwischen Assimilation, also der Anpassung an die Mehrheitsgesellschaft, und Integration. Das landläufige Verständnis von Integration ist, sich als integraler Teil der Aufnahmegesellschaft zu verstehen. Es kann aber auch den Aspekt der kombinatorischen Schaffung eines neuen Ganzen beinhalten, bei der die eigenen Werte und die eigene Kultur eingebracht werden, und somit der Erhalt der eigenen Identität bzw. die Schaffung hybrider Identitätsteile begünstigt wird. In den Interviews werden meist beide Aspekte vermischt angesprochen.

Auch sonst die Erziehung, die war sehr offen und sehr westlich orientiert im Vergleich zu anderen Familien. Was ich jetzt auch in meiner Kindheit bei Mitschülern, oder ich hatte auch türkische Freunde, ich hatte aber genauso auch deutsche Freunde. Und hab auch Geburtstage gefeiert, wo die türkischen Freunde keine Geburtstage feiern durften, weil man das eben nicht macht als Türke. Ich sag mal, wir waren immer anders in [Dorf], immer ne andere Familie, und manche sind auch damit nicht klar gekommen, dass wir Sachen machen, die sie eben nicht machen, weil sie das eben so nicht kennen. Meine Eltern waren schon immer so offen und haben auch großen Wert drauf gelegt, dass wir uns integrieren (C).

Die Integrationsbestrebungen wurden aber nicht nur über die Kinder verwirklicht, auch C's Mutter gliederte sich in die deutsche Kultur ein. So trägt sie kein Kopftuch und spricht gutes Deutsch.

Dieses Einkapseln, das haben meine Eltern immer versucht zu verhindern, das haben sie auch geschafft und deswegen bin ich dem schon sehr dankbar. Weil man dann eben gewisse Sachen einfach versteht und von vornherein einfach anders macht. ... Auch jetzt zum Beispiel, zur Polizei zu gehen. Ich denk, wenn man nur türkische Bekanntschaften und Freude gehabt hätt, hätt man natürlich versucht, den gleichen Weg einzuschlagen. Ne Ausbildung nach dem Abitur, irgendwas Handwerkliches oder doch studieren, aber was ganz, ganz typisches, was die anderen auch machen. Das sind so Sachen, wo ich meinen Eltern dankbar bin und auch sag, da haben sie ein sehr große Rolle gespielt. (6 Sekunden Pause) Ansonsten mein Bekanntenkreis ist überwiegend Deutsch. Also da klingt jetzt für mich komisch, das zu sagen, weil das mittlerweile natürlich ist, oder das war schon immer so, ich kenn das nicht anders, aus dem Kindergarten heraus schon. Das ist mir natürlich wichtig (C). Er betont aber auch, dass ihm die türkischen Werte und die Kultur sehr wichtig sind, da er von beiden Seiten geprägt wurde und dies später auch an seine Kinder weitergeben will.

D spricht ebenfalls die liberale Erziehung ihrer Eltern an: Meine Familie ist da auch recht offen eigentlich, wir konnten schon immer tun und lassen, was wir wollten, wir Kinder. Und da war noch nie dieser typische Druck, oder wie man das so von manchen türkischen Familien kennt, das gibt's bei uns nicht. Von daher hab ich mich auch noch nie so richtig dahin gezogen gefühlt. (...) Ich hatte mit 15 meinen ersten Freund, der konnte bei uns ein- und ausgehen, das war kein Problem. Ich sag mal so, meine Eltern hatten schon auch ihre Grenzen oder Prioritäten, aber ich denk, das gibt's in jeder Familie. Aber diese Strenge, was man so sonst gewohnt ist von manch anderen türkischen Familien, das gab's bei uns halt noch nie. Die haben uns sämtliche Freiheiten gelassen und immer gesagt, „Ihr müsst euch selber entscheiden, das ist euer Leben und wir können das nur akzeptieren, wir können euch nur den richtigen Weg zeigen und gehen müsst ihr ihn selber." Also von daher war da schon immer sehr viel Toleranz da. (...) Meine Eltern sind da auch stolz, grad wo ich jetzt hier in [Großstadt] lebe, das ist alles kein Problem. Auch als unverheiratete Frau [lacht] sozusagen, da muss man die Unterschiede halt sehen (D).

Während C und D das Bild einer in die deutsche Gesellschaft und ihre Normen integrierte Familien zeichnen, skizziert I ihre Eltern als assimilierte Mitbürger, die wissen, was die deutsche Gesellschaft an Anpassung erwartet, diese auch erbringen, die aber in ihrem Wertesystem doch Türken bleiben. Die Überlegung der Eltern, in die Türkei zurückzukehren, belegt dies ebenso wie der Grund, weshalb sie mit dieser Rückkehr noch zögern. Die Tochter, die als Polizistin ja in Deutschland bleiben wird, soll erst verheiratet werden. Ist dies geschehen, können die Eltern getrost in die türkische Heimat zurück, es gibt ja dann einen Mann, der sich um die Tochter kümmert. *Angepasst haben sich meine Eltern sehr gut, auch immer wieder den Kontakt zu den deutschen Familien gesucht, also jetzt nicht irgendwie „wir sind Türken, wir bleiben unter Türken", sehr viele deutsche Freunde. Viele türkischen Frauen sitzen zu Hause und keine deutschen Freunde und irgendwo für kochen und putzen zuständig, so auf die Art. Aber meine Mutter spricht sehr gut Deutsch für ne Türkin und für ihr Alter. Bei den Türken ist es immer so, „wir haben eine Tochter, die können wir nicht allein hier lassen, erst wenn sie verheiratet ist und jemand auf sie aufpasst", so auf die Art läuft das* (I).

I nimmt auf diese Vorbehalte ihrer Eltern gegenüber deutschen Wertevorstellungen Rücksicht, teilt sie aber nur noch sehr eingeschränkt: *Schweinefleisch ess ich nicht, an den anderen Rest halt ich mich nicht, also fünf Mal am Tag beten, ich kann's auch gar nicht. Aber es sind Sachen, wo man jetzt gegenüber den Eltern jetzt zum Beispiel, wenn ich sag, „Mama, ich bin keine Jungfrau mehr", dann würd das zu Hause riesen Theater geben. Das sind Sachen, die man halt doch verheimlicht vor den Eltern, damit das keine Probleme gibt, a-*

ber...Religion... man versucht das Beste zu machen. Aber jetzt so streng gläubig, n-n.

1.2 Religion

Religiosität und Religionsausübung könne insofern Auskunft geben über den Grad der Integration, als hier Assimilation an die weitgehend säkularisierte deutsche Gesellschaft bzw. Distanz zu dieser die beiden Pole darstellen zwischen denen sich die Migranten bewegen. Nicht alle äußern sich zum Thema Religion; Auskunft geben B, C, D und H. Dabei ist B katholisch, die drei Befragten türkischer Herkunft moslemisch. Es sind dabei alle Varianten vertreten, von Strenggläubigkeit über Agnostizismus bis hin zu Ablehnung von Religion.

Orthodoxie und Strenggläubigkeit in der Religionsausübung finden sich bei keinem meiner Gesprächspartner und auch nicht ausgeprägt bei ihren Eltern. Eine Ausnahme ist hier B, der in einem streng katholischen Elternhaus aufwuchs, seine eigenen religiösen Überzeugungen jedoch als Folge der Erfahrungen in seinem Polizeiberuf aufgab. Eine tiefreligiöse, aber liberale muslimische Glaubenshaltung wie die H's kollidiert nicht mit der internen Polizeikultur und auch nicht mit der Außenwirkung der Organisation Polizei, da sie sich nicht in äußerlichen Merkmalen oder Handlungen niederschlägt.

1.3 Zweisprachigkeitserziehung

Bis auf A sind alle Befragten zweisprachig aufgewachsen. Die Zweisprachigkeitserziehung ist mit der ethnisch-kulturellen Identität der Eltern verbunden, das heißt durch das Weitergeben der eigenen Muttersprache erfolgt eine Stabilisierung der mit dem Heimatland verbundenen Identität.

Bis auf die beiden Interviewpartner aus den binationalen Familien haben die Befragten ihre Zweisprachigkeit über die Trennung von Familien- und Umgangssprache erworben. Die schon oben beschriebenen frühen Kontakte zu deutschen Familien haben den Prozess des Spracherwerbs vereinfacht und zur Normalität gemacht. In C's Interview wird anschaulich formuliert, wie mit dem Sprachwechsel, die gesellschaftliche Identität gewechselt wird. Den beiden Sprachen *entsprechen* – im wörtlichen Sinne – die beiden Identitäten der Interviewten; eine Vermischung beider findet eigentlich nicht statt. Wird im Dienst Türkisch, Kroatisch etc. gesprochen, dann nur im dienstlichen Auftrag als Übersetzer oder wo dies unabdingbar dienstlich erforderlich ist (s. Kap. 5). *Das merk ich dann schon, dass wenn ich daheim bin, dann bin ich anders... eingestellt vom*

Kopf her und auch relativ anders denk, jetzt nicht gravierend oder wesentlich, aber... das fängt schon an mit der Sprache, dass man eben auf Türkisch umstellt komplett (C).

Für F's Herkunftsfamilie trifft ebenfalls die Trennung in Familien- und Umgebungssprache zu, hier wird auch noch einmal die identitätsstiftende Funktion der Herkunftssprache betont. Gerade für F, der erst im Jugendalter nach Deutschland gekommen ist und seine russische Identität größtenteils bewahrt hat, scheint die russische Sprache ein entscheidendes Medium zu sein, diese Identitätsanteile zu pflegen und zu bewahren. *Draußen in der Welt spricht man halt Deutsch, in der family spricht man mal Russisch, mal Deutsch, und die Kinder werden zweisprachig aufgezogen, weil das ist ein Vorteil von Haus aus, wir sehen das als Vorteil an. Mit meinen Eltern sprech ich meistens Russisch, weil die können halt gut Deutsch, aber das ist halt einfach anders. Wenn ich Bock hab auf Russisch, sprech ich Russisch. Es ist auch, ich weiß nicht..., es verbindet ja auch* (F).

Dass sie ihre Herkunftssprache nicht so perfekt beherrschen wie die täglich verwendete deutsche Sprache, gibt die Hälfte der Befragten zu erkennen (B, P, D, H, I, J), wie beispielsweise aus dem folgenden Zitat von J zu ersehen ist. Auch bei E, G und K kann man aus der Kenntnis der Interveiws davon ausgehen, dass dies auf sie zutrifft. Lediglich C und F behaupten, beide Sprachen gleich gut zu beherrschen.

J spricht auch in seiner Familie fast ausschließlich Deutsch. Die Dominanz der Deutschen Sprache bezieht er auch gleich auf den beruflichen Bereich: *Ganz wenig Russisch. Also das war bei uns so. Ich hab früher mit meinem Vater Russisch geredet, der ist aber schon verstorben. Mit meiner Mutter red ich eigentlich nur Deutsch, da wird kein Russisch gesprochen. Und mit der Oma sowieso, die redet eh nur Deutsch, also bis die mal ein russisches Wort raus bringt, da braucht's schon viel. (...) Oft ist es auch für mich leichter, Deutsch zu reden als wie Russisch. Weil mir einfach der Sprachschatz fehlt. Ich bin mit zehn Jahren hier rüber, da hat man so im Schulischen noch nicht viel aufgebaut, und das fehlt einem ab und zu. Also ich kann mich im Deutschen besser ausdrücken wie auf Russisch. Da fehlen einem doch oft die Wörter, grad so der rechtliche Bereich. Hast Du schon mal einen Tatbestand aus dem Strafgesetzbuch ins Russische übersetzt? Das ist schon ne Leistung. Oder die Belehrung oder „Beweismittelerhebung", das sind alles so Dinge, bis man das ins Russische übersetzt [stöhnt]. Ich kann das fast nicht mehr, das ist so.*

Die nicht perfekte Beherrschung der Herkunftssprache wird von den meisten Interviewten als Defizit wahrgenommen.

Wie schon in den vorigen Abschnitten zeigt sich auch beim Thema Sprache ein Mal mehr, dass die befragten Beamten in hohem Maße in die deutsche Gesellschaft integriert sind, dass in den allermeisten Fällen Deutsch die gebräuchlichere Sprache ist. Und ohne dass bislang auf berufliche Aspekte eingegangen wäre, zeichnet sich schon ein Bild ab, das auf verschiedene Teilidentitäten, also auf die Hybridität der Identität hinweist: nicht-deutsche Anteile kommen im Familienumfeld zum Tragen, deutsche außerhalb der Familie.

2 Berufswunsch und Reaktion der Familie auf die Berufswahl

2.1 Berufswunsch

Die Interviewten nennen unterschiedliche Motive, die für die Wahl des Berufs „Polizei" ausschlaggebend waren. Dabei geben die Antworten teilweise auch bereits Auskunft über das berufliche Selbstverständnis der Interviewten. Es lassen sich vier Kategorien erkennen und definieren.
- Der Wunsch zu helfen, zu verbessern, zu verändern
- Abwechslung, Spannung, Action
- Erfüllung eines Kinderwunsches
- Diverse andere Beweggründe

Die Befragten A und B nennen Motive, die sich unter dem Titel **helfen und verändern wollen** subsumieren lassen. Die Polizei wird als die Institution gesehen, in der dieses Bestreben am besten verwirklicht werden kann. *Die Polizei ist für mich... die Institution, die am meisten für die Gesellschaft, meiner Meinung nach, machen kann. Wir sorgen für die innere Sicherheit. Und ich denke, das ist einfach auch ein ganz, ganz maßgeblicher Punkt für mich, dass ich durch das Polizei-Dasein schon positiv zur Gesellschaft beitragen kann.. Und für mich ist es nach wie vor ein Traumjob, ganz klar. Man kann mit Bürgern, mit Leuten zusammenarbeiten, man kann doch durch diese Tätigkeit Dinge bewegen, positive Dinge bewegen, die sich auch auf die Gesellschaft ausweiten* (A). Bei A ist aus dem Gesamtkontext seines Interviews heraus zu vermuten, dass der Wunsch, durch seinen Beruf die Gesellschaft positiv zu verändern, entstanden ist aus den konkreten Erfahrungen seiner Kindheit und der Erinnerung daran, einer die von vielen Ungerechtigkeiten und Entbehrungen aufgrund finanzieller Armut geprägt war.

Die zweite Kategorie (D, F, G, I) ist durch Aussagen definiert, die die erwartete **Abwechslung, Spannung und Action** des Polizeiberufs betonen. Dass Polizeiarbeit häufig auch langweilig und eintönig sein kann, haben sie erst später erfahren, meist während ihrer Dienstzeit in der Einsatzabteilung der Bereitschaftspolizei. D, G und I hatten vor der polizeilichen Ausbildung einen anderen

Ausbildungsberuf erlernt, in dem sie die bei der Polizei erhoffte Abwechslung vermissten. *Also der Berufswunsch, ich denk es kommt auch teilweise auf den Charakter an, wie man ist. Ich hab erst ne Ausbildung angefangen im Rathaus als Verwaltungsfachangestellte. Das war immer das gleiche: Büro, nach Hause, Büro, nach Hause. Und wollt dann eben doch mehr Abwechslung, wo man mehr mit Menschen zu tun hat. Dacht ich, ja die Polizei, da ist viel Action. So bin ich da hingekommen* (I /1).

F argumentiert in die gleiche Richtung: *Warum jetzt die Polizei… vielleicht Menschennähe, ich arbeite gern mit Menschen, das war ein ausschlaggebender Grund für mich, zur Polizei zu gehen. Und außerdem fand ich den Beruf echt interessant, das hat sich im Nachhinein auch so bestätigt, da gibt's keine zwei gleichen Tage bei uns, wenn wieder was geschehen ist.*

E, H und K verwirklichten sich mit dem Polizeiberuf einen **Kindheitstraum**. Ohne es genauer erklären zu können, gab es für H und K nie eine berufliche Alternative: *Ich wollt schon immer irgendwie zu Polizei, ich dachte einfach, dass das das Ding ist für mich, dass das interessant ist. Ich hab auch, um ehrlich zu sein, als kleines Kind schon immer geträumt von Streifenwägen etcetera, also das wollt ich auf Deutsch schon immer* (H).

Neben den genannten Motiven gibt es bei den Befragten eine Reihe von Beweggründen, die nicht unter einem Begriff zu sammeln sind; teilweise handelt es sich dabei um sekundäre Motivationen, die zusätzlich genannt werden, teilweise aber auch um die eigentlichen und einzigen Beweggründe. Darunter fallen eine gewisse Orientierungslosigkeit nach der Schule, die Erkenntnis, mit einem Universitätsstudiengang nicht das richtige gefunden zu haben und die soziale und wirtschaftliche Sicherheit des Beamtenstatus.

In der Analyse wird deutlich, dass es bei den Motiven sowohl „Push-" als auch „Pull-" Faktoren gibt, die sich in ihrer Wirkung ergänzen und bei denen nicht immer auszumachen ist, welches handlungsleitend wird. „Push"-Faktoren „schieben" und „stoßen" von einem anderen Beruf weg, „Pull"-Faktoren „ziehen" zur Polizei hin.

Betrachtet man die genannten Motive, die für die Berufswahl Polizei genannt werden, so scheint es, als würde die migrantische Herkunft keine Rolle spielen. Auch wenn es keine allgemeinen Untersuchungen zur Motivation der Berufswahl „Polizei" gibt, so kann doch angenommen werden, dass sich die Beweggründe autochtoner und migrantischer Polizisten nicht von einander unterscheiden. Dass die eigene Herkunft im Beruf von Bedeutung sein könnte, sei es, dass Probleme in irgendeiner Hinsicht auftreten, oder dass die Kenntnisse zweier Sprachen, zweier Kulturen, zweier Mentalitäten, der Deutschen und der des jeweiligen Herkunftslandes von Vorteil sein könnten, scheint kein Beweggrund für oder gegen die Berufswahl gewesen zu sein. Allerdings besteht eine wesentliche Erkenntnis doch darin, dass keinem der Befragten die eigene migrantische Herkunft je als ein Hindernis erschienen war, und dass andererseits der mögliche Vorteil, der darin liegen könnte, nicht genannt wird - vielleicht weil er selbstverständlich erscheint, vielleicht auch, weil die Befragten solche Vorteile nicht zu ihren Gunsten instrumentalisieren wollten. Die immer wieder von Seiten der Polizei und der Politik vorgebrachten Erklärungen, eine Öffnung des Staatsdienstes für Ausländer würde diesen eine Möglichkeit bieten, ihre ethnisch-kulturelle Identität, ihr Anders-Sein in den Beruf einzubringen, scheint in der Praxis keinen Niederschlag zu finden, weder in der Bewerbung dieses Berufes durch den Staat, noch in der Motivation der migrantischen Bewerber. Ob eine größere Integration von Ausländern durch die Öffnung der Polizei erreicht wird, oder ob eine weitgehend abgeschlossene Integration nicht viel mehr eine implizite Zugangsvoraussetzung ist, soll in den folgenden Kapiteln auf der Grundlage der Interviews eingehender diskutiert werden. Bleibt man streng am Text, scheint der Integrationswunsch aber jedoch kein Beweggrund oder Ziel der von mir befragten Beamten gewesen zu sein.

2.2 Reaktion auf die Berufswahl

Die Reaktion der Familie und des sozialen Umfelds auf die Berufswahl haben entscheidende Auswirkungen auf die berufliche Identität von Polizisten, zumal die allermeisten noch im Jugendalter sind, wenn sie sich für diesen Beruf entscheiden (so auch alle von mir Befragten), so dass die Familie noch eine zentrale Funktion einnimmt. Muss die Berufswahl gegen Widerstand verteidigt werden? Oder unterhalten die Polizeianwärter Unterstützung beim Übergang in diesen nicht immer einfachen Lebensabschnitt? Wird die Ablösung vom Elternhaus und dem gewohnten sozialen Umfeld zusätzlich erschwert, ist es durchaus denkbar, dass sich die Passung, das Sich-Einfinden in der neuen beruflichen Rolle verzögert, wenn nicht gar unmöglich gemacht wird. Eine dauerhafte Ablehnung des Polizeiberufs von Seiten der Eltern würde negative Auswirkungen sowohl auf den beruflichen Alltag, das berufliche Selbstverständnis und das Familienklima haben.

Fast durchweg positiv äußern sich die von mir Befragten hinsichtlich der Reaktion ihrer Eltern, wobei sich bei einigen diese positive Reaktion erst nach gewisser Zeit einstellte. Es bleibt in diesen Fällen unklar, wie der Berufseinstieg verlief und erlebt wurde.

F äußert sich als einziger nicht zu diesem Thema, die Erfahrungen der anderen sollen nachfolgend dargestellt werden.

Von unmittelbar bejahenden Reaktionen und Äußerungen der Eltern erzählen P, C, D, G, J und K.
Stellvertretend für alle dieser Kategorie soll hier D zitiert werden: *Mein Vater war immer eher richtig stolz drauf, der hat immer gesagt, „ich hab keinen Sohn gehabt, den ich zur Bundeswehr schicken konnte, jetzt hab ich ne Tochter, die's zur Polizei schafft". Und im Großen und Ganzen waren sie eigentlich schon richtig stolz drauf. Haben das immer gern erzählt und fanden das auch immer toll, mich in Uniform zu sehen und so. Fanden sie eigentlich gut. Klar, von ihren Bekanntenkreisen, auch türkisch Familien, da haben die meisten gesagt, „ist doch was Tolles, Du als Türkin hier Uniformträgerin zu sein". „Also ich hab bis jetzt immer nur Positives entgegenbekommen, was das betrifft".*
Mit anfänglichem Widerstand hatten E und I zu kämpfen. Der Protest von E's Eltern resultiert eindeutig aus dem schlechten Ansehen der Polizei im Herkunftsland: *Meine Eltern haben die Hände über dem Kopf zusammen geschlagen und haben gefragt, ob ich sie noch alle hab. In Ungarn hat die Polizei einen wahnsinnig schlechten Ruf, da sagt man, wenn man zu schlecht ist für die Müllabfuhr, dann geht man zur Polizei. Die Polizei in Ungarn, man sagt das, ich kenn mich damit nicht so aus, ich denk das hat sich jetzt seit kurz vor dem EU-Beitritt und so auch entscheidend geändert, aber die herrschende Meinung ist halt, und die lässt sich ja innerhalb von kurzer Zeit nicht umkehren, Polizisten sind korrupt, Polizisten sind dumm und, und, und, und. Meine Eltern haben natürlich gewusst, dass das in Deutschland nicht so ist, aber sie haben gesagt, „was willst du als Mädchen bei der Polizei? Was versprichst du dir davon?" Und, und, und. Ich hab gesagt, ich will das und ich mach das auch und ich war ja volljährig und da hab ich meinen Kopf durchgesetzt und meine Großeltern in Ungarn haben auch gedacht, „okay, was macht sie denn jetzt", und haben dann aber soviel Vertrauen in mich gehabt, dass sie gesagt haben, „so wie du das erklärst, okay, dann machst du's halt", wobei mir das egal war, ich hätt's auch so gemacht. Und die sind alle mittlerweile sehr, sehr, sehr stolz. Und wissen ja auch aufgrund ihrer deutschen Abstammung, die sind ja auch öfters hier, wie die Polizei hier gestellt ist vom Niveau her und vom Ansehen her in der Bevölkerung. Die sind mittlerweile sehr, sehr stolz.*
Keinen direkten Widerstand, aber auch *keine anfängliche Unterstützung* erhielt H von seinen Eltern und A von seinem Vater. Dass die Ambivalenz inzwischen ebenfalls Stolz gewichen ist, berichten beide.
Gut, meine Mutter war sehr stolz, als ich zu Polizei ging, ganz klar, weil ich dort bisschen aus dem ....[überlegt] ja, ich kann nicht sagen aus der Armut, aber vielleicht auch bisschen aus dem schlechten sozialen Umfeld hab ich den Weg geschafft, was Anständiges doch irgendwie zu machen (...). Von dem her ist meine Mutter sehr stolz, dass ich es doch entgegen allen Behauptungen von

anderen Leuten, geschafft hab, das so zu machen. Ich sag, das war eine tolle Reaktion. Mein Vater, der ist da bissle gegenteiliger Meinung gewesen, jetzt ist er mittlerweile auch stolz, weil mein Vater mit Sicherheit kein unbeschriebenes Blatt bei der Polizei war, da hab ich auch kein Problem, das irgendwo zu sagen. Es widerspricht nur dem Klischeedenken, dass es heißt, der Apfel fällt nicht weit vom Stamm. Das ist ganz und gar nicht so (A).

Ausdrücklich vom Stolz der Eltern über den Beruf ihrer Kinder berichten insgesamt A, D, E, J und K, von denen wiederum D, J und K diesen Stolz auch eindeutig in Verbindung mit ihrer Herkunft bringen: *Die meisten geben sogar damit ein bisschen an. Also mein Cousin oder meine Cousinen, die sagen das ab und zu mit Stolz, dass ich bei der Polizei bin. Weil es doch unter Spätaussiedlern immer noch ein exotischer Beruf ist, es gibt wenige Spätaussiedler, wo Polizisten sind. Deswegen vielleicht* (J). Eine vergleichbare Äußerung wurde schon weiter oben von D zitiert.

Der Stolz der Eltern, der Familien insgesamt, der in den Interviews überwiegt, drückt mehreres aus: Häufig bedeutet der Polizeiberuf den sozialen Aufstieg, die Ankunft in der Mittelschicht der Bevölkerung, im gesicherten Beamtentum, den Aufstieg in eine Schicht also, zu der keine der Familien vorher gehörte. Er bedeutet darüber hinaus die gesellschaftliche Integration, die definitive Aufnahme in das neue Vaterland. Dabei scheint es geradezu von Bedeutung zu sein, nicht wegen der migrantischen Herkunft, sondern unabhängig von ihr, vielleicht sogar trotz dieser in den Polizeidienst aufgenommen worden zu sein.

2.3 Erleben der Ausbildung

Die Originalarbeit widmet sich in diesem Kapitel den folgenden Fragen:

- Wie erleben die Befragten die Trennung vom Elternhaus, das neue soziale Umfeld?
- Wie erleben sie die Polizeikultur? Das heißt, welche Prägung erfahren sie durch den Beruf?
- Welche Rolle spielt ihre nicht-deutsche Herkunft?

Die beiden ersten Fragen beziehen sich auf einen Prozess, dem sich alle Polizeischüler zu unterziehen haben, die letzte hingegen bezieht sich konkret auf die spezifische Differenz zu den Erfahrungen der Kollegen ohne Migrationshintergrund. An dieser Stelle möchte ich nur die Ergebnisse der letzten Frage zusammenfassen.

Im Großen und Ganzen schildern alle ihre Ausbildungszeit als unproblematisch und angenehm. Diese Einschätzungen mögen zutreffen, die im Kapitel 4 untersuchten Interview-Äußerungen verweisen jedoch darauf, dass möglicherweise Verdrängung, Dissonanzreduktion, innerer Anpassungsdruck und Interviewsituation, sowie Interaktion zwischen Interviewerin und Interviewtem zu der von allen deklarierten Problemlosigkeit beigetragen haben.

Beginnen möchte ich mit einigen Aussagen, denen als gemeinsame Aussage zu entnehmen ist, was K sehr prägnant und plakativ formuliert: *Die Leute waren, also die Kollegen waren eigentlich immer wirklich okay mir gegenüber und ich hab' nie irgendwie was Negatives erlebt. Muss ich sagen, also so ein Negativerlebnis hatte ich nie.*

J kommt zum gleichen Ergebnis, allerdings liefert er eine mögliche Erklärung dafür. Jeder wusste, dass er Spätaussiedler ist, obwohl er weder am Namen noch am Aussehen oder Akzent als solcher zu identifizieren ist. Die „Flucht nach vorn" könnte im Umgang mit seinem „Stigma" also durchaus eine Strategie gewesen sein, mit der er für die nötige Akzeptanz in seiner Klasse gesorgt hatte:

Ja, Ausbildung...Ausbildung war wie bei den anderen. Ich hab da nichts Besonderes erlebt in dem Sinne. (...) Also während der Ausbildungszeit, muss ich sagen, gab's eigentlich nur positive Erlebnisse. Es war jedem bekannt, dass ich Spätaussiedler war. Und ich hatte wirklich mit niemandem Probleme, wirklich. Aus der Klasse mit niemandem, meine ganzen Lehrer waren wirklich in Ordnung. Du hast dich da als ganz normaler Schüler gefühlt, da gab's keinerlei... ja, blöde Sprüche oder so irgendwas.

Auch E gibt klar zu verstehen, dass ihr ihr ungarischer Hintergrund keinerlei Schwierigkeiten bereitete: *Mit Kollegen muss ich sagen, da hab ich sehr, sehr viel Glück gehabt, angefangen von meiner Klassenlehrerin bei der Bereitschaftspolizei, dann mit meinem... (überlegt) Bärenführer im Praktikum, bis zur Einsatzhundertschaft. Ich glaub, ich hab da wirklich einen Glücksgriff nach dem anderen gelandet, ich bin mit allen sehr, sehr gut ausgekommen, (...). Also das hätt ich zu Beginn der Ausbildung auch nicht gedacht, aber ich hab wirklich Glück gehabt. Ich hab bisher keinen Vorgesetzten gehabt, wo ich nicht das Gefühl gehabt hätte, er sei mir nicht wohl gesonnen, oder will mir was reinwürgen, oder sei arg hintenrum.*

Bemerkenswert ist diese Aussage in mehrerlei Hinsicht, vor allem wenn man sie im Kontext des gesamten Interviews betrachtet. E betont immer wieder, dass es ihr sehr wichtig sei, sich wegen anderer Leute oder des Berufes nicht verändern zu müssen. Aus diesem Grund habe sie sich speziell den Polizeiberuf ausgesucht. In obigem Zitat wird zudem deutlich, dass sie ihre Berufswahl anfangs durchaus in Bezug auf ihre Herkunft hinterfragt hatte und gewisse Probleme erwartet hatte (ebenso bzgl. ihres Nachnamens). Dass sie zum Zeitpunkt des

Interviews von sich behaupten kann: *ich geh da* [im Beruf] *voll drin auf* unterliegt ihrer Ansicht nach einer Bedingung: *man kann da schon sein wie man ist, also wenn man jetzt kein Freak ist, glaub ich, und darin aufgehen.* Sie spezifiziert nicht genauer, was sie unter einem „Freak" versteht, grenzt sich aber offensichtlich von dieser Bezeichnung ab. Sie als Person ist also mit dem Beruf und der Institution Polizei vereinbar. Widersprüchlich dazu ist ihre Äußerung, sie habe viel Glück gehabt, dass sie bislang gut mit Kollegen und Vorgesetzten ausgekommen ist. Damit nimmt sie eine eindeutig externe Attribution vor. Nicht sie selbst als Person, nicht die allgemeinen Bedingungen des Polizeiberufes, sondern Zufall und Glück sind verantwortlich dafür, dass sie keinerlei spezifischen Nachteilen, Schwierigkeiten, Herausforderungen begegnete. Implizit äußert sie also, dass sie hatte damit rechnen müssen, Pech zu haben. Keupp et al. (1999, S. 209) kategorisieren die Positionierung des Akteurs: „Psychologisch gesprochen kann sich der Erzähler ‚stark oder schwach' machen, je nachdem, wem er die Kontrolle über sich zuschreibt: Hat er was getan, oder ist mir etwas widerfahren, bin ich Akteur meiner Geschichte oder bin ich Objekt in ihr?".

3 Dienst in der geschlossenen Einheit und Streifendienst

Was hier als ein Kapitel erscheint, nimmt in der Diplomarbeit zwei separate Kapitel ein. Die meisten Erzählungen zu diesen Bereichen beziehen sich nicht auf den Migrationshintergrund der Befragten, sie sind eher allgemeiner Natur. Deswegen sollen an dieser Stelle lediglich der Grundtenor der Aussagen zusammengefasst und zwei spezifische Erlebnisse dargestellt werden.

In den Erzählungen und Auskünften zu ihrer Zeit in der Bereitschaftspolizei oder Einsatzhundertschaft überwiegen bei den Befragten (A, P, D, F, G, H) die negativen Erfahrungen und Bewertungen, wobei diese Einschätzung keinen Bezug zur spezifischen Situation der Befragten hat.

Zwar wird die Frage nach ihrer Zeit im Streifendienst nur von der Hälfte der Befragten (A, B, P, E, G, I) beantwortet, zudem sind viele der Antworten wenig ausführlich, dennoch soll auf diesen Aspekt hier kurz eingegangen werden, da er einen entscheidenden Teil der polizeilichen Sozialisation überhaupt berührt. Der stete, nahe Kontakt zu Randgruppen unserer Gesellschaft, die Anwendung von Gewalt, die Konfrontation mit dem Tod bestimmen die polizeiliche Existenz grundsätzlich, und zwar über jede gruppen- oder geschlechtsspezifische Differenz hinweg. Auch der Migrationshintergrund der Befragten ändert an dieser Erfahrung nichts, differierende Bewältigungsstrategien werden nicht sichtbar. Man darf den Schluss ziehen, dass hier in der Tat eine übergreifende, alle einbeziehende Sozialisation stattfindet, die einen Kern polizeilicher Identität ausmacht. Die Frage nach ihrer Zeit im Einzeldienst, beantworten die meisten mit Erlebnissen, die mit ihrer Herkunft zu tun haben: Situationen, die durch den Einsatz ihrer Zweisprachigkeit geprägt wurden, Probleme und Vorteile, die daraus resultierten. Da diese Erlebnisse, die von so vielen in Übereinstimmung erzählt werden, für meine Forschungsfrage, die berufliche Identität von Polizisten mit Migrationshintergrund, aber eine herausragende Rolle spielen, habe ich sie aus dem chronologischen Zusammenhang herausgegriffen und in gesonderten Kapiteln dargestellt, um sie genauer beleuchten zu können.

Die wenigen Erlebnisse, die unmittelbar mit der Herkunft zu tun haben, sind allerdings nicht minder aussagekräftig und interessant, weshalb ich diese nicht in der Zweisprachigkeit begründeten Erfahrungen an dieser Stelle anbringen, dokumentieren und diskutieren möchte.

3.1 Nicht-deutsche Herkunft als Exkulpation von historischer Last

C und E erzählen jeweils ein sehr ähnliches Erlebnis. Sie werden beide während ihrer Arbeit vom polizeilichen Gegenüber als Nazis beschimpft – C von linksextremen Demonstranten, E von Ausländern. Sie werden von dieser Situation fraglos als deutsche Polizisten wahrgenommen; die Polizeiuniform und das polizeiliche Handeln dominieren in beiden Fällen die Wahrnehmung. Auch eine äußerlich sichtbare migrantische Herkunft (wie es weder bei C noch E der Fall ist) hätte daran wohl nichts geändert.

C war als Einsatzbeamter auf einer Rechts-Links-Demonstration eingesetzt, als ihm folgendes Erlebnis widerfährt:

Mich hat plötzlich einer [der Linken] angeschrieen, ich wär ein Nazi, weil ich die [Anhänger der NPD] beschütz. Normalerweise stellt man ja keine Verbindung her mit den ganzen Leuten, als Polizeikette soll man gucken, dass nix durchkommt und gut. Und dann hab ich eben nachfragen müssen, ob er mich gemeint hat. Sagt er, „ja, ja, du, du, du bist ein Nazi, du beschützt die Rechten". Und da hat natürlich die ganze Polizeikette das mitgekriegt und da haben sie erstmal gelacht, weil sie gar nicht verstehen können, wie der jetzt darauf kommt, grad bei mir, mich als Nazi zu beschimpfen. Das hat ihn natürlich noch wütender gemacht, dass die Polizei jetzt über ihn lacht, er wusste ja gar nicht die Zusammenhänge. Das ist eine Geschichte, die wird immer wieder erzählt, wenn wir uns ab und zu treffen oder wenn wir uns zufällig begegnen: „Weißt du noch in [Stadt], als der eine dich als Nazi..." Das sind so Sachen, als Deutscher denkt man sich eben, man muss sich da jetzt rechtfertigen oder man fühlt sich doch getroffen, wenn man als Nazi beschimpft wird, wenn man seinen Dienst macht. Aber ich muss sagen, mich hat's eben nur amüsiert. E kann sich nicht darüber amüsieren, wenn sie von ausländischen Mitbürgern als „Nazibulle" beschimpft wird, sie ärgert sich darüber, was auch an ihrer eher autoritären Reaktion deutlich wird: *Was mich eher geärgert hat, wenn man irgendeinen ausländischen Mitbürger festgenommen hat und verhört hat und die dann angefangen haben, rumzubrüllen, „ihr Nazibullen", (...) Und da konnt ich mir's teilweise nicht verkneifen, ihm zu sagen, „hör mal zu, also deutscher Abstammung bin **ich** auch nicht. Du solltest vielleicht eher gucken, dass du den Rand hältst mit so unqualifizierten Bemerkungen, sonst zeig ich dich an wegen Beleidigung, wenn das so weitergeht".*

Der Reaktion liegt in beiden Fällen die unausgesprochene Annahme zugrunde, der Nazi-Vorwurf könne nur einen autochthonen Deutschen treffen, sei also in beiden Fällen von vornherein unsinnig. Dennoch ist die Reaktion höchst unterschiedlich. Während die Kollegen von C durch ihr Lachen zwar nicht für den Absender des Vorwurfs, so doch aber umso mehr für C die Situation entspannen - für sie alle ist klar, dass dieser Vorwurf völlig ungerechtfertigt ist -, muss E selbst aktiv werden. Dazu nützt sie ihre Autoritätsstellung als Polizistin aus. Dass sie sich wegen der durchaus teil-faschistischen Vergangenheit Ungarns vielleicht doch von diesem Vorwurf betroffen fühlt und ihn deshalb mit allen ihr zur Verfügung stehenden Mitteln von sich weist, ist nicht zu vermuten. Sie liefert mit ihrer Aussage eine recht eindeutige Assoziation zwischen den Begriffen „Nazi" und „deutsch", von der sie sich ja abgrenzt.

Trotz ihrer unterschiedlichen Reaktionen und damit verbundenen Emotionen, Belustigung bei C und Ärger bei E, ist eindeutig, dass sie in diesen Situationen völlig und ausschließlich als Vertreter der Institution Polizei gesehen werden, sie werden von außen völlig mit ihrer Rolle identifiziert und sind in diesem Moment so Deutsch wie vermutlich nie zuvor: sie werden als Nazis bezeichnet. Dass das Selbstbild der Beamten ein anderes ist, zeigen die Reaktionen.

Weshalb man sich als autochthon deutscher Polizist vom Nazi-Vorwurf getroffen fühlen könnte, soll hier nicht explizit erörtert werden, es hat wohl mit einem unausgesprochenen Bewusstsein von Kollektivschuld, Kollektivverantwortung zu tun. Die migrantische Herkunft beider Beamter, die üblicherweise im Dienst außen vor bleibt, wird hier zum Vorteil und deshalb auch benannt – von C direkt, von E indirekt.

4 Sprüche

Wie in den beiden vorangegangenen Kapiteln ausführlich dargestellt, ist eine grundlegende Aussage aller Befragten, dass es hinsichtlich ihrer Stellung als Polizist mit Migrationshintergrund keine Probleme gibt. Trotzdem erzählen acht von den zwölf Beamten[3], ohne dass ich gezielt danach gefragt hätte, von Sprüchen und Kommentaren ihrer Kollegen, die sich eindeutig auf ihre Herkunft beziehen. Am häufigsten sind diese Erlebnisse im Rahmen der Ausbildung oder der geschlossenen Einsatzeinheit, was sicherlich damit zu tun hat, dass sich dort Gruppendynamiken wesentlich leichter entwickeln können, und somit eine Grundlage für abwertende Sprüche und Kommentare geschaffen wird.

Ich möchte das Phänomen zuerst darstellen und auf die Bewertung, Betroffenheit und die gewählten Strategien der Polizisten eingehen, um im Anschluss die Bedeutung für die berufliche Identität zu diskutieren.

4.1 Das Phänomen

Zwei Kategorien von Sprüchen und Kommentaren werden von den Betroffenen genannt.

Zum einen beziehen sie sich auf *gängige Klischees, Stereotype und Vorurteile* über bestimmte Nationalitäten. Dies trifft bei A, E, I und J zu.

Dass Polen dem Klischee nach stehlen, musste sich beispielsweise A anhören: *Es war aber dann auch so, dass ...., ja, aufgrund dieser Ausländer...geschichte, man wird ja auch einfach in der Polizeiausbildung, also wurde zu mir schon oft gesagt „du Pole", es wurde schon oft gesagt, „der Pole kommt, tut's euer Zeug weg" oder so.*

Bei der zweiten Form der Sprüche werden die Betroffenen pauschal mit *kriminellem Verhalten ihrer Landsleute in Verbindung gebracht, ohne dass* ein gängiges Klischee bedient wird (D, H und K). Die Formulierung „dein Landsmann" wird von D und H genannt: *Wenn halt irgendwas war, „dein Landsmann halt". Und lauter so Sachen, die mich eigentlich weiter nicht interessiert haben, aber man hat mich immer in Verbindung damit gesetzt. Wo's dann immer hieß, ja „die Türken halt wieder", oder „Guck, Dein Landsmann halt wieder" und was weiß ich* (D).

---

[3] Keine Erwähnung findet dieses Problem bei B, C, F und G. Bei B und G könnte eine darin Erklärung liegen, dass ihre migrantische Herkunft nicht durch Name oder Äußeres erkennbar wird.

4.2 Bewertung und Betroffenheit

Die Bewertung der Sprüche ist ausschlaggebend für den Grad der Betroffenheit und ist als einer von mehreren Faktoren mitbestimmend bei der Wahl der Bewältigungsstrategie.
Die oben dargestellten Sprüche der Kollegen werden fast durchweg als *scherzhaft* (P), *eben alles nur Spaß, auf Spaßbasis* (I), *nie bös gemeint* (D) bewertet, weswegen die Befragten sich davon auch nicht all zu sehr betroffen sehen. Die Äußerungen richten sich ihrer Meinung nach nicht ernsthaft gegen ihre Person. *Mir macht das eigentlich nichts aus*, sagt P. D drückt ihre geringe Betroffenheit so aus: *interessiert mich [das] auch nicht, was die da reden, ich bin jetzt nicht irgendwie so ein super Nationalstolz, dass mich das irgendwie belangt* und K sagt schlicht *das betrifft mich auch überhaupt nicht..., überhaupt nicht*.
Dass solche beleidigenden Äußerungen aber doch nicht völlig ohne Wirkung bei den nicht-deutschen Polizisten bleiben, zeigen die Bewertungen von A, P, H und J.
...mach ich mal selber auch nen Scherz drüber, **jetzt**, *aber* **damals** *war es zum Teil schon ein bissle heftig* (A). Auch H sagt: *Das hat mich paar Mal gestört* und auf die Frage nach seiner Betroffenheit gibt J zu: *Getroffen... schon*.
P, der zwar einerseits von sich behauptet, dass es ihm nichts ausmache, das Ziel von Sprüchen und Spitznamen zu sein, offenbart aber im gleichen Abschnitt: *Und das, was ich mir auch öfters hab anhören müssen, war recht scherzhaft, aber wenn man das über Jahre hin anhört, ist es eigentlich auch--, kann's Dich auch bissle bedrücken. (...) Ja, da hat man halt immer irgendwie das Gefühl, dass man halt..., nicht ausgegrenzt wird, aber vielleicht ähm... man ist halt anders. Also ich find's zwar jetzt positiv, dass ich anders bin, aber...* (P).
Hier klingt schon die Ambivalenz an, die P und mit ihm sicher auch viele andere Polizisten mit Migrationshintergrund empfinden. Sein Anders-Sein bewertet er zwar grundsätzlich positiv, zahlt dafür aber den Preis der Ausgrenzung.
Ob die Bewertungen der Betroffenen, welche dazu neigen die Sprüche leichthin als Spaß abzutun wirklich ehrlich sind, darf angezweifelt werden. Dass sie als Stressoren wahrgenommen werden, zeigen einige Äußerungen klar an. Zwar mag die Einschätzung als Spaß durchaus die Intention der Urheber dieser Sprüche treffen, sie sagt aber doch wenig über ihre Wirkung aus. Im Grunde enthält die Beurteilung ein mögliche Strategie mit solchen beleidigenden Sprüche umzugehen, nämlich mitzulachen statt nachzufragen und Vorurteile zu thematisieren.

4.3 Strategien

Alle Befragten außer I äußern sich dazu, wie sie mit den oben geschilderten Sprüchen umgehen. Ihre Strategien lassen sich unterscheiden in passive und aktive Vorgehensweisen.
Passive Strategien sind dadurch gekennzeichnet, dass die Betroffenen nicht direkt auf die Konfrontation reagieren. Sie haben kognitions- und emotionsbezogene, also intrapsychische Bewältigungsmethoden gewählt. Bei P *geht das gleich zum einen Ohr rein und zum anderen Ohr raus*, das heißt, er versucht die entsprechenden Äußerungen weitestgehend zu ignorieren. Nicht-Beachtung dürfte auch das Mittel sein, das A gewählt hat, wenn er sagt, *man steht da drüber...* Er verbessert sich aber nach kurzer Bedenkzeit: *Man lernt da drüber zu stehen.* Dass diese Umgangsweise des Ignorierens eines Lernprozesses bedarf, weiß auch D, wenn sie ihren Grad der Betroffenheit und ihre Art der Handhabung dazu schildert: *Das sind dann halt so gewisse Dinge, die man einfach zu spüren kriegt... Wo ich jetzt sag, ich hab gelernt, damit umzugehen.*

D, H und K wird seitens ihrer Kollegen immer die angebliche Kriminalität oder zumindest das normabweichende Verhalten ihrer türkischen Landsleute unterstellt. Sie haben alle drei eine Methode der Abgrenzung gewählt. Alle drei distanzieren sich von ihren Landsleuten. K äußerst das in sehr drastischen Worten: *Ich muss ganz ehrlich sagen, also manche Türken verdienen es, dass man das [„Scheiß Türken"] über die sagt, ganz ehrlich.* Diese entschiedene Ablehnung verdeutlicht, wie sehr K sich nicht nur in ihrem Verhalten und in ihrer Lebensgestaltung, sondern auch emotional abgrenzt und ihre Zugehörigkeit zur deutschen Gesellschaft gleichsam beschwört. Etwas abgeschwächt formuliert es D, die damit auch eine Erklärung dafür findet, dass die Gleichstellung ihrer Person mit kriminellen Landsleuten sie nicht emotional trifft: *Ich hab auch immer gesagt, die Leute, die wir da auf der Straße haben, auf die bin ich nicht stolz. Ich schäm mich genauso, zu sagen, dass der aus dem gleichen Land wie ich kommt. Da bin ich mit Sicherheit nicht stolz drauf, deswegen hat mich das wahrscheinlich auch nie so berührt.*

H hingegen grenzt sich in einer anderen Weise von polizeilich auffälligen Türken ab. Er wertet nicht die türkischen Bürger in Deutschland, sondern seine Kollegen ab, die ihn immer wieder auf seine Landsleute hinweisen: *Ich bin für mich selbst verantwortlich und nicht für irgendwelche Leute, die zufällig oder auch nicht zufällig aus demselben Land kommen, wie's meine Eltern tun. Also find ich totaler Schwachsinn, so was zu sagen.*

Es wird nicht klar, ob diese Abgrenzung von den eigenen Landsleuten von den Befragten auch kommuniziert wird. Sollte das der Fall sein, wandelt sich diese ursprünglich passive Strategie natürlich in eine aktive. Inwieweit dies tatsächlich geschieht, kann ich aus meiner Kenntnis der Personen nur mutmaßen. Eine sehr kognitive Verarbeitungsstrategie wählen D und J. Sie finden eine logische Erklärung dafür, warum sie stellvertretend für ihre Landsleute herabgesetzt werden. *Wobei das teilweise verständlich ist, weil doch eine gewisse Zeitspanne war da, wo einfach viel Kriminalität durch Spätaussiedler verursacht wurde, und die meisten Kollegen privat eigentlich keine Spätaussiedler kannten, und sich deswegen da das Negativbild geprägt hatte, sag ich mal* (J). Die Ausländerkriminalität sei nun mal so hoch, dass eine Übertragung auf sie nahe liegend ist. Eine Erklärung für das diskriminierende Verhalten ihrer Kollegen zu haben und es somit „teilweise verständlich" zu machen, erleichtert D und J den Umgang damit, sie rationalisieren das Verhalten ihrer Kollegen.

Einen gänzlich anderen Erklärungsansatz wählt P, der damit aber zum gleichen Ergebnis kommt: die Situation wird für ihn tolerierbar. Er sieht das Phänomen der Sprüche und Kommentare als ein Polizeispezifikum, es entsteht durch die polizeiliche Subkultur: *Und das ist bei der Polizei jetzt immer so, wenn du nicht grad einen ausländischen Namen hast oder ausländisch aussiehst, dann finden sie irgendwas anderes, ja. Und das zielt dann öfters vielleicht mal ins Persönliche als das, was mir jetzt sozusagen widerfahren ist. Also in einen Bereich, wo „der kann nichts", oder so. Find ich eigentlich schlimmer wie jetzt... Ich sag mal jeder Mensch, wenn man den eine Weile kennt, dann merkt man halt auch seine Fehler oder seine Vorlieben und das ist auch ganz normal, dass man sich da irgendwie was anhören muss. Ich denk mal, das ist normal im Leben, in dem Berufszweig.* Durch diese implizite Theorie über die Entstehung von abwertenden Kommentaren der Polizeikollegen trennt P eben diese Äußerungen inhaltlich von seiner Nationalität. Sie könnten sich ebenso gut auf etwas anderes beziehen, bei ihm biete sich die Kategorie Ethnizität nur geradezu an. Er rückt sogar noch weiter von den Inhalten der Sprüche ab, indem er betont, es würde ihm weitaus mehr ausmachen, wenn man ihn aufgrund seiner Leistungen herabwürdigen würde. Solange die Sprüche nicht ihn als Person treffen, sondern ihn als Teil einer Bevölkerungsgruppe, kann er damit leben.

Aktive Strategien im Umgang mit beleidigenden Sprüchen wenden A, P und E an.

Humor ist dabei eine Methode. P *lach[e] selber auch mit drüber* und A bekräftigt ebenfalls: *...mach ich mal selber auch nen Scherz drüber.* Er geht in seiner Selbstironie sogar noch einen Schritt weiter und bringt seine familiären Verhältnisse, genauer gesagt das Verhalten seines Vaters gezielt zur Sprache: *Ich sag auch, „mein Vater ist bei der Polizei gewesen", dann fragen sie, „wo war er denn?", dann sag ich, „in der Ausnüchterungszelle". So was muss man halt einfach mal erzählen, um das ein bissle runterzuspielen.* Indem er selbst das

Stereotyp als Scherz thematisiert, kann es von den Kollegen kaum mehr als ernsthafter Vorwurf formuliert werden. P ergreift eher eine Gegenmaßnahme, wenn er mit Sprüchen oder Spitznamen beleidigt wird: *Oder reiß dann auch nen anderen Witz, wo ich die betroffene Person dann auch mit einbeziehe... wenn man da gute Antworten parat hat und denen auch Contra gibt, dann...dann ist das eigentlich okay [lacht kurz].* P scheint also je nach Situation zu reagieren. Bietet sich die Gelegenheit, versucht er sich durch Schlagfertigkeit zu wehren, ansonsten wählt er die Strategie der Nichtbeachtung. Dass für diese direkte Handlung als Antwort auf eine erlittene Diskriminierung aber Spontaneität, Wortgewandtheit und Schlagfertigkeit Voraussetzung sind, stellt P selbst fest. Es werden also zwei Dinge klar: bei der Wahl einer aktiven Bewältigungsform muss sich der Betroffene als Person viel mehr einbringen als bei einer passiven Strategie. Das erfordert gewisse Kompetenzen und ein hohes Maß an Selbstsicherheit. Sicherheit, mit der angewandten Strategie auch den gewünschten Erfolg zu erzielen, denn Misserfolg würde die Demütigung nur weiter verstärken. Daraus lässt sich ableiten, dass die Wahl der Copingstrategien von verschiedenen Faktoren abhängt. Sie sind nicht nur abhängig von situativen Faktoren des Reizes (also der beleidigenden Kommentare der Kollegen), sondern auch in hohem Maße von intrapersonalen Faktoren wie Attributionsstil, Bildungsgrad und Kompetenzerwartung.

Ich möchte abschließend ein letztes Beispiel einer meines Erachtens sehr drastischen Bewältigungsform darstellen. E schildert das Phänomen und ihre Art der Reaktion:

Natürlich gibt's da Vorurteile von Männern dann, „aha, mhm, die Ungarinnen, jaja", gerade mit dem Hintergrund, was man im Kopf hat, okay Dezernat Prostitution. Aber ich glaub, wenn man sich da durchsetzen kann und wenn sie sehen, dass ich familiär auch sehr, sag ich mal, gefestigt bin, ich hab ja meinen Freund, und dann ist das in Ordnung, kann man sich da durchsetzen..

Um dem Vorwurf, der klischeehaften Verbindung von Ungarin und Prostitution zu begegnen, sieht sich E genötigt, ihre eigene familiäre Situation zu demonstrieren. Sie muss öffentlich das Gegenteil des Klischees zeigen: sie hat einen Freund, mit dem sie auch zusammenwohnt, sie ist also „familiär sehr (…) gefestigt". Wenn man bedenkt, dass E immer wieder betont, wie wichtig ihr die strikte Trennung von Beruf und privaten Angelegenheiten ist, so muss man diesen Akt der privaten Öffnung als eine erzwungene Grenzverletzung betrachten, die E aber gezielt vornimmt, um sich von dem Klischee abzugrenzen.

4.4 Diskussion

Aber ich muss trotz alledem sagen, das hab ich eigentlich überall erlebt (...), dass du immer in Verbindung damit gesetzt wirst (D). Mit dieser Aussage liefert D eine gute Zusammenfassung dieses Kapitels. Die nicht-deutsche Herkunft wird in fast allen Fällen von den deutschen Kollegen zum Anlass genommen für herablassende Sprüche, Kommentare, Beleidigungen, die im Grunde ständig kleine Angriffe auf die betroffene Person darstellen, mit denen es umzugehen gilt.

P's Einstellung, *das muss man eigentlich schon auch mehr oder weniger verkraften können, denk ich jetzt*, könnte daher kommen, dass er das Phänomen als typisch für den Beruf bzw. die Organisation der Polizei ansieht. Sie zeugt jedoch auch von einer großen Passivität, einer Resignation, die auch bei J anklingt, wenn er sagt: *Na irgendwann ist es einem egal... Irgendwann ist es dir egal, weil du kannst es nicht verhindern, es wird immer die Leute geben, wo da gewisse Vorurteile haben, negativ über so was denken*. Der exakt gleiche Tenor ist auch bei E rauszuhören: *Und paar Deppen, die gibt's ja überall*.

Stammt diese Resignation aus einem schon lange geführten Kampf zur Bewahrung der eigenen Persönlichkeit, der eigenen (ethnisch-kulturellen) Identität, der letztendlich als nicht zu gewinnen erkannt wird? Wie viel Energie, wie viel Kraftaufwand ist zur Bewältigung dieser stressauslösenden Situationen nötig, sei es durch aktive oder passive Strategien? Diese Frage ist wohl nicht allgemein quantitativ, sondern für jede Person individuell zu beantworten. Offensichtlich ist aber, dass die dafür notwendige Energie an einer Stelle abgezogen wird, die die Polizei als Institution direkt betrifft: Im polizeilichen Alltag, bei der polizeilichen Arbeit. Vielleicht machen sich die Auswirkungen dieser täglichen kleinen Stressoren auch erst im Privatleben der betroffenen Beamten bemerkbar. Es kann wohl aber von einer Interaktion dieser beiden Lebensbereiche ausgegangen werden, so dass eine Rückwirkung auf die Arbeit anzunehmen ist. „Erst unbedingte Anerkennung der Persönlichkeit garantiert optimales Wohlbefinden und optimales Einbringen der gesamten Potentiale in die Tätigkeit" (Franzke, 2003, S. 298).

5 Zweisprachigkeit im Beruf

Die Zweisprachigkeit ist oftmals das einzige offensichtliche und vor allem hervorstechende Merkmal, in dem sich die Polizisten mit Migrationshintergrund von ihren deutschen Kollegen unterscheiden. Diejenigen von ihnen, die mit einem ausländischen Pass bei der Polizei eingestellt wurden, verpflichteten sich bei der Bewerbung, dass sie für Übersetzungen und Dolmeschertätigkeiten zur

Verfügung stehen. Da inzwischen alle Befragten die deutsche Staatsbürgerschaft haben, ist diese Verpflichtung nicht mehr bindend. Dennoch findet die Kenntnis ihrer Herkunftssprache in verschiedensten Bereichen ihre Anwendung:

- **Dolmetschertätigkeiten** werden angefordert von offizieller (LKA, Kripo) und inoffizieller Seite (Kollegen).
- Für bestimmte **Ermittlungen** werden gezielt Beamte mit dem jeweiligen ausländischen Hintergrund eingesetzt.
- Bei Kontrollen und ähnlichen **beruflichen Alltagssituationen** im Kontakt mit ausländischen Bürgern wirkt sich Zweisprachigkeit unvorhergesehen und ungeplant vorteilhaft aus.

Unabhängig davon und neben diesen drei Kategorien gibt es den Vorzug des unbeabsichtigten, unbemerkten Mithörens.

Ich möchte sowohl Beispiele der einzelnen Verwendungssituationen darstellen, wie auch auf die Bewertung und damit verbundenen Einstellungen der Befragten eingehen.

5.1 Dolmetschertätigkeiten

B, E, F, G, H, I, J und K konnten ihre Zweisprachigkeit im Rahmen **offiziell angefragter Dolmetschertätigkeiten** verwenden. Als offizielle Anfragen definiere ich Anfragen, die vom Landeskriminalamt, einem Dezernat der Kriminalpolizei oder anderen Einheiten der Polizei gestellt werden (in Abgrenzung zu inoffiziellen Anfragen von Kollegen, die meist zwischen Tür und Angel stattfinden). Es handelt sich um singuläre Tätigkeiten, die Polizisten werden also nicht vollständig in den Ermittlungsprozess miteinbezogen. Die immer wieder genannte Begründung ist, dass dadurch Dolmetscherkosten, die für einen staatlich vereidigten Dolmetscher anfallen würden, gespart werden können. Des Weiteren würde einem solchen Dolmetscher von außerhalb das polizeiliche Hintergrundwissen fehlen.

B, G, I und J erwähnen, das sie unter anderem bei der Auswertung von Telefonüberwachungen behilflich waren. Ab und zu mal, früher für die Kriminalpolizei, wenn die ne Telefonüberwachung hatte, um Dolmetscherkosten zu sparen, bin ich mal kurz hoch, hab rein gehört und gesagt, „das und das läuft, das haben die abgesprochen" (B).

Dass das kriminalistische Wissen und die daraus resultierende polizeiliche Vorgehensweise bei einer Vernehmung eine entscheidende Rolle spielen kann, führt J sehr präzise aus:

Ich werd zum Beispiel sehr gerne zu Vernehmungen genommen, weil du musst dir jetzt vorstellen, wenn du einen Beschuldigten vor dir hast, der muss jetzt vernommen werden. Wenn das ganze natürlich durch einen Dolmetscher geschieht, dann fehlt dieser subjektive Bereich, diese Einflussnahme auf diese Person, weil es einfach durch eine dritte Person geht, durch den Dolmetscher, und du diesen Effekt nicht mehr hast. Du kannst bei der Vernehmung subjektiv nicht mehr arbeiten. Du kannst ihn zwar objektiv fragen und er wird dir objektiv darauf antworten, aber du kannst in dem Sinne keinen Einfluss mehr auf die Person nehmen. Weshalb eine Vernehmung in der Muttersprache einfach immer erfolgreicher ist. Und das nächste ist auch noch, Dolmetscher sind in der Regel gut, da kann man nichts sagen, aber Dolmetscher kennen sich einfach nicht im rechtlichen Bereich aus. Und die wissen teilweise nicht, auf welche Tatbestände des Strafgesetzbuches oder eines anderen Gesetzes, auf welche Tatbestände es da ankommt. Weshalb sie teilweise so übersetzen, dass sie zwar meinen, dass sie richtig übersetzen, und es ist eigentlich auch richtig übersetzt, aber die russische Sprache kann auch so gestaltet werden, dass man, ja, wie soll man das erklären, dass man da was sagt, aber es ein bisschen anders meint. Das ist ein bisschen schwer zu erklären. Da muss man ganz genau aufpassen, ganz genau vernehmen. Da können zwei, drei Worte schon viel ausmachen, das kann den Tatbestand komplett verändern. Das kann sich negativ für den Beschuldigten auswirken, oder die Polizei hat dann einfach nicht--, die Vernehmung führt dann nicht zu dem Ziel, das man ursprünglich hatte. Das kann passieren durchaus, bei der Vernehmung mit einem Dolmetscher. Weshalb dann... durch einen Beamten, der die Sprache beherrscht, das ist jetzt egal, welche Sprache, es ist dann einfach besser, man kriegt mehr raus aus den Leuten.

Diesen hier so klar benannten Vorteilen für die Polizei stehen aber auch Nachteile für die beteiligten Beamten gegenüber. In aller Regel ist ein weit über die Dienstzeit hinausgehendes zeitliches Engagement erforderlich.

Viel häufiger als auf offizielle Anforderungen, helfen die zweisprachigen Beamten bei **kollegialen Anfragen**. Ist es bekannt, dass beispielsweise ein türkisch-, italienisch- oder kroatischsprachiger Kollege auf dem Revier ist, werden seine Übersetzungsdienste oftmals kurzfristig erbeten. Es ist davon auszugehen, dass alle zweisprachigen Kollegen schon dahingehend angesprochen wurden, konkret in ihren Interviews erzählen es P, C, D, E, H, I und J. Meistens sind es Anliegen folgender Art: *...dass viele Kollegen auch auf mich zurückgekommen sind und gesagt haben, „kannst du mal schnell dolmetschen"* (D), *oder es heißt „I, da ist eine Familienstreitigkeit, die versteht kein Deutsch" oder „Ich hab hier einen kontrolliert, der versteht mich nicht, komm doch und übersetz mal"* (I).

Das so genannte dienstliche Bedürfnis, dem die Polizisten mit ihrer Zweisprachigkeit nachkommen, wird ihnen nicht selten auch in ihrer Freizeit abverlangt. Das berichten P, C, E.

Ich hatte frei, ich war daheim und, (...) da ruft ein Kollege an und fragt, ob ich geschwind übersetzen kann am Telefon, und er hat einen türkischen Beschuldigten, der keinen Pass hat. Und er meint, er versteht kein Deutsch, und da hab ich jetzt zum Beispiel von hier aus am Telefon übersetzt. Das wird im Normalfall eben nicht so sein, wenn ich jetzt die Sprache nicht könnte. Also es wird schon sehr genutzt, wenn man solche Kollegen im Kreis hat bei der Polizei. Das find ich auch okay (C).

Es scheint C nicht zu stören, auch in seiner Freizeit, für die Polizei zur Verfügung zu stehen. Den grundsätzlich positiven Tenor kann H nicht unterstützen. Er möchte nicht auf seine Landsleute fokussiert eingesetzt werden. Ein Grund dafür ist vermutlich, dies ergibt sich aus dem Gesamtzusammenhang seines Interviews, dass er die polizeiliche Zusammenarbeit mit Türken oft als umständlich und unsachlich empfindet und deswegen nicht besonders schätzt.

Was ich negativ fand, ist, dass manchen Kollegen, immer wenn Türken rein kamen, was bei uns sehr oft der Fall war, also in die Wache kamen, dass die die wohl mir abdrücken wollten. Im Sinne, das sind deine Landsleute, kümmer dich mal drum. Was ich eigentlich nicht richtig fand, wogegen ich mich auch teilweise gewehrt hab. Außer halt, wie gesagt, die konnten kein Deutsch, dann ist klar, dass ich das mach, damit hab ich auch überhaupt keine Probleme. Aber zu denken, jeder, der irgendwie türkischer Abstammung oder Türke ist, der da in die Wache kommt, das ist jetzt meine Sache, das war eher negativ. Wobei ich auch sagen muss, es gab auch genug Türken, die von mit gehört hatten, und dann zu mir kommen wollten, weil sie eben vielleicht sprachliche Probleme hatten oder aber auch dachten, ich kann ihnen helfen.

Bewusst oder unbewusst könnte für H's kritische Stellungnahme auch das spezifisch migrantische Rollen- und Identitätsverständnis Ursache sein: Er sieht sich im Dienst in erster Linie als Polizist, und mit der Polizistenrolle ist eher seine deutsche Identität verbunden, weniger die türkische. Diese Trennung zu verwischen, versucht er zu vermeiden. Ausnahmen akzeptiert er nur bei unbedingter dienstlicher Erfordernis.

5.2 Ermittlungen

In längerfristige kriminalpolizeiliche Ermittlungen wurden C und J eingebunden, da in diesen Fällen gezielt Beamte mit türkischem bzw. russischem Hintergrund benötigt wurden. Die alleinige Sprachkompetenz reichte nicht aus, die Kenntnis der jeweiligen Kultur und Mentalität und dazu das kriminalistische Wissen waren erforderlich. C schildert seinen Fall genauer:

Die haben türkischstämmige Kollegen gesucht, weil sie Ermittlungen hatten mit--, in einem Mordfall, wo der Beschuldigte eben Türke war und das Opfer auch, also das war ne Ehrensache, ich sag, kein Ehrenmord. Aber es waren verschiedene Streitigkeiten, wo eben dann mit diesem Tötungsdelikt geendet hat. Und da haben sie türkische Kollegen gesucht in erster Line als Dolmetscher, aber natürlich auch Kollegen, weil sie auf die Unterstützung gehofft haben (...). Da war ich dann vier Wochen, das war eine interessante Tätigkeit, weil man eben auch voll und ganz das genutzt hat, dass man eben die Sprache kann, das übersetzen kann, auch manche Sachen versteht, die die Kollegen jetzt nicht unbedingt verstehen von der Mentalität her oder von... ich sag mal von der Familienzusammenstellung her. Das ging relativ weit in die Familienkreise rein beim Beschuldigten bis in die Türkei sogar. Das war sehr interessant.

In C's Erzählung wird sehr deutlich, wie sehr er es genießt, seine speziellen Fähigkeiten, die Beherrschung einer Fremdsprache und die Kenntnis einer ethnisch und kulturell anderen Gruppe, einbringen zu können. Selbstwertgefühl, Selbstanerkennung und Motivation sind deutlich höher, als wenn lediglich Übersetzungsdienste von ihm benötigt werden. Dies liegt natürlich daran, dass bloße Übersetzung doch weitgehend Dolmetschertätigkeit und nur teilweise Polizeitätigkeit ist. Noch viel mehr aber rührt diese Befriedigung aus dem Umstand, dass hier die Rolle als deutscher Polizist und Türke zusammenfallen, dass also die gespaltenen Teilidentitäten hier zu einer ganzheitlichen werden.

5.3 Kontrollen und andere Alltagssituationen

Ohne Ausnahme erzählen alle Befragten, dass sie während ihrer Arbeit schon in Situationen waren, in denen sie ihre zusätzlichen Sprachkenntnisse einbringen konnten, das heißt in Situationen, in denen sie nicht von Kollege oder Vorgesetzten aufgefordert wurden zu übersetzen, sondern sich ihre Sprachkompetenz in einer bestimmten Arbeitssituation ergab. Solche Situationen sind überwiegend Verkehrs- und Personenkontrollen, aber auch andere Sachverhalte aus dem Bereich der Schutzpolizei wie Hausstreitigkeiten, Ruhestörungen usw. Dabei geht es nicht nur um das aktive Sprechen, sondern auch um das passive Sprachverstehen. In vielen Situationen, bei Vernehmungen, während des Streifendienstes etc. kann es von Vorteil sein, unbemerkte Gespräche, Absprachen des polizeilichen Gegenüber mithören und verstehen zu können, solange der jeweilige Beamte seine eigene Herkunft noch nicht offenbart hat. Das Beherrschen einer zweiten Sprache wird von allen prinzipiell als Vorteil angesehen: *Also diese Alltagssituationen, Kontrollen etcetera, da hilft das arg* (B).

Zwei Beispiele, in denen trotz ihrer Unterschiedlichkeit die Zweisprachigkeit als reiner Vorteil angesehen wurde, sollen die Darstellungen dieses Kapitels vervollständigen.

D's Erzählung offenbart auch viel über ihr berufliches Selbstverständnis, über ihre Sichtweise, ihrer Rolle als Polizistin:

Ich kann mich an einen Hausstreit erinnern, da gab's auch ne türkische Familie. Frau, Mann, die ist aus der Türkei frisch gekommen, kann eigentlich kein Wort Deutsch, wurde halt permanent von ihrem Mann geschlagen und hin und her. Der haben wir dann aus der Wohnung geholfen, mit der hab ich mich intensiv wirklich unterhalten und gesprochen. Und sie hat auch gesagt, sie ist auch so gottfroh, dass sie jemanden hat, weil sie wusste auch nicht, an wen sie sich wenden soll. Grad als misshandelte Frau in dem Sinne, sie kennt das Land nicht, sie kennt die Sprache nicht und gar nix. Und dann hab ich ihr quasi diese ganzen Möglichkeiten aufgezeigt, was sie tun kann. (…) Sie hat mir auch gesagt, "ich hab mich nicht getraut zur Polizei zu gehen, weil die verstehen mich ja eh nicht, wenn ich mit denen rede". Und lauter so Sachen, da hast du wirklich gemerkt, dass ihr irgendwo ein Stein vom Herzen gefallen ist, dass sie sich jemandem anvertrauen konnte und vor allem auch, dass ihr jemand geholfen hat. Wir haben dann natürlich auch so außergewöhnliche Dinge gemacht, dass wir sogar noch mal zurück in die Wohnung sind extra, was eigentlich nicht unsere Aufgabe normalerweise ist. Aber wir haben ihr dann Schutz geboten, dass sie ihre Sachen rausholen kann etcetera. Das waren jetzt alles so Gefälligkeiten, wo wir eigentlich nicht normal dafür zuständig wären. Aber ich denk mal, es darf halt nie das Menschliche fehlen und wenn du in deiner Position einfach mal mehr Hebel bewegen kannst, wie manch anderer, und die Möglichkeit hast, ich find, dann muss man auch mal über seinen Tellerrand drüberschauen. Nicht nur sagen, dafür bin ich nicht zuständig, sondern wenn du die Möglichkeiten hast, wieso tust du sie dann einfach nicht mal, sag ich mir halt. Und damit tu ich mir keinen Finger krumm und letztendlich ist das trotzdem mein Job und das ist ja nicht nur die Hauptaufgabe, jemanden zu verknacken oder zu jagen, sondern auch Leuten zu helfen, denk ich mal. Und für mich war's eigentlich ein beruhigendes Gefühl, ich hatte ein gutes Gewissen damit. Jetzt hast du zwar nicht viel tun müssen, aber du hast jemanden glücklich gemacht und geholfen. Das war allein halt wegen der Sprache auch. Ich denk, wenn ich die Sprache nicht gekonnt hätte, dann hätt ich da auch nicht viel bewirken können, wahrscheinlich hätt ich nie rauskriegen können, was tatsächlich vorgefallen ist oder was passiert wäre. Dass D durch ihre Sprachkenntnisse ohne großen Aufwand ihre Polizistenrolle im wahrsten Sinne des Wortes als „Freund und Helfer" erfüllen konnte, verschafft ihr große Genugtuung. Dass sie und ihr Kollege dafür über den „Tellerrand drüberschauen" mussten, also Dinge getan haben, die nicht mehr direkt in den Zuständigkeitsbereich der Polizei fallen, sondern wohl eher Aufgabe eines sozialarbeiterischen Dienstes gewesen wären, findet sie in Ordnung. Zum Ende der Erzählung stellt sie fest, dass ihre Sprachkenntnisse den positiven Ausgang des Falles überhaupt erst ermöglicht hatten. Die Anerkennung dafür erhält sie durch die Arbeit selbst, sie muss nicht von außen kommen.

Ein gänzlich anderes Rollenverständnis tritt bei folgendem Erlebnis C's zutage. Im Rahmen einer Verkehrskontrolle überprüft ein Kollege von C das Auto von drei türkischen Jugendlichen. Als C die aggressive Stimmung bemerkt, schaltet er sich ins Geschehen ein, gibt seine türkische Herkunft aber noch nicht preis:

Und irgendwann war der eine damit gar nicht einverstanden mit den ganzen Maßnahmen und hat eben nur die ganze Zeit provoziert. (...) Irgendwann hat er mich dann auf Türkisch beleidigt. Er sagt, „passen Sie mal auf", spricht dann auf Türkisch Beleidigungen aus und steigt ein und will weiterfahren. Der hat also nicht registriert, dass ich das jetzt verstanden hab. Da bin ich hin, hab gesagt, „so jetzt, aussteigen, Sie haben mich grad beleidigt". Da konnt er's gar nicht fassen, dass ich's verstanden hab. Sagt er, „wie, ich hab Sie beleidigt?" Dann hab ich's wiedergegeben und noch mal für ihn übersetzt, falls er den Zusammenhang nicht irgendwie versteht. Und da war er natürlich baff. Da hat er rumgeschrieen, „nein, nein hab ich nicht, ich hab Sie nicht beleidigt". Uneinsichtig natürlich. Dann hab ich ihn eben angezeigt wegen Beleidigung und er wurde eben zu ner Geldstrafe verdonnert. Was natürlich jetzt bei nem deutschen Kollegen--, der Kollege, der neben mir stand, wusste gar nicht, was passiert ist, wieso ich ihn jetzt raushol aus dem Auto und mit ihm anfang zu diskutieren. Hab ich gesagt, der hat mich auf Türkisch beleidigt, und da war klar, dass das auch so war. Und der hat jetzt eben gemeint, er kann die deutsche Polizei, oder den deutschen Polizisten kann er beleidigen und ins Auto und ab. Das war eben nicht der Fall und damit hat er gar nicht gerechnet. Das sind auch so Sachen, die kommen eben nicht vor, wenn man die Sprache nicht kann oder ... nur deutscher Polizist ist.

Auf zwei Punkte dieser Passage möchte ich etwas genauer eingehen. Das Rollenverständnis C's ist hier ein völlig anderes als wie es oben dargestellt wurde. Er tritt nicht als Helfer auf, der für Entlastung oder gar Wohlbefinden sorgt. Die Situation ist von Anfang an aufgeheizt, die Beleidigung durch die türkischen

Jugendlichen gibt dann noch den Ausschlag, dass C die Macht, die er in seiner Rolle als Polizist hat, voll ausnützt. Nicht nur, dass er eine Anzeige veranlasst; viel interessanter scheint mir hier zu sein, dass er den Inhalt der Beleidigung noch einmal übersetzt, „falls er den Zusammenhang nicht irgendwie versteht". Die Hybridität seiner Identitäten zeigt sich hier überdeutlich. Er verlässt die Rolle des deutschen Polizisten, in der er die Beleidigung auch hätte überhören können, und offenbart von sich aus seine türkische Identität. Diese hält er im Beruf in der Regel zurück (s. Kap. 7 „Landsmann-Phänomen"), außer sie ist von konkretem Nutzen und unbedingt erforderlich. Trotzdem bleibt er zu hundert Prozent Staatsdiener: er nimmt seinem polizeilichen Gegenüber den vermeintlichen Schlupfwinkel der fremden Sprache; eine Beleidigung wird immer geahndet, egal in welcher Sprache sie erfolgt. Mit Hilfe seiner Sprache, aber Kraft seines Amtes exekutiert er polizeiliche Macht.

Der zweite wichtige Aspekt betrifft das Verhältnis von C zu seinem Kollegen. Auch wenn dieser im Moment die Situation nicht nachvollziehen kann, wird nicht angezweifelt, dass C als Kollege richtig handelt: *Hab ich gesagt, der hat mich auf Türkisch beleidigt, **und da war klar, dass das auch so war*** (Hervorh. durch Verf.). Die mögliche Befürchtung, C könne mit seinen Landsleuten in irgendeiner Form gemeinsame Sache machen, besteht offenbar nicht. Vielleicht ist die Übersetzung der Beleidigung durch C auch ein Versuch von seiner Seite, den Kollegen wieder ins Geschehen mit einzubeziehen und ihn zum Zeugen des Vorfalls zu machen. Gleichzeitig entkräftet C damit auch etwaige Annahmen einer Soldarisierung und verdeutlicht, dass die polizeiliche Kollegialität über der gemeinsamen Nationalität steht.

5.4 Bewertung

Die Einstellungen zum Gebrauch ihrer Herkunftssprache sind bei den Befragten unterschiedlich, wobei sich die Bewertungen auf Situationen beziehen, in denen ihre Sprachkenntnisse direkt nachgefragt werden, sei es inoffiziell von Kollegen oder offiziell. Ad hoc-Einsätze der Zweisprachigkeit, wie sie im Abschnitt 6.3 geschildert wurden, unterliegen einer Besonderheit, die im folgenden Kapitel behandelt wird.

Grundsätzlich **positiv** zum Dolmetschen äußern sich P, C, E, D, G, F und K. Bei C und D wird die Einstellung zur Verwendung der türkischen Sprache im Beruf aus den dargestellten Erlebnissen deutlich. C hat nichts dagegen einzuwenden, auch von zu Hause aus eine Vernehmung zu dolmetschen. D lässt aber doch anklingen, dass es sie bisweilen stört, für die Kollegen unentgeltlich als Dolmetscherin zu fungieren. Die Überlegung, als staatlich anerkannte Dolmetscherin nebenher zu arbeiten, sieht sie als Möglichkeit, das zu vermeiden: *Dann würde das halt nicht mehr funktionieren, während dem Dienst zu sagen „mach mal kurz" oder so.* Trotz aller Hindernisse, die in der Diskussion aufgegriffen werden sollen, hat G es nie in Frage gestellt, dass er mit seinen Sprachkenntnissen die Polizei unterstützt: *Wenn ich das kann und das vielleicht auch mit ein Grund ist, dass ich eingestellt worden bin, ja, weil ich das bei der Einstellung angegeben hab, dass ich das kann, also sollt ich das auch machen. Und das mach ich dann auch gern.*

Eher **ablehnend** stehen H und I dem Thema gegenüber. H sieht zwar den Vorteil von mehrsprachigen Polizisten: *Also wenn ich das wohl zu entscheiden hätte, hätt ich das wohl auch so eingerichtet, dass ich Leute die Italienisch können, Jugoslawisch und was weiß ich noch, eingestellt hätte.* Trotzdem empfindet er nicht wie beispielsweise C und D eine Genugtuung, wenn er seine Sprache sinnvoll in den Beruf einbringen kann, es ist für ihn eher ein notwendiges Übel. Der Grund dafür ist seine kritische Einstellung seinen Landsleuten gegenüber. Im Gegensatz zu Türken seien Deutsche als polizeiliches Gegenüber deutlich angenehmer, weil sachlicher.

Ich sag mal so, wenn's komplexe Sachen waren, grade mal mit Türken, die sind halt sehr schwierig. Weil die kommen selten auf den Punkt. Also Du frägst irgendwas, dann fangen sie meistens an, was vor drei Jahren war, anstatt einfach Kernaussagen zu treffen: heut ist das und das passiert, der hat mich geschlagen, oder das, ja? Da wird dann alles Mögliche erzählt. Also es ist schwierig, sich grad mit meinen Landsleuten auseinanderzusetzen. Deswegen--, in Jubel bin ich nie verfallen, wenn ich's machen musste, aber ich hab's halt gemacht (H).

5.5 Diskussion

Wie sich zeigt, ist das „dienstliche Bedürfnis" nach Beamten mit Fremdsprachenkenntnissen tatsächlich und nicht in geringem Ausmaß gegeben. Es gibt unzählige Situationen, in denen die deutsche Sprache kaum ausreicht, um der polizeilichen Arbeit gerecht zu werden. Die oben angeführten Erlebnisse und Erzählungen sind nur einige wenige Beispiele. Auch die Bewertungen der Polizisten mit Migrationshintergrund zeigen, dass sie diesem Bedürfnis in der Regel gerne nachkommen, auch wenn es fast immer mit einem zeitlichen Mehraufwand verbunden ist, der nicht finanziell abgegolten wird.

„Hauptproblem von Polizisten und Polizistinnen ausländischer Herkunft sind nicht sie selbst, sondern die ihnen entgegengebrachten Erwartungen" (Franzke, 1999, S. 384).

Diese Erwartungen kommen einerseits von Seiten ausländischer Bevölkerungsgruppen, andererseits von den deutschen Kollegen und Vorgesetzten. Die Zweisprachigkeit vor allem, aber auch die doppelte kulturelle Kompetenz soll im polizeilichen Dienst gewinnbringend eingesetzt werden. Die Befragten nichtdeutschen Polizisten sind grundsätzlich dazu bereit, auch wenn dies häufig eine zusätzliche, kaum gewürdigte Belastung bedeutet. Die Belohnung besteht in diesem Fall in der impliziten gesellschaftlichen Anerkennung ihrer „doppelten" Identität. Diese sonst vermisste Anerkennung wiegt Mehrarbeit durch intrinsische Belohnung auf.

Wie sehr sich die Erwartungen der ausländischen Bürger von denen des Dienstherren unterscheiden, wird das folgende Kapitel zeigen.

6 Landsmann-Phänomen

J: Nachteilig ist natürlich, wenn man draußen jemanden hat und man fängt an, mit dem Russisch zu reden, dass dann die Gesprächssituation kippen kann, ja, dass dann quasi auf Landsmann gemacht wird. Dann versuchen die, nicht den Beamten vor sich zu sehen, oder wollen dir suggerieren, dass du jetzt nicht der Beamte vor ihnen bist, der jetzt den Staat vertritt und die rechtliche Seite abarbeiten muss, sondern dann wird an das Zusammengehörigkeitsgefühl appelliert, in dem Sinne, man soll doch die Leute jetzt wieder laufen lassen. Da muss man halt schon aufpassen, weshalb ich eigentlich die russische Sprache nicht gern anwende, sondern wirklich nur, wenn's sein muss. Also wenn ich seh, dass derjenige wirklich nicht versteht, worum's geht, dann wend ich's an, aber wenn ich seh, dass die einigermaßen oder relativ gut Deutsch sprechen, dann belass ich's auch bei der deutschen Sprache, also dann wird das Russische nicht angefangen... Weil das endet meistens nicht so gut, hab ich jetzt festgestellt. Weil man versucht, dann auf die Bruderschaft sozusagen-- Ich mach denen dann schon klar, dass ich jetzt als Beamter da bin. Da kommen dann so Sprüche wie, „Ach, wir sind doch Brüder", dann sag ich „Nein, ich hab meine Schwester, ich hab sonst keine Brüder mehr." Also ich mach ihnen schon klar, dass jetzt Dienst Dienst ist, dass wir jetzt nicht in Russland sind. In Russland ist so was möglich, wenn man jemanden kennt bei der Polizei, dass derjenige dann vielleicht sagt, „Gut, fahr weiter", aber hier muss man halt die Kirche im Dorf lassen, das geht bei Straftaten gar nicht, das ist klar. Da mach ich mich ja selber strafbar. Das muss man dann schon klar machen.

C: Es gibt auch Situationen, wo ich meinen Namen jetzt erstmal nicht preisgebe, wenn ich eben nicht möchte, dass das Gegenüber merkt, dass ich Türke bin oder türkischen Ursprungs bin. Weil ich eben denk, dass dann die Distanz wegfällt. Also nicht von meiner Seite aus, sondern von seiner Seite aus. Bei anderen Nationalitäten oder Deutschen, wenn die mir gegenüberstehen und irgendwas mit mir zu tun haben, dann hab ich da keine Bedenken, dann ist's auch kein Problem. Nur wenn ich merk, dass das Gegenüber jetzt Türke ist oder türkischen Ursprungs so wie ich, dann halt ich mich da zurück mit meinem Namen und nur wenn's sein muss. Weil ich eben auch weiß, dass die Mentalität auch so ist, dass man diese Distanz bei Seite schiebt, wenn man merkt, dass das ein Landsmann ist. Das ist eben so. Im Türkischen spricht man auch sehr selten die Leute mit Sie an, man geht gleich zum Du über. Da geht's schon los, dass man eben eine gewisse freundschaftliche Beziehung aufbauen will, aber da besteht von meiner Seite aus kein Interesse, weil dann würd sich einiges vermischen und das wär dann halt nimmer objektiv, wenn ich da irgendwelche Maßnahmen treffen müsst. Da guck ich eben, dass mein Name ganz zum Schluss ins Spiel kommt oder wenn er eben nachfrägt, dann hab ich auch kein Problem damit. Und wenn er eben sagt, „aaah, Sie sind auch Türke", dann sag ich, „klar, aber Amtssprache ist Deutsch, wir sprechen Deutsch, damit der Kollege das versteht" . Und versuch dann die Distanz wieder aufzubauen und aufrechtzuerhalten, was dann meistens auch klappt. (...) Das war so, wo ich sag, okay... im Endeffekt war's jetzt da auch gut, dass ich meinen Namen erst am Schluss erwähnt hab, weil sonst die Distanz gefallen wär, die wär mit Sicherheit weggefallen. Die hätten dann versucht, einen auf Kumpel zu machen. Dann steh ich eben zwischen den Stühlen und muss auf der einen Seite sagen, dass ich Polizist bin und meine Dienst jetzt mach und kontrollieren werd. Auf der anderen Seite erwarten sie dann Verständnis und sagen, „hey, du bist doch auch Türke, du verstehst das doch", (...). Also ich guck da schon, dass ich meine Identität kontrolliert preisgeb, je nach Situation.

Ganz bewusst habe ich dieses Kapitel mit zwei längeren Zitaten eingeleitet. Die Erzählungen von C und J liefern eine hervorragende Darstellung des Landsmann-Phänomens, fast alle denkbaren Gesichtspunkte werden genannt.

Ergibt sich in der täglichen Arbeit, vor allem in Kontrollsituationen, der Kontakt mit Landsleuten als polizeilichem Gegenüber, so kommt es häufig, sechs der zwölf Befragten (C, E, H, I, J K) berichten davon, zu versuchten Vereinnahmungen durch diese Landsleute. Da sich ihre Erzählungen stark hinsichtlich der Beschreibung, Erklärungsansätze, Bewertungen und ihrer Strategien ähneln, habe ich dieses Phänomen Landsmann-Phänomen genannt.

6.1 Beschreibung, Bewertung, Erklärung und Strategien

Anhand der obigen beispielhaften Zitate möchte ich das Landsmann-Phänomen und seine Bedingungen etwas genauer aufschlüsseln und dabei auch die Aussagen der anderen Interviewpartner miteinbeziehen. Abschließend sollen Überlegungen aufgestellt werden, was für Auswirkungen sich daraus für die Rollendefinition und berufliche Identität der Polizisten ergeben könnten.

Beschrieben wird das Phänomen mit einem Wegfallen der Distanz, die für die polizeiliche Arbeit nötig ist. Auf Basis der gleichen Herkunft, versuchen die Bürger, den Polizisten für sich zu gewinnen, um so, je nach Situation, Verwarnungen oder Sanktionen zu entgehen oder Hilfe in irgendeiner Form zu erhalten: *Dann kommen sie „ja, kannst du uns da helfen?" oder „kann man da nichts machen?" und, ja, dann denken sie einfach, weil ich halt auch eine Türkin bin, komm ich denen einfach ein bisschen entgegen* (K). Über den Appell an ein nationales Zusammengehörigkeitsgefühl sollen die Beamten ihrer Polizistenrolle enthoben und in die eines *Kumpels* (C), *Bruders* (J) oder *Anwalts* (H) versetzt werden.

Diese Vereinnahmungen werden von den Befragten durchweg negativ **bewertet** und (mit der Ausnahme von I, siehe weiter unten) von allen konsequent abgelehnt. *Das mach ich einfach nicht*, sagt K und auch für C ist es klar: *Da besteht von meiner Seite aus kein Interesse.* Eine ebensolche Einstellung zeigen auch E, H und J.

Die **Gründe für diese Bewertung** sind unterschiedlich. Während C befürchtet, es könne sich „einiges vermischen" und er könne dann nicht mehr objektiv arbeiten[4], legen C und H Wert darauf, dass der deutsche Kollege, *der dabei war, das auch alles mitbekommen* (H) soll. Einen weiteren Aspekt nennen H und J, der sich aus dem Legalitätsprinzip, dem die Polizei verpflichtet ist, ergibt. *Und das ist in meinem Beruf ja oftmals schwer, grad wenn jemand was falsch gemacht hat, sprich, ne Straftat begangen hat oder ne Ordnungswidrigkeit begangen hat, dann kann man dem als Polizist oft nicht helfen. (...) Es gibt ja gesetzliche Regelungen, die uns oft verpflichten als Polizist, und da kann man jetzt zum Beispiel jemandem, der ne Körperverletzung begangen hat, den muss man halt anzeigen, auch wenn das jetzt ein netter Mensch ist* (H). J erklärt mir eigens, dass er sich als Polizist sogar selbst strafbar machen würde, wenn er dem Legalitätsprinzip, das heißt der Verpflichtung, eine Straftat zu verfolgen, nicht Folge leisten würde.

---

[4] Diese Vermischung soll im Diskussionsteil dieses Kapitels ausführlicher erörtert werden, sie stellt meines Erachtens genau das Kernproblem des Landsmann-Phänomens dar.

Als **Erklärung** für die Entstehung des Landsmann-Phänomens werden zwei grundlegende Punkte angeführt. Zum einen werden die Verbrüderungsversuche auf die unterschiedliche Mentalität beispielsweise der Türken im Vergleich zu den Deutschen zurückgeführt (C, H). Deutsche seien *sachlicher* (H): *Das gibt's irgendwie bei Deutschen kaum, dass die sagen, „hey komm, lass es untern Tisch fallen". Die akzeptieren irgendwie, dass die Polizei da ist, um Straftaten zu verfolgen* (H).

Damit spricht H auch gleich die zweite Erklärung mit an. Das Autoritätsverhältnis von Bürgern und Polizei ist in den jeweiligen Herkunftsländern laut H, E und J weniger eindeutig ausgeprägt als in Deutschland. Sowohl in Russland, als auch in der Türkei könne man über private Beziehungen in der Polizei oder ein generell freundschaftliches Verhältnis Vorteile erwirken: *In der Türkei ist es ja so ähnlich, dass „hey, ich kenn den und das ist mein Cousin und das ist mein Bruder", und immer mit Beziehungen und dann passiert auch nichts. Und die denken alle oft, das kann man hier übertragen* (H).

Auch E betont, dass es für sie wichtig ist, Distanz zu wahren; dabei macht sie ihren ungarischen Landsleuten klar, dass, anders als in Ungarn, Polizisten in Ungarn nicht willkürlich handeln, nicht zu fürchten, sondern „Freund und Helfer" sind, und dass deshalb keine Notwendigkeit bestehe, die Polizei auf die eigene Seite zu ziehen: *„Hör zu, ich mach hier meinen Dienst und die Polizei ist hier nicht so wie in Ungarn, die wollen dir nur helfen"* (E).

Um die für sie notwendige Distanz von Anfang an aufrecht zu erhalten oder sie wiederherzustellen, wählen die Befragten verschiedene **Strategien**, die jedoch alle eine übergeordnete Funktion haben: die eigene Herkunft soll nicht preisgegeben werden, wenn es nicht unbedingt nötig ist. Je nach dem wird dazu der Name nicht genannt bzw. der Kollege gebeten, nicht den Namen zu nennen (C), wird die Herkunftssprache nicht verwendet (C, J, H, K) oder explizit der Status als Polizist, als deutscher Staatsdiener angeführt (J). Auf welche Weise C es gelingt, die *Distanz wieder aufzubauen und aufrechtzuerhalten* (s. Eingangszitat), wenn sein Gegenüber bereits versucht hat, ihn für sich zu gewinnen, führt er nicht aus. Aus der Logik der Situation ergeben sich bestimmte Möglichkeiten: C kann auf seine beruflichen Pflichten als Polizeibeamter verweisen, er kann durch ein härteres Eingreifen, durch einen schrofferen Tonfall die Machtverhältnisse eindeutig aufzeigen, einen Abstand erst physisch und dann auch inhaltlich wiederherstellen.

Diese Strategie könnte auch als Erklärung für das dienen, was H widerfahren ist:

Jetzt vor einigen Wochen zum Beispiel wurde meine Mutter mal angesprochen von einem Verkäufer, (...), ich wäre bekannt dafür, dass ich Türken schlecht behandeln würde. (...) Ich geh einfach mal davon aus, dass das Leute

waren, die ich mal anzeigen musste, und die dann wohl das, was ich jetzt beschrieben habe [das Landsmann-Phänomen], *erwartet hatten, dass ich ihnen helfe, und das dann so dargestellt haben, dass ich sie schlecht behandelt habe.*
 Dem angedeuteten Interpretationsmuster folgend würden in H's Fall also möglicherweise zwei Faktoren zusammenkommen, die zu der Aussage des Verkäufers geführt haben. H kam erstens nicht den Erwartungen der türkischen Bürger nach Hilfe und Unterstützung nach und verschärfte vielleicht zusätzlich den Umgangston, um seine Position als Polizist zu festigen. Diese Kombination führte dann als Resultat zu der negativen Einschätzung des Verkäufers.

6.2 Diskussion

Die Beherrschung von zwei Sprachen wurde im vorigen Kapitel als deutlicher Vorteil dargestellt, nun zeigt sich auch im Zusammenhang mit der dahinter stehenden Nationalität die andere Seite. Die Erwartungen des Dienstherren, der Organisation sind andere als die der Bürger: *Dass sie eben eingestellt worden sind, um mit dieser Problematik besser klarzukommen, um vermitteln zu können, aber nicht vermitteln im Sinne von Rechtsbeistand oder was auch immer, sondern einfach...einfach diese sprachliche oder kulturelle oder mentale Hürde abzuschaffen oder zu überspringen. Dass das eben klappt. (...) Das ist der Sinn der Sache* (C).
 Wie aus dem vorliegenden Kapitel ersichtlich wird und wie C es hier noch einmal verdeutlicht, kann diese Vermittlungsarbeit, anders als ursprünglich von der Polizei intendiert, auch als eine Vermittlungsarbeit im Sinne des Landsmann-Phänomens verstanden werden; von den ausländischen Bürgern wird sie zumindest so interpretiert.
 Einen Schritt weiter geht H's Überlegung, der die „Unsachlichkeit" der ausländischen, genauer südländischen Bürger nicht unbedingt im Zusammenhang mit ausländischen Polizisten sieht. Er vermutet implizit, dass Ausländer auch autochthon deutschen Polizisten gegenüber versuchen, einen Vorteil auszuhandeln, oder sie ihre typisch südländische Sichtweise und damit verbundene Bewertung beibehalten. Deshalb sei es durchaus sinnvoll, Polizisten einzusetzen, die diese Reaktionen richtig einschätzen und verstehen können.
 Es ist auch von dem Aspekt her positiv, dass auch Leute, so wie ich jetzt zum Beispiel--, die so Leuten, wie ich das jetzt erwähnt hab--, ich bin denen nicht sauer, weil ich ja weiß, wie da gedacht wird, dieses „hey, ich kenn dich doch und du bist doch auch Türke", und so. Da kann man sich eher rein versetzen. Deutsche sind ja da eher sachlich und verstehen das ja auch gar nicht, wenn das jetzt ein Südländer versucht, da irgendwie aus der Sache zu kommen, oder

das nicht so schlimm findet, ein Beispiel, betrunken Auto zu fahren. Das ist in der Türkei nicht so schlimm. Deswegen denken die, wenn die es hier machen, „ach ja, das ist nicht richtig, aber das ist auch nicht so schlimm". Also ich denk, wenn man da selber herkommt, kann man eher nachvollziehen, wie da gedacht wird (H).

Die Kombination der beiden Rollen „Türke" und „Polizist" kann also auch unter dem Aspekt des Landsmann-Phänomens als vorteilhaft betrachtet werden. C sieht diese Kombination kritisch: Da besteht von meiner Seite aus kein Interesse, weil dann würd sich einiges vermischen (s. Einganszitat).

Genau in dieser Vermischung besteht wohl das eigentliche Problem, dem sich Polizisten mit Migrationshintergrund stellen müssen, wenn sie sich mit dem Landsmann-Phänomen konfrontiert sehen. Die berufliche Rolle als Polizist und die private Rolle als Person mit ausländischer Herkunft werden zwangsläufig hinterfragt, da sie hier nicht vereinbar sind, es gibt keine Passung zwischen diesen beiden Rollen. Mehr noch, die berufliche Identität und die private Identität stehen diametral zueinander, da die Situation eine Entscheidung verlangt: Komme ich dem Anliegen meines Landsmannes nach oder verfolge ich stringent das durch den Beruf vorgegebene und durch die Uniform augenscheinliche Ziel?

Die Befragten räumen alle der beruflichen Rolle einen höheren Stellenwert ein, sie lehnen die Vereinnahmungen ab.

Das Gefühl, *zwischen den Stühlen* (C) zu stehen, offenbart aber auch, wie schwer es fallen muss, diese Entscheidung zu treffen. Durch das ablehnende Verhalten muss die eigene ethnisch-kulturelle Identität zum Teil aufgegeben, ja verleugnet werden. Es scheint C nicht völlig unberührt zu lassen, die Erwartungen seines Landsmannes enttäuschen zu müssen.

Auch wenn die Befragten einen Weg für den Umgang mit dem Phänomen gefunden haben, versuchen sie eine solche Situation zu vermeiden, in denen diese Entscheidung jedes Mal wieder neu getroffen werden muss, ist sie doch jedes Mal mit einem Bruch verbunden, mit einem Eingeständnis der Unvereinbarkeit der Identitätsteile.

I ist sich anders als die Übrigen unsicher, ob ihre deutsche Teilidentität im Konfliktfall dominieren würde. Dazu passt, dass Normen, Werte, Gewohnheiten ihrer türkischen Herkunft deutlich lebendiger und existenter sind; sie ist diejenige, die selbst eine Remigration in die Türkei nicht völlig ausschließt. Um nicht möglicherweise falsch zu handeln, objektiv falsch, da nicht der Polizistenrolle entsprechend, nicht aber unbedingt subjektiv falsch, weicht sie einer solchen Konfliktsituation aus:

Bei türkischen Bürgern, die haben öfter gefragt, „Du bist doch keine Deutsche oder?". Und dann sagt man's halt nicht so gern, dass man Türkisch ist, „Ne, ich bin Deutsche". Weil sonst spricht sich's wieder im Kreis von denen rum, „Die haben da ne Türkische, die wird dir behilflich sein", dann kommen wieder die ganzen türkischen Bürger auf einen zu. Und dann, hilfst Du jetzt denen oder machst deinen Job hundertprozentig? Also die Entscheidung möchte ich nicht treffen.

7 Ethnisch-kulturelle Identität: Fremdbild und Selbstbild als Ausländer

Die Wandelbarkeit, das Konstrukthafte von Identität wurde schon in mehreren Kapiteln dargestellt. Es versteht sich von selbst, dass nichts anderes für die ethnisch-kulturelle Identität, ein Teil der sozialen Identität, gilt. Auch sie wird vom Individuum immer wieder neu gestaltet, neu ausgehandelt. So bezeichnen Eickelpasch und Rademacher (2004), Ethnizität sowohl als „Fremdzuschreibung kultureller Identität und Besonderheit" (S. 90), wie auch als Selbstverortung, Selbstdeutung und Selbstidentifizierung (S. 91). Hiermit wird deutlich, dass die kulturelle Identität ein Produkt aus dem Selbstbild und Fremdbild der Person ist und zwar immer in Abhängigkeit von Situation, Umgebung und den jeweils wirksam werdenden Umweltfaktoren, von Erwartungen anderer, von wahrgenommenen Rollenerfordernissen als Polizist, Sohn, Freund usw.

Das Selbstbild als Ausländer zeigt sich in den Interviews der von mir befragten Polizisten an mehreren Stellen, so beispielsweise im Kapitel über nicht-berufliche Sozialisation – nicht weiter verwunderlich, da doch in der Familie, in der Schule, im Freundeskreis die vielleicht wichtigsten Erfahrungen gemacht werden, die die kulturelle Identität der Personen prägen: die Trennung von Familien- und Umgebungssprache, die Ausübung einer anderen Religion, ein geringer sozioökonomischer Status, all das können Bereiche sein, in denen das Anders-Sein als Ausländer augenfällig wird. Im beruflichen Kontext wurde der Aspekt ebenfalls mehrfach angesprochen: die Zweisprachigkeit im Beruf, das damit verbundene Landsmann-Phänomen, der Umgang mit diskriminierenden Sprüchen, hier überall zeigt sich implizit, wie sich die Befragten als nicht autochthone Deutsche sehen, wahrnehmen und auch wie sie als solche verstanden werden wollen.

Das Fremdbild als Ausländer macht sich zuvorderst an äußerlich erkennbaren Merkmalen fest: Aussehen, Name, religiöse Zeichen; erst danach an deren Sprache, kulturellem Hintergrund und allem, was unter dem Begriff Mentalität zusammengefasst werden kann.

Ergänzend zu den Darstellungen der Befragten habe ich zum Abschluss der Interviews stets noch gezielt nach dem Selbstbild der Beamten gefragt: „Stell Dir vor, dass ähnlich einem Zahlenstrahl auf der einen Seite Dein Deutsch-Sein, auf der anderen Dein Türkisch-Sein ist. Wo würdest Du Dich einordnen und warum?"

7.1 Fremdbild

Die schon fast sprichwörtlichen ersten 30 Sekunden, die bereits eine detaillierte Einschätzung einer Person erlauben sollen, werden ausschließlich über äußere Merkmale geprägt. Deshalb soll hier eine grobe Kategorisierung angeführt werden, welche der von mit befragten Personen als deutsch oder ausländisch zu erkennen sind, wobei es unvermeidlich war eine recht große Mittelkategorie zu bilden. Ich bin mir dabei der Problematik einer solchen Kategorisierung bewusst, die ja bei der Unterscheidung von „deutsch" und „ausländisch" Stereotype und sogar Vorurteile aufgreift und zum Maßstab eines Rasters macht. Gerechtfertigt erscheint mir dies insofern, als es sich dabei eben genau um jenes Raster handelt, dem die Interviewten begegnen, ein Raster zudem, das sie teilweise selbst benutzen.

Ein **deutsches** bzw. mitteleuropäisches Aussehen haben A, B, E, F, G und J.

Ich glaub, ich hab einfach Glück, weil mein Äußeres, das würde man ja jetzt nicht vermuten, dass ich nicht aus Deutschland stamm und ich red hochdeutsch (E).

Ein eindeutig **südländisches** Äußeres hat nur P: *Das ist halt immer gleich von meinem Nachnamen, [Nachname], sieht man das halt immer gleich. Dann halt auch von meinem äußeren Erscheinungsbild auch, dass ich halt bisschen südländischer aussäh.*

Nicht eindeutig zuordnen lassen sich C, D, H, I und K.

C verdeutlicht mit seiner Aussage auch meine Einschätzung, dass er innerhalb der Mittelkategorie eher zur Kategorie „deutsches Aussehen" tendiert: *Also ich sag mal, meine Kollegen oder meine Kumpels, vom Sport die Mannschaftskameraden, die sagen immer, „Du bist Deutscher". Auch von der Art her, jetzt vom Aussehen her kann man mich jetzt nicht unbedingt in die türkische Ecke einordnen.*

Auch auf H trifft dies zu: *Man sagt mir auch nach, dass ich kaum aussehe wie ein Türke, also mir sieht man's wohl nicht so sehr an.*

Da unter Kollegen meist der Vorname die gebräuchliche Anrede ist, im Kontakt mit Bürgern aber der Nachname, habe ich hier eine Unterscheidung vorgenommen. Einen gebräuchlichen deutschen Vornamen haben A, B, P, E, F und J.

Also gut mein Vorname ist ja international, gibt's ja in Italien, gibt's ja überall (E).

Einen **türkischen Vornamen** haben C, D, H und K, wobei D über ihren Vornamen sagt: Wenn sie meinem Namen hören, dann hört sich der ja nicht immer unbedingt gleich Türkisch an, weil der Name [D's Vorname], gibt's in Deutschland ja auch nicht so wirklich oft wie Ayse, Mehmet, Ali oder Fatma..., aber sie fragen halt nach, woher der kommt, oder so, aber direkt aufs Türkische, vor allem, wenn sie dich dann sehen, kommen eigentlich die Seltensten (D). Implizit macht sie deutlich, dass ihr Vorname zwar nicht eindeutig sprachlich zuzuordnen ist, sie aber doch klar als Nicht-Deutsche identifiziert.

Nicht eindeutig einzuordnen sind G und I. Die Abkürzung von I's Vornamen, mit dem sie sich vorstellt und der auch von den Kollegen gebraucht wird, entspricht von der Sprechweise einem deutschen bzw. englischen Namen, weshalb hier die Zuweisung der türkischen Nationalität nicht eindeutig ist.

Bei der Zuordnung der Vor- und Nachnamen in die Kategorie deutsch, ausländisch und nicht eindeutig besteht eine recht große Übereinstimmung, wobei doch einige erst am Familiennamen als Nicht-Deutsche zu erkennen sind.[5]

> Demnach haben einen **deutschen Nachnamen** B, F und J.
> Einen **ausländischen Nachnamen** haben P, C, D, H, I und K
> **Nicht eindeutig** einer Nationalität zuzuordnen sind die Nachnamen von A, E und G.

7.2 Selbstbild

Ein eindeutig **deutsches Selbstbild** haben A und G. Außer einer Vorliebe für polnisches Essen habe A keine Eigenschaften oder Merkmale, die auf seine polnische Herkunft hinweisen. Dazu trägt sicher auch bei, dass durch die fehlende Beherrschung seiner Herkunftssprache ein wesentliches Merkmal der polnischen Identität fehlt.

G, der zwar Kroatisch kann und auch seinen Wehrdienst beim kroatischen Militär abgeleistet hat, was ja durchaus als eine starke Verbundenheit zu diesem Land interpretiert werden kann, behauptet auf die Frage nach seinen kroatischen Anteilen trotzdem von sich: *Die gibt's, aber sehr gering, die sind eher zufällig. (...) Ja gut, meine Herkunft kann ich nicht leugnen, dass die Vorfahren da her sind, aber ich kann mich definitiv nicht als Kroate sehen, das kann ich nicht. Funktioniert nicht.*

Der größte Teil der Befragten stellt für sich eine **gemischte Identität** fest, also sowohl deutsche Anteile, wie auch solche aus dem Herkunftsland der Eltern.

---

[5] Deutsche Vornamen könnten als ein weiterer Hinweis auf die starke Integrationsbereitschaft der Familien gedeutet werden.

Wie sich diese Mischung darstellt, ob sie nicht viel eher eine Trennung in Teilidentitäten ist, soll nachfolgend dargestellt werden. Während seiner Schilderungen zum Umgang und Verhältnis mit Kollegen, begründet B die Problemlosigkeit darin folgendermaßen: Weil ich ja kein Kroate--, weil ich die deutsche Staatsbürgerschaft ja hab. Der Satzabbruch und die darauf folgende Verbesserung seiner Aussage decken zwei Punkte auf: Die impulsive Antwort gibt eine rein deutsche Identität vor, die aber nach kurzem Überlegen berichtigt oder vielmehr um kroatische Anteile ergänzt wird, was auch in B's Antwort auf meine abschließende Frage nach seinem Selbstbild deutlich wird: Also, da du mir keinen Zahlenstrahl vorgibst, leg ich mal selbst einen fest: klassisch 1 bis 10, das heißt 1 für Deutschland und 10 für Kroatien. Da würd ich mich auf einer 2,5 bis 3 einordnen. Was ist Deutsch? Vermutlich, wo auch immer das herkommen mag, mein Rechtsverständnis und die Tatsache, dass bei mir eine Fünf selten gerade ist... Das typisch Kroatische ist wahrscheinlich meine an sich enge Bindung an Familie und das Hochhalten von familiären Werten. Auch wenn ich es nicht praktiziere... aber aus anderen Gründen.

Zwar überwiegen die deutschen Anteile deutlich, doch werden auch die kroatischen recht genau dargelegt.

Exakt die gleiche Einordnung auf dem imaginären Zahlenstrahl nimmt E vor, ohne dass ich dahingehend irgendwelche Vorgaben gemacht hatte. Auch bei ihr gibt es eine spontane und eine reflektierte, überlegte Antwort, die sie aber (anders als B) selbst so erkennt. Intuitiv würde sie sich aber mehr ausländische Anteile zuschreiben, sie korrigiert sich dann in Richtung des deutschen Pols: Spontan hätt' ich jetzt gesagt, in der Mitte, genau in der Mitte, aber wenn ich's mir länger überleg, wahrscheinlich doch sehr viel näher am deutschen Punkt. Also so von eins bis zehn, bei 7,5 Deutsch. Wenn 10 Deutsch ist. Ich denk, dass ist sehr, sehr oft situationsabhängig. Aber von meiner Einstellung her und dadurch, dass ich völlig überzeugt bin davon, was ich tu, grad beruflich, und davon was ich tu, vertret ich ja das Gesetz von Deutschland und die deutsche Verfassung und, und, und. Und da bin ich viel zu wenig bewandert in der ungarischen Verfassung und in den Gesetzen und dahingehend kann ich mich sehr, sehr viel besser mit Deutschland identifizieren. Da ist mir doch einiges Ungarische fremd, was ich dann im Urlaub erst erleb.

E spricht in ihrer Erklärung die Situationsabhängigkeit an, der die ethnisch-kulturelle Identität unterliegt. Der Polizeiberuf und E's vollständige Identifikation mit dem Beruf und all seinen Erfordernissen lassen ihre deutsche Teilidentität in den Vordergrund treten. Diese Trennung der deutschen und ausländischen Teile, die vom Beruf ausgeht, die der Polizeiberuf geradezu zu erfordern scheint, erwähnen auch P, C, H, J und K, wenn auch nicht immer explizit (C, K), so doch über das, was sie als ihre deutschen bzw. ausländischen Eigenschaften benennen

(P, H, J). Deutsch sein heißt demnach genau sein, pünktlich sein, sachlich sein, rational sein. Türkisch, russisch, italienisch oder kroatisch sein hingegen (s. oben B) wird mit Herzlichkeit, Familienverbundenheit, Verständnis, Liebe, also mit Emotionalität verbunden.

H nimmt einen ethnologischen Blickwinkel ein, wenn er sagt: *Meine Eltern sind aus der Türkei, demnach ich auch, oder wie man's halt sehen will.* Dass er durch seine Geburt in eine türkische Familie aber nicht nur Türke ist, nicht nur dieser einen Ethnie angehört, dass also auch die deutsche Gesellschaft ihren Anteil an seiner Sozialisation hatte und hat, ist ihm wichtig zu betonen. Hierbei zeigt er durch seine Wortwahl („rausgezogen"), dass seine Sozialisation, seine Identitätsbildung kein passives Geschehen war, sondern vielmehr ein eigener kreativer Akt von ihm.

Ich bin wie gesagt, schon immer hier, ich kenn eigentlich das Leben gänzlich nur hier. Die Türkei kenn ich aus dem Urlaub. Grundsätzlich denk ich, ohne mich jetzt hoch loben zu wollen, dass ich von beidem die guten Seiten für mich rausgezogen hab. Ich denk, dass ich die südländische, die türkische Herzlichkeit hab und auch das Verständnis und auch so die Familienbezogenheit, die bei Südländern extremer ausgeprägt sind im Normalfall. Und vom Deutschen her hab ich wohl die Sachlichkeit, die Genauigkeit. So würd ich das wohl darstellen. Im Normalfall sag ich, ich bin Deutscher türkischer Herkunft. Also so dieses "Ich bin Deutscher" allein lass ich eigentlich selten stehen. Nicht, weil ich das unangenehm finde oder so, sondern weil ich's einfach nicht richtig finde, weil ich doch beides bin (H).

7.3 Diskussion

Die ethnisch-kulturelle Identität meiner Interviewpartner speist sich aus mehreren Faktoren. Oben dargestellt wurden das Selbst- und Fremdbild, deren Abgleich und Passung eine wesentliche Rolle darstellen. Auch nach der Lektüre der vorangegangenen Kapitel wird nun deutlich, dass vor allem die jeweilige Situation dafür ausschlaggebend ist, welche Teilidentität die aktuell dominierende ist, aus welcher Identitätsperspektive heraus agiert wird.

Eine Analyse und Bewertung der Aussagen lässt erkennen, dass es den Befragten gelingt, ihre von der der deutschen Mehrheitskultur abweichenden Einstellungen und Lebensweisen positiv zu besetzen: in einer geglückten Symbiose, so die überwiegende Selbsteinschätzung, vereinen sich positive deutsche Merkmale mit den positiven der eigenen Herkunft. Dort, wo Verhaltensweisen des eigenen Herkunftslandes beibehalten werden, gelten diese den entsprechenden deutschen als überlegen – z.B. Familiensinn – oder es fehlt eine deutsche Entsprechung. Ob eine einzelne Person eine multikulturelle Identität, wie sie von den Vertretern der kompetenztheoretischen Ansätze postuliert wird, überhaupt besitzen kann, sei dahingestellt – die von mir interviewten Polizisten besitzen eine solche jedenfalls nicht. Viel eher lässt sich von einer Agglomeration von Teilidentitäten sprechen, in denen situationsabhängig die eine oder andere dominiert, im polizeilichen Dienst eher die Deutsche, im privaten Bereich eher die des Herkunftslandes.

Die Summe der Teilidentitäten fügt sich nicht immer harmonisch wie ein Puzzle zusammen.

Nach Keupp (1999) sind sowohl zwischen den Teilidentitäten, wie auch innerhalb dieser Ambivalenzen möglich. Eine Vernetzung der einzelnen Teilidentitäten im Sinne von Über- oder Unterordnungen ist möglich, so dass sich daraus dominierende Teilidentitäten ergeben, wie oben dargestellt.

8 Diskussion und Ausblick

Dass eine gelungene berufliche Identität unter anderem über Anerkennung der beruflichen Leistungen erreicht werden kann, wurde oben anhand der Dolmetschertätigkeiten der zweisprachigen Polizisten besprochen. Dies gilt jedoch selbstverständlich nicht nur für Polizisten mit Migrationshintergrund, jeder autochthone Deutsche in der Polizei muss sich diese Anerkennung ebenso erarbeiten. Dabei ergibt sich die sonderbare Situation – in einem Gespräch wurde ich darauf hingewiesen -, dass die Anerkennung und Wertschätzung der Zweisprachigkeit der migrantischen Polizisten bei den autochthon-deutschen durchaus zwiespältige Reaktionen hervorriefen, würden diese doch für eine Fähigkeit belobigt, die ihnen gleichsam in die Wiege gelegt worden sei. So seien sie ohne besondere Mühe in der Lage, sich von der Masse der Polizisten positiv abzuheben. Alle anderen müssten sich gezielt einen Bereich in der Polizeiarbeit suchen, auf den sie sich spezialisieren könnten, um ebenfalls ein Feld zu haben, in dem sie Anerkennung erhalten würden. Diese Argumentation nimmt eine Trennung in Ingroup und Outgroup vor, allerdings in einer Weise, die derjenigen genau entgegengesetzt ist, welche im Diskurs über die Migrationsproblematik üblicherweise benutzt wird: Im Vergleich dieser beiden Gruppen stellt die Mehrheitsgesellschaft die bevorzugte Ingroup dar, die sich gegen die ausländische und daher benachteiligte Outgroup abgrenzt. In diesem Fall aber bilden die Migranten die Ingroup, an der sich die „sprachlich benachteiligten" deutschen Polizisten messen müssen.

Eine Hervorhebung, eine ausdrückliche Wertschätzung dieser Leistungen in welcher Form auch immer könnte diese Grenze nur weiter verschärfen und im Extrem sogar zu einer verstärkten Ablehnung der ausländischen Kollegen führen. Wie mit diesem Aspekt umgegangen werden kann, um beiden Seiten gerecht zu werden – der besonderen Leistung der zweisprachigen Polizisten, die ja auch für die Organisation von großem Wert ist, wie auch dem Gefühl der Benachteiligung ihrer deutschen Kollegen, – kann hier nicht beantwortet werden, bedarf aber definitiv der Überlegung, um nicht ein unerwartetes Integrationshindernis zu schaffen.

Betrachtet man noch einmal im Überblick die Ergebnisse dieser Arbeit, können zwei zentrale Punkte festgehalten werden: Die Dominanz der deutschen Teilidentität der Polizisten mit Migrationshintergrund im Beruf stellt ein Ringen nach Normalität dar. Sie wollen in erster Linie Polizisten wie ihre deutschen Kollegen auch sein: „Sie wollen nicht nur Dolmetscher, *Kulturscouts*, Mittler und Konfliktschlichter für die eigene Bevölkerungsgruppe sein, sondern definieren sich in erster Linie als vollwertige Kollegen" (ISIP, 2005, S. 2). Eine funktionale Sonderstellung wird häufig sogar ausdrücklich abgelehnt (vgl. Kapitel 16 „Landsmann-Phänomen").

Andererseits ist es gerade dieses „funktional-instrumentelle Interesse der Polizei an Migranten in den eigenen Reihen" (ISIP, 2005, S. 2), das eine Öffnung des Staatsdienstes für Ausländer überhaupt ermöglichte und offensichtlich eine Verbesserung und Erleichterung der polizeilichen Arbeit bewirkt. Neben allen Schwierigkeiten, mit denen die migrantischen Polizisten konfrontiert werden, ist es aber auch oft genau ihre nicht-deutsche Herkunft, die ihnen zu Anerkennung verhilft (vgl. Kap. 6 „Zweisprachigkeit im Beruf"). Viele genießen es, kulturspezifisch tätig zu werden, uneingeschränkt zumindest solange, wie sich diese kulturspezifische Arbeit in einem offiziellen Rahmen bewegt. Ein Widerspruch ergibt sich dabei insofern, als die Normalität eines deutschen Polizistendaseins das erstrebte Ziel der migrantischen Polizisten ist, das aber, was sie davon trennt, ihr spezifischer migrantischer Hintergrund, die besondere Bedeutung für den Polizeidienst ausmacht. Kurz gesagt: sie wollen normale deutsche Polizisten sein – wären sie jedoch normale Deutsche, wären sie möglicherweise keine Polizisten. Dieser Widerspruch findet sich auch vom Blickwinkel der Organisation Polizei aus: der migrantische Polizist soll ein normaler Polizist sein, ohne dass auf seinen besonderen Wert für die Polizei verzichtet werden muss.

„Die Verwirklichung individueller personaler Identität, ihre Anerkennung und ihre Beglaubigung geschehen in sozialen Beziehungen. Sowohl auf der Ich-Du- wie auch auf kollektiver Ebene. Hier wird Identität *wirklich* im Sinne von *real* und im Sinne von *wirkend*. Quantität und Qualität sozialer Ressourcen sind besondere Herausforderungen und Stützen für die Identitätsarbeit der Subjekte.

Am *alter ego*, insbesondere den signifikanten Anderen, arbeite ‚ich' mich mit meiner Identitätsarbeit ab und finde zugleich *nur dort* die Bestätigung meiner Identitätskonstruktion" (Keupp et al., 1999, S. 201). Berufliche Identität als Versuch einer Balance von persönlicher und sozialer Identität bedeutet für Polizeibeamte einerseits, den Erwartungen und Bedingungen der Organisation Polizei zu genügen, ihnen entsprechen zu müssen und dabei gleichzeitig sich als Mensch in der eigenen Subjektivität zu bewahren. Dieser Konflikt – so die Forschungsfrage der vorliegenden Arbeit – findet für Polizisten mit Migrationshintergrund unter besonderen Bedingungen statt, da sie im Gegensatz zu ihren nichtmigrantischen Kollegen ein größeres Maß an Anders-Sein in die Interaktion zwischen Subjekt und Organisation Polizei einbringen.

Ihre Passungsfindung, also ihre berufliche Identitätsarbeit unterliegt zwar einerseits den gleichen Bedingungen wie der autochthon deutscher Polizisten, zusätzlich müssen aber spezifische Anforderungen bewältigt werden, die sich aus ihrem Migrationshintergrund ergeben, beispielhaft deutlich wird dies etwa im Landsmann-Phänomen.

Es lässt sich als eine wesentliche Erkenntnis festhalten, dass alle von mir befragten Polizisten für sich eine berufliche Teilidentität definiert haben, innerhalb derer (und auch im Verhältnis zu ihren anderen privaten Teilidentitäten) es zwar durchaus Widersprüchlichkeiten, Differenzen und Ungereimtheiten gibt. In ihrer Identitätsarbeit haben sie alle aber Wege und Möglichkeiten gefunden, diese Ambivalenzen individuell lebbar zu gestalten, Anerkennung zu erfahren und ihre berufliche Identität als authentisches Ergebnis ihres ganz persönlichen Aushandlungsprozesses zu erleben.

Literatur

Beckstein, G. (2005). Statement des Bayerischen Staatsministers des Innern, Dr. Günther Beckstein, anlässlich der Pressekonferenz zu ausländischen Polizeibeamten bei der Bayerischen Polizei am 21. Juni 2005 in München. Verfügbar über: www.stmi.bayern.de/imperia/md/content/stmi/service/reden/tuerk_polizei_050621.pdf [Zugriff: 29.03.2006].

Behr, R. (2002, Januar). Lebenswelt Polizei. Ein ethnografischer Zugang zur Berufsidentität von Polizeibeamten [69 Absätze]. Forum Qualitative Sozialforschung [On-line Joural], 3(1). Verfügbar über: http://qualitative-research.net/fqs/fqs/ htm [Zugriff: 30.03.2006].

Eickelpasch, R. & Rademacher, C. (2004). Identität. Bielefeld: transcript Verlag.

Franzke, B. (1999). Polizisten und Polizistinnen ausländischer Herkunft: eine Studie zur ethnisch-kulturellen Identität und beruflichen Sozialisation Erwachsener in einer Einwanderungsgesellschaft. Wissenschaftliche Reihe (Bd. 116). Bielefeld: Kleine Verlag.

Franzke, B. (2003). Bilder einer neuen, bunten Polizei. Vielfalt leben und bewältigen durch vielfältig sein. In M. Herrnkind & S. Scheerer (Hrsg), Die Polizei als Organisation mit Gewaltlizenz. Hamburger Studien zur Kriminologie und Kriminalpolitik. (Band 31). (S. 293-301).

Holch, C. (2006, Dezember). Anfänge. Der Sohn türkischer Einwanderer wird deutscher Polizist. Sein Traum war das nicht. Protokoll einer Wünschewandlung. In *Chrismon das evangelische Magazin*. Frankfurt am Main: Hansisches Druck- und Verlagshaus.

ISIP (2006). (Institut für Sicherheits- und Präventionsforschung, Studiengruppe Migration und Integration) Migranten in Organisationen von Recht und Ordnung (MORS). Projektdarstellung. Verfügbar über: www.isip.uni-hamburg.de/02%20 Projekte/morshp/materialien/projektdarstellung.pdf [Zugriff: 14.06.2006].

Keupp, H., Ahbe, T., Gmür, W., Höfer, R., Kraus, W., Mitzerlisch, B. & Kraus, F. (1999). Identitätskonstruktionen. Das Patchwork der Identitäten in der Spätmoderne. Reinbek: Rowohlt.

Kuhlmann, T. (2006, 12./13. August). Ein türkischstämmiger Deutscher mit einer seltenen Karriere. Bülent Özogul – Polizist in Frankfurt. *Süddeutsche Zeitung*. (S. 5).

Lammnek, S. (2005). *Qualitative Sozialforschung*. (4. vollständig überarbeitete Auflage). Weinheim, Basel: Beltz Psychologie Verlags Union.

Ohlemacher, T., Mensching, A. & Werner, J.-T. (Hrsg.) (2006). Polizei im Wandel? Organisationskultur(en) und Organisationsreform. Schriften zur Empirischen Polizeiforschung (6). Frankfurt am Main: Verlag für Polizeiwissenschaft.

„Türkisch reden und Deutsch denken"
– und manche wollen es auch umgekehrt
„Ethnische Minderheiten" in der Polizei – eine Untersuchung zur Integrationsleistung des staatlichen Gewaltmonopols[1]

Rafael Behr

Zusammenfassung:
Seit nunmehr 13 Jahren stellt die Polizei Bewerber mit Migrationshintergrund (d.h. Personen mit unmittelbarer und mittelbarer Migrationserfahrung) ein. Allerdings bewegt sich die Anzahl des migrantischen Personals im Vollzugsdienst der Polizei, aller politischen Rhetorik zum Trotz, bei etwas mehr als einem Prozent. In vielen Ländern liegt der Satz noch deutlich darunter. Daraus ergibt sich eine Reihe von Fragen zu den Integrationsbemühungen und Integrationsleistungen der Polizei.

Die Gründe für die Diskrepanz zwischen politisch formulierten Integrationsbekenntnissen und der Praxis der Polizei sind vielfältig: Die Zugangsvoraussetzungen scheinen so hoch zu liegen, dass unter den gegenwärtigen Arbeitsmarkt- und Gleichbehandlungsbedingungen die Polizei für die meisten Bewerber und Bewerberinnen mit Migrationshintergrund real nicht offen steht. Ferner erschweren häufig noch weltanschauliche und kulturelle Vorbehalte auf Seiten der Migranten den Zugang in die Polizei. Zugespitzt: Diejenigen, die wollen, können nicht, und diejenigen die können, wollen nicht zur Polizei.

Die Polizei betont zwar stets ihre Bereitschaft zur *Integration,* praktiziert aber mit ihrer Einstellungsstrategie ziemlich stringent *Assimilationspolitik*[2]. Des weiteren fällt auf, dass die Polizei insgesamt eine Organisation mit exklusiver Einstellungs-

---

[1] Dieser Aufsatz ist die erweiterte und überarbeitete Fassung eines Vortrags anlässlich der AKIS-Tagung *„Polizei und Fremde – Fremde in der Polizei",* die unter Leitung von Prof. Dr. Karlhans Liebl, Rothenburg/OL, an der Deutschen Hochschule der Polizei in Münster-Hiltrup vom 2. bis 4. Mai 2007 stattgefunden hat. Er nimmt Bezug auf zwei Vorgängertexte. Der erste stammt von Hunold, D./Behr, R (2007), der zweite ist zu finden unter Behr (2007).

[2] Mit Assimilation meinen wir nicht die *vollständige* Unterwerfung unter die Kultur des Aufnahmelandes oder auch die *vollständige* Aufgabe der eigenen kulturellen Wurzeln, sondern betonen damit lediglich, dass die Anstrengung der Eingliederung einseitig auf der Migrantenseite liegt. Während Integration ein *beiderseitiges* Bemühen und eine *beiderseitige* Annäherung beschreibt (Veränderung sowohl der Akteure als auch der Strukturen des aufnehmenden Landes bzw. der aufnehmenden Organisation), findet sich diese Veränderungsbereitschaft im Assimilationskontext nur auf Seiten der Immigranten und zeigt sich als Anpassungsfähigkeit an die Regeln der Aufnahmegesellschaft.

praxis und keine integrierende Organisation ist, d.h. die Assimilationsnotwendigkeit wirkt zwar besonders, aber bei weitem nicht *allein* gegen Bewerber und Bewerberinnen mit Migrationshintergrund. In meinem Beitrag diskutiere ich Zwischenergebnisse aus dem laufenden Forschungsprojekt. Dabei gehe ich insbesondere auf das Konzept von *Kulturelastizität* (Integration) und *Kulturdominanz* (Assimilation) der Polizei ein. Durch die Beschäftigung mit dem Thema „Fremde"[3] oder „Migranten" bekommt man des weiteren einen Zugang zu den tiefer liegenden Strukturfragen der Institution des Gewaltmonopols: von der Aufgabenbeschreibung, der Personalgewinnung bis hin zur Entwicklung von professionellen Standards für das Polizeihandeln. Mit dem Begriff *„homosoziale Kooptation"* soll verdeutlicht werden, dass die grundlegenden Rekrutierungsstrategien der Polizei darauf gerichtet sind, die Kontinuität der Organisation sicherzustellen. Migranten garantieren diese Kontinuität nicht, sie sind vielmehr „Diskontinuitätsakteure" (Mintzberg). Hier treffen zwei Strukturprinzipien relativ unversöhnlich aufeinander: *Tradition* (Gleichbehandlungsgrundsatz) und *Umweltanpassung* (Multi-Ethnizität, Interkulturalität, Diversität). Migranten sollen explizit neue Kompetenzen mitbringen, andererseits alle allgemeinen Anforderungen an Polizisten erfüllen. Im Idealfall wären es diejenigen Migranten, die *anders und gleich zugleich* sein können, was nur geht, wenn sie weitgehend assimiliert sind, d.h. über kulturelles Kapital verfügen, das ihnen das *Leben in zwei Welten* auch ermöglicht. In der Realität ist dieses Ideal nicht zu verwirklichen, so dass die Organisation in der Realisierung Kompromisse hinsichtlich der Kompetenzerwartungen machen muss: Nicht alle BewerberInnen sind bilingual und bikulturell aufgewachsen, und nicht alle bedienen die Vorstellungen der Kollegen vom „Vorzeigeausländer". Dafür sind aber auch nicht alle Vorbehalte, die MigrantInnen in der Polizei erleben, auf Kulturkonflikte zurückzuführen. In der Überschrift kommen Anforderungen an den *idealen* MH-(=Migrationshintergrund) Polizisten und die Unterschiede zwischen Polizeikultur und Polizistenkultur zum Ausdruck: Die Polizeiführung will Migranten als *Vermittler zwischen den Kulturen*, und sie sucht deshalb Personen mit Migrationshintergrund, die beide Kulturen kennen und die Sprachen beherrschen. Sie sollen selbstverständlich Deutsch, aber nach Möglichkeit auch „Ausländisch" sprechen können und dies auch im Publikumskon-

---

[3] Alfred Schütz (1972) beschreibt in seinem Aufsatz „Der Fremde" die vielfältigen Funktionen, die der Fremde für die Einheimischen hat, und er nennt die Differenzmerkmale auf unterschiedlichsten Ebenen. Beeindruckend ist besonders die schon für jeden Touristen nachvollziehbare Annahme eines selbstverständlichen Alltagswissens, Schütz spricht dabei vom „Denken-wie-üblich" (S. 58), das der *„relativ natürlichen Weltanschauung"* (Kursivdruck im Original) bei Max Scheler gleicht (ebd.). Für unseren Kontext bedeutsam wird die Beschreibung von Schütz besonders im zweiten Schritt, in dem er die Situation des Fremden von diesem Muster kontrastiert. Der Fremde teilt die Grundannahmen im *Denken-wie-üblich*-Raster nicht. „Er ist wesentlich der Mensch, der fast alles, das den Mitgliedern der Gruppe, der er sich nähert, unfraglich erscheint, in Frage stellt". (S. 59). Das Besondere an der Situation von assimilierten Migranten in der Polizei scheint nun zu sein, dass diese Infragestellung allenfalls implizit, meistens für sich selbst, erfolgt. Sie stellen nicht Fragen, wie sie Touristen stellen, die wieder nach Hause fahren, auch nicht wie Wissenschaftler oder Journalisten, die ein heimisches Publikum oder eine scientific community im Hintergrund haben. Sie machen die Dinge mit sich aus und finden individuelle Anpassungsformen oder scheitern in einigen Fällen auch daran.

takt nutzen. Für sie ist die Kommunikation mit dem Publikum in dessen Sprache wichtig oder mindestens wünschenswert. Anders für die Polizisten im Einsatz: Dort ist Sprache vor allem aber praktisches Einsatz- und Kontrollmedium, und deshalb ist es für sie wichtig, dass sich die Kollegen im Einsatz in allen Situationen verstehen. Deshalb muss der ausländische Kollege Deutsch sprechen, aber ethnospezifisch denken und antizipieren können. Die Übersetzung soll sozusagen im Kopf stattfinden, der MH-Beamte darf aber nicht als dritte Instanz auftreten[4]. Natürlich soll er auch vermitteln, wenn dazu Zeit und Gelegenheit ist. Aber der MH-Beamte muss stets dafür sorgen, dass beim deutschen Kollegen keine Zweifel hinsichtlich seiner Loyalität aufkommen. Für die Herstellung von *Normalität* („Ich habe nichts gegen Ausländer bei der Polizei, so lange sie ihren Dienst machen wie wir.") ist oft der MH-Beamte allein verantwortlich.

1 Das Forschungsprojekt „MORS"

Das Projekt MORS (**M**igranten in **O**rganisationen von **R**echt und **S**icherheit) wurde im Rahmen einer Initiative der Volkswagenstiftung aus der Taufe gehoben, welche das Thema „Migration und Integration" aufgriff und dabei den Schwerpunkt auf eine Theorie-Praxis-Verzahnung legte. Die Projektgruppe arbeitet seit August 2005, die Laufzeit des Projekts beträgt drei Jahre. Die Polizei steht im Projekt deshalb im Blickpunkt des Interesses, da sie die erste und bislang einzige Institution im Bereich von Recht und Sicherheit ist, für die politische Integrationsinitiativen gestartet wurden. Neben Justiz und Militär trägt die Polizei ganz wesentlich zur Sicherung des staatlichen Gewaltmonopols bei, weshalb traditionell die Durchsetzung eng verknüpft war mit dem Besitz der deut-

---

[4] Insgesamt, so kann man die Ergebnisse amerikanischer, kanadischer, australischer und deutscher Untersuchungen zur Polizistenkultur zusammenfassen, herrscht ein großes Unbehagen gegen Auflösung oder Infragestellung bipolarer Positionen (gut–böse; wir–die anderen). Jerome Skolnick (1966) führt das auf den Argwohn und die Fixierung auf interne Normen (Rückzug und Solidarität) zurück, für Waddington (1999) und Ohlemacher (2006) resultiert daraus eine „defensive Solidarität". Die intellektuelle Position des „Dritten", der den Spannungs- und Beziehungsbogen von der Dyade in die Triade erweitert, setzt eine *transpersonale Autorität* voraus, wie sie beispielsweise in Mediationsverfahren oder bei Schlichtungsverfahren in Tarifverhandlungen zu finden sind. „Triangulierung" (vgl. Kutter u.a. 2003) kann also nur durch eine Person geschehen, die nicht Teil einer Partei der Dyade ist und die von beiden Teilen akzeptiert wird. Dies ist mit polizeilichem Einsatzdenken nur insofern kompatibel, als die Einsatzkräfte sich selbst als dritte Partei erleben. Das überparteiliche Auftreten von Polizeibeamten gelingt oft, aber das unterschiedliche Auftreten von Polizisten wird regelmäßig problematisiert, wenn es denn geschieht. In unserem Fall würde der Kollege als „Kultur-Vermittler" dann eine für Polizisten unerträgliche Infragestellung des Teamgedankens und des geschlossenen Einschreitens darstellen, wenn er als echter „Vermittler" zwischen seinem Kollegen und einem Klienten aufträte, denn dafür hat er nicht das Mandat. Manchmal geht das, wenn die Lage ruhig, die Polizeibeamten nicht bedroht werden und Kommunikation möglich ist. Was im Einsatz zählt, ist die unverbrüchliche und demonstrative Solidarität einer Gefahrengemeinschaft.

schen Staatsbürgerschaft. Dieses „Deutschen-Privileg" löst sich seit 1993 langsam auf.[5]

Vor dem Hintergrund der beschriebenen Entwicklung befasst sich die Studiengruppe grundsätzlich mit der Frage nach den Möglichkeiten und Grenzen der Integrationsleistung von staatlichen Organisationen und mit den Konsequenzen der Ambivalenz zwischen einem organisationsimmanenten Assimilationsdruck und der Entwicklung kultureller Elastizität. Hierzu bedarf es u.a. einer Klärung der Effekte, die zu dem bereits oben angeführten Paradoxon zwischen Anspruch und Realität führen. Dabei bezieht sich MORS auf die Organisationsebene und die darüber angesiedelten gesellschaftlichen Aspekte von Migration und Integration. Die (migrantischen und einheimischen) Akteure spielen quasi als Vergegenständlichung des Organisationsverstehens eine Rolle, nicht aber als analytische Kategorie. Das heißt, wir arbeiten nicht nur interaktionstheoretisch oder auf interkulturelle Kommunikation/Kompetenz ausgerichtet.

Das Projekt ist praktisch und wissenschaftlich orientiert. In der ursprünglichen Absicht sollten Praktiker und Wissenschaftler gemeinsam neues Wissen produzieren und die Kommunikation zwischen Wissenschaft und Praxis auf verschiedenen Ebenen fördern. Damit zielt das Projekt auf eine Kooperation im Dreieck zwischen den mitwirkenden Forschern, Auslandsexperten und Praktikern. Konkrete Umsetzung findet dieser Ansatz auf internationaler Ebene durch *Good-Practice-Konferenzen*, in denen Experten aus Belgien, den Niederlanden und Großbritannien Erfahrungen der Einstellungspraxen aus ihren jeweiligen Ländern berichten. Ziel ist die Erhebung von Erfahrungen (das müssen nicht die besten sein, sondern taugliche oder wirksame) und deren Einspeisung in die deutsche Organisationspraxis. Auf nationaler Ebene findet im Rahmen des Projektes ein Austausch zwischen den projektbeteiligten Wissenschaftlern und Polizeibeamten zweier Landespolizeien statt. In den Praktikerkonferenzen sind die Thematisierung und Eruierung von Aspekten des Polizeialltags sowie Diskurse, die Relevanz für das Thema Integration besitzen, von besonderem Interesse. Weitere methodische Vorgehensweisen beziehen sich auf die Befragung von Polizeibeamten mit Migrationshintergrund sowie Experteninterviews mit Führungskräften, Einstellungsberatern, Gewerkschaftlern etc. Die methodische Besonderheit des Projektes besteht in einer prozessorientierten und reflexiven Aus-

---

[5] Das Beamtenrechtsrahmengesetz (BRRG) des Bundes wurde 1994 dahingehend geändert, dass nun in das Beamtenverhältnis berufen werden kann, wer Deutscher im Sinne des Art. 116 I GG ist oder die Staatsangehörigkeit eines andern Mitgliedsstaates der EU besitzt (vgl. § 4 BRRG). Danach können Staatsangehörige eines Mitgliedsstaates der EU ohne Ausnahmeregelung Beamte werden. Lediglich dann, wenn die Aufgaben es erfordern, darf nur ein Deutscher im Sinne des Art. 116 I GG in das Beamtenverhältnis berufen werden (Art. 48 Abs. 4 EWG-Vertrag). Art. 48 EWG-Vertrag sagt jedoch nicht, *welche* Bereiche der öffentlichen Verwaltung den jeweiligen Staatsangehörigen vorbehalten bleiben sollen.

richtung, die sich mit der Dauer des Projektes weiterentwickelt und modifiziert. Mit dieser Methode ist unseres Erachtens ein möglichst große Offenheit gegenüber den prospektiv nicht abschließend zu benennenden Themen gewährleistet. Die Zielvorgaben des Projekts bewegen sich auf drei Ebenen:

- Empirie: den Ist-Stand zu beschreiben und zu bilanzieren
- Theorie: die Informationen theoretisch zu kontextualisieren und in die akademische Diskussion um Migration, Integration und Organisationskultur einzuspeisen
- Beratung: die Situation für die Praxis zu bewerten und die Verantwortlichen zu beraten.

Im Augenblick erleben wir, dass das Ausfindigmachen der gemeinsamen Interessenlage von Wissenschaft und Praxis nicht gänzlich reibungslos verläuft. Zusammengefasst kann man sagen: Was die Integration von MH-Beamten in die Polizei anbetrifft, will die Praxis von uns konkret wissen, *wie es geht* (z.B. ausreichend viele Migranten zu finden, die für die Einstellung in den Polizeidienst geeignet sind), während wir als Außenstehende dabei sind, herauszufinden, *warum* es mit den bisherigen Strategien nicht gehen kann.

Die Idealvorstellung von der Produktion neuen *gemeinsamen* Wissens ist mittlerweile einer nüchterneren Haltung gewichen. Wir treffen die Verantwortlichen der Praxis inhaltlich nur punktuell und zeitlich nur begrenzt, denn die Interessen an einer gemeinsamen Projektarbeit sind sehr unterschiedlich verteilt. Für das Projektteam ist die Verfolgung der Projektidee Berufsarbeit, für die Kooperationspartner aus der Polizei ist das Projekt *eine* Zeitbelastung unter vielen. Da das Verwertungsinteresse für die Polizei nicht unmittelbar ersichtlich ist, lassen, so ist unser Eindruck in der zweiten Hälfte des Projekts, auch die Euphorie und Kooperationsbereitschaft etwas nach.

Wir interpretieren diese Einschätzung als notwendige Durchgangsstation, weil erst im fortgeschrittenen Projektverlauf die Unterschiede zutage treten können. Dies folgt sozusagen einer inneren Projektlogik, die unseres Erachtens zentral mit dem Thema zusammenhängt. Am Anfang steht die Offenheit, in der Mitte schafft sich Divergenz Platz und am Schluss geschieht im günstigen Fall eine Wiederannäherung und Neudefinition.

Migrant *sein* – **Qualitäten** *haben*

Die Verwendungsvielfalt des Migrantenbegriffs vereinfacht nicht gerade dessen Definition. Auch die vor allem in der politischen Terminologie verwendete Erweiterung „Migrationshintergrund" (MH) lädt zu verschiedenen Lesarten – und zu Missverständnissen – ein. Oft wird MH als abgeschwächte Form benutzt, um das Wort „Ausländer" oder „Fremder" zu vermeiden. In der abwertenden wie auch in der aufwertenden Variante haften am Begriff „Migrant" einige Mitbedeutungen: Man verbindet mit ihm bestimmte Eigenschaften bzw. Qualitäten (Verhaltensregelmäßigkeiten, Kompetenzen, Gefahren etc.). Diese Zuschreibungen gilt es zu benennen. Denn als Kollektiv (man kann auch sagen: als soziale Kategorie oder soziales Aggregat) besitzen *Migranten keine Eigenschaft per se* (ebenso wenig wie Frauen und Männer, alte und junge, große und kleine Menschen), außer der, dass sie im Verhältnis zu den Einheimischen etwas *nicht* sind[6]. So leicht es also fällt zu bestimmen, was Fremde *nicht* sind, so schwer fällt es andererseits zu bestimmen, was sie exakt sind, was ihr Fremdsein ausmacht und wie das Fremde mit dem Eigenen qualitativ in Beziehung gesetzt werden kann. Die negative Definition fällt also leichter als die positive. *Migrant* ist keine ontologische Kategorie, sondern eine sozial hergestellte, d.h. kulturell präformierte Zuschreibung. Sie entzieht sich deshalb auch der individuellen Handhabung, denn obwohl es viele gutmeinende Polizisten gibt, muss doch jeder migrantische Kollege neu gegen die vorhandenen Bilder von ausländischen Verdächtigen/Straftätern/Störern etc. angehen. Dies hat substanzielle Auswirkungen auf die Normalitätskonstruktionen, wenn man bedenkt, dass auch in offiziellen Verlautbarungen mit dem Migrantenbegriff bestimmte Seinsweisen bzw. Qualitäten mitgedacht werden, ohne dass diese jemals überprüft worden wären (z.B. Migranten können besser Konflikte ihrer Landsleute schlichten ...). Wir befinden uns mit der Begrifflichkeit also in einem Feld, das nicht neutral zu beschreiben ist, das im Gegenteil umstritten und ideologisch besetzt ist.

Für unseren Zuschnitt orientieren wir uns an der folgenden Begrifflichkeit: Migrant/Migrantin ist,

a. wer selbst eine ausländische Staatsbürgerschaft hat und in Deutschland dauerhaft lebt,
b. wer nicht in Deutschland geboren ist (z.B. auch als Statusdeutscher/Aussiedler),

---

[6] In der oft nahezu theorieabstinenten Literatur zum Diversity Management lesen wir häufig von den Potenzialen durch Migration, von der Bereicherung für die deutsche Kultur etc. So heißt es in der Integrationsoffensive der Hansestadt Hamburg: „Kulturelle Vielfalt wird als Bereicherung, Chance und Herausforderung ... betrachtet" (Freie und Hansestadt Hamburg, 2007, 9). Ich glaube, hier wird etwas übersprungen, denn im anthropologischen Sinne wie auch in dem alltagsweltlichen Erfahrung kommt vor dem Anerkennen und dem Wertschätzen der Differenz zunächst einmal die Wertschätzung der Einheit und der Zugehörigkeit. Die selbstverständliche Inszenierung von Normalität gelingt eben nur den Einheimischen, wie es Alfred Schütz (1972) beschrieben hat.

c. von dem mindestens ein Elternteil die ausländische Staatsbürgerschaft besitzt oder aus dem Ausland zugezogen ist,
d. Deutsch nicht als Muttersprache gelernt hat.[7]

Diese Kriterien lassen sich noch leidlich statistisch abbilden, wenn auch mit größerem Aufwand. Der Mikrozensus 2005 hat das getan, für die Polizei ist dies schon fast nicht mehr möglich, weil sie in der Erfassung der Daten ihrer Mitarbeiter und Mitarbeiterinnen sowieso sehr zurückhaltend umgeht. Das verhindert eine qualifizierte Personalentwicklungspolitik. Man weiß über das Personal insgesamt zu wenig, um es gezielt fördern, begleiten, auswählen und einsetzen zu können.

Fast alle statistischen und juristischen Definitionsversuche vernachlässigen den subjektiven Faktor. Deshalb fügen wir den oben genannten Kriterien noch ein subjektives bzw. konstruktivistisch gedachtes *Kriterium* hinzu: Einen Migrationshintergrund nehmen wir auch an, wenn die Fremdheitserfahrung noch *habituell dominant* wirkt (z.b. durch ein Leben in einer kulturell-sprachlichen Enklave) und für gravierende Erfahrungen der Nicht-Zugehörigkeit sorgt. Wir wollen mit unserem Begriffsrepertoire auch die Selbst- und Fremdzuschreibungen der Beamten und Beamtinnen mit Migrationshintergrund erfassen, die für sie faktisch eine Wirkung entfalten, egal ob ihr Fremdsein im Pass, auf der Haut, in der Sprache oder im Namen festgeschrieben ist.

Als MH-Beamte/Beamtinnen[8] bezeichnen wir also Personen, die sich durch eine erkennbar auf Ethnie oder Sprache gerichtete Differenz von einheimischen Beamten und Beamtinnen unterscheiden und die diese Unterscheidung selbst auch treffen bzw. wahrnehmen. Nicht entscheidend ist die formale Staatsangehörigkeit.

Diese Arbeitsbegriffe sollen das Projekt zunächst in Gang bringen. Sie orientieren sich z.T. an der Begrifflichkeit der PISA-Studie bzw. an der Verwendung des Landesamtes für Datenverarbeitung und Statistik NRW (s.o.). Sie können weiter entwickelt oder bestätigt werden (vgl. Landesamt für Datenverarbeitung und Statistik Nordrhein-Westfalen [LDS NRW], 2005).

---

[7] Diese Definition orientiert sich am Vorschlag des Deutschen Jugendinstituts, u.a. hat Nora Gaupp diese Variablen als „Migrationsindex" vorgestellt (Quelle: www.Kompetenzagenturen.de/ download/2520_ma_infobrief_2_2005.pdf, Zugriff am 29.3.2006)
[8] Wir beziehen uns ausschließlich auf Personen, die als *Polizeivollzugsbeamte/ -beamtinnen* in der Polizei arbeiten bzw. dort arbeiten wollen und Migrant/Migrantin sind oder Migrationshintergrund haben. Wir legen unser Augenmerk nicht auf Angestellte als Sprachmittler, Ausländerbeauftragte etc. und auch nicht auf Angestellte im Außendienst, Ausländerbeauftragte oder auf Angehörige von Wachpolizei, freiwilligem Polizeidienst, Ordnungsamt etc.)

2 Interkulturelle Kompetenz oder interkulturelles Personal: Warum soll sich die Polizei für Migranten öffnen?

Die Polizei befasst sich mit „Fremden" wahrscheinlich schon seit ihrem Entstehen. Vermutlich ist die Grenzziehungsfunktion (wir und die anderen, drinnen und draußen, Bürger und Fremde) eine implizite Begründung für die Existenz und die Notwendigkeit von Polizei, denn die „gute Ordnung" wurde (und wird) in der Regel besonders von „Fremden", also von Nichtzugehörigen, bedroht. So verwundert es nicht, dass die Beschäftigung mit „Fremden und Fremdem" schon lange Zeit in den Curricula von Aus- und Fortbildungsmaßnahmen etabliert ist, wenn auch unterschiedlich intensiv.

Im Umgang mit *Fremden und Fremdem* kann man grundsätzlich zwei Strategien erkennen, die sich in der relativen Stellung zur Organisation unterscheiden. Die erste Strategie geht von der Mitte der Organisation aus und wirkt von innen nach außen. Das Medium ist in der Regel Pädagogisierung/Training und zielt auf eine Verhaltens- und Kommunikationsänderung der (einheimischen) Polizisten und Polizistinnen. Die Maßnahmen zielen auf eine jeweils individuelle Anpassung an veränderte Umweltbedingungen und dienen der Konfliktminimierung mit Klienten. Durch „Schulung" wird eine Veränderung auf der Kognitions- und Verhaltensebene intendiert. In der Regel handelt es sich dabei um Seminare oder Trainings zur „Interkulturellen Kompetenz", zur „Interkulturellen Kommunikation" etc. Sie zielen auf das bessere Gestalten von Interaktionen mit Klienten und Klientinnen aus fremden Kulturkreisen ab.

Von der Mitte der Organisation geht eine weitere Initiative der Polizei aus, bei der man sich gezielt um Kontakte zu ausländischen Repräsentanten und ethno-kulturellen Gemeinden bemüht. Dies geschieht durch besonders geschulte und engagierte Mitarbeiter der Polizei, verbleibt aber auch im Regelkreis des Kontaktangebots aus dem Inneren der Polizei an die Fremden (Personen oder Gemeinden).

Davon strukturell zu unterscheiden wäre eine zweite Strategie, nämlich die Aufnahme von „Fremden" in die Polizei. Hier geht es nicht mehr bloß um temporäre Kontakte, um Toleranz und Kommunikation, sondern um eine (dauerhafte) Inkorporierung des Fremden. Mit der Rekrutierung migrantischen Personals ist eine Auflösung kultureller Monostruktur verbunden. Es erfolgt keine individuelle, sondern eine institutionelle Anpassung an veränderte Umweltbedingungen mit zwei Ausprägungen: Entweder durch Änderung der Organisationsstrukturen (im Falle einer ernst gemeinten Integration) oder durch Anwendung der Organisationsregeln auch auf Personal mit Migrationshintergrund (im Falle einer Assimilationspolitik, die mit der Verpflichtung zur Gleichbehandlung gerechtfertigt wird).

"Türkisch reden und Deutsch denken"

Graphik: Interkulturelle Aktivitäten der Polizei

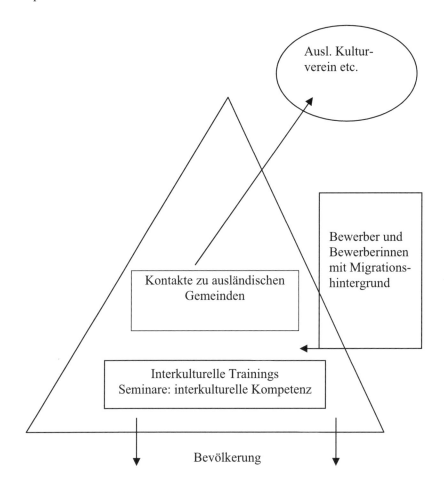

Die Einstellung von MH-Personal Wesentlichen mit drei Argumenten begründet:

- **Polizeitaktisch**: Die funktionalistische Begründung ist die gängigste und betrachtet MH-Beamte als „Kultur-Scouts" und spezielle „Milieukenner", mit deren Hilfe es gelingen könnte, die *problematische Klientel* besser zu kontrollieren[9]. Hier spielen insbesondere Vorstellungen eine Rolle, durch klandestine Perspektivenübernahme bzw. durch Mimesis einen höheren Fahndungs- und Aufklärungserfolg zu erzielen.

- **Personalpolitisch**: Die Kompensations-Perspektive geht davon aus, dass durch den demographischen Wandel die Sicherstellung des Personalbestands in Zukunft gefährdet sein könnte, und dass man, ähnlich wie man in den 80er Jahren die Frauen als Personalressource entdeckte, nunmehr Migranten ins Visier nimmt, um die weniger werdenden einheimischen Bewerber zu ergänzen. Diese pragmatische Sicht dominiert insbesondere die holländische Diskussion. Es geht in erster Linie um die Sicherstellung des Personalbedarfs der Zukunft und – etwas polemisch gesagt – um das Überleben der Institution und erst dann um Integration von Migranten in die Institutionen einer Gesellschaft.

- **Integrationspolitisch**: Die politisch ambitionierteste Position, die man findet, will MH-BeamtInnen einstellen, weil sie Teil der Gesellschaft sind. Sie steht in der Nähe der These der „Polizei als Spiegelbild der Gesellschaft", die von einer proportionalen Repräsentanz aller gesellschaftlich relevanten Gruppen in der Polizei ausgeht[10]. Nun ist Integration aber auf guten Willen

---

[9] Der Terminus „problematische Klientel" ist selbst nicht ganz frei von Stereotypisierung. Wir verwenden ihn trotzdem, weil deutlich werden soll, dass es nicht um „Fremdheit an sich" geht, und dass auch nicht alle „Fremden" („Ausländer", Migranten etc.) gleich attribuiert werden, sondern vor allem Fremde in Verbindung mit zusätzlichen Zuschreibungen gemeint sind, z.B. jung, männlich, arm, randständig, subkulturell, gefährlich, widerständig, isoliert etc. So lassen sich die „problematischen Gruppen" der Migrantenpopulation konkreter bezeichnen. Zu den zahlenmäßig größten gehören die türkischen, marokkanischen und die Spätaussiedler-Kohorten.

[10] Die Annahme, die Polizei sei ein Spiegelbild der Gesellschaft, gehört zum gängigen Repertoire von Polizeiverantwortlichen und Gewerkschaftsvertretern, insbesondere dann, wenn es gilt, Fehlverhalten von Polizeibeamten zu erklären oder zu relativieren. Was sie darüber hinaus möglicherweise noch sagen wollen, ist, dass die Polizei aus der Mitte der Gesellschaft kommt und kein exotisches Gebilde ist. Damit haben sie sicher Recht. Alles andere wäre sozialstrukturtheoretisch aber nicht zu begründen. Mit der Spiegelbild-Annahme blendet man aber die vielen real existierenden Exklusionsdeterminanten aus: Es fehlt das bildungsferne Milieu, es fehlen in einigen Bundesländern auch die mittleren Bildungsabschlüsse, die Oberschicht fehlt ganz, es fehlen Behinderte (zumindest werden keine behinderten Menschen eingestellt) und diejenigen, die Vorstrafen oder körperliche Mängel haben. Die Fremden/Ausländer fehlen bis auf ein Prozent. Frauen sind auch unterrepräsentiert, zumindest in den Leitungsebenen, von den Intellektuellen ganz zu schweigen. Künstler fehlen bis auf ganz wenige Ausnahmen, diejenigen, die sich als radikale Pazifisten bezeichnen würden oder die Angst vor der Benutzung von Schusswaffen haben. Natürlich bekommt man statistisch einen Mittelwert hin, aber

angewiesen, sie kann nicht nur angeordnet werden und ist auch nicht zu einem Zeitpunkt „X" gegeben. Dieser Ansatz ist der politischste unter den Argumentationen, es fehlt ihm aber auch am deutlichsten die empirische Fundierung. Er setzt auf den gemeinsamen guten Willen der Beteiligten, den man ebenfalls nicht anordnen kann. Nicht begründet wird z.b., in welcher Hinsicht eine als Spiegelbild der Gesellschaft organisierte Polizei besser arbeiten sollte. Dem zu folge zeigt diese Haltung auch am ehesten die Kluft zwischen „gut gemeinter" und „gut gemachter" Integration auf.

- **Institutionstheoretisch:** Dieses Argument wird von uns auch als *Resonanz-Ansatz* bezeichnet. Im Kern geht es darum: *Kulturelle Varianz* in der Organisation erzeugt nicht sofort, sondern erst mittelfristig, eine *positive Resonanz* in der Bevölkerung. Migranten können mittelbar dazu beitragen, die **kulturelle Varianz** in einer Organisation zu erhöhen, weil die Tatsache, dass es in zunehmender Anzahl Einwanderer geben wird, verstärkte Anstrengung verlangen wird, um die unterschiedlichen kulturellen Praxen in eine Koexistenz zu bringen. Bisher gilt die Kopftuch tragende Polizistin oder der Turban tragende Polizist als Schreckensvision, aber warum sollte darüber nicht bald diskutiert werden? Die Seminare über interkulturelle Kompetenz, die sich bislang mit dem interkulturellen Publikum als Adressaten polizeilicher Tätigkeit beschäftigen, werden mittelfristig durch Angebote ergänzt werden müssen, die sich mit *interkultureller Kompetenz in Teams* bzw. *interkultureller Teambildung* beschäftigen. Die Annahme ist, dass sich Diskurse und Problemlösungskompetenzen in der Organisation positiv entwickeln, wenn sie mit einer größeren kulturellen Varianz geführt werden, als sich auf eine kulturhomogene Grundlage zu beziehen. So habe ich bei der Übergriffs-Wahrscheinlichkeit argumentiert und bei den Frauen, die neue Diskurse ermöglicht und erzwungen haben (vgl. Behr 2006, Kap 2.4 und 3.2). In Organisationen mit größerer Kulturvarianz verfestigen sich Welt- und Menschenbilder nicht so rasch und nicht so militant wie in Organisationen mit wenig Varianz. Da man also quasi gezwungen ist, interne Konfliktlösungen zu entwickeln, um die Zusammenarbeit unterschiedlicher Kulturen

---

eben keinen Spiegel der Gesellschaft (sondern allenfalls einen Spiegel der beamteten Mittelschicht einer Gesellschaft). Auch im Zusammenhang der Beamten mit Migrationshintergrund wird häufig die Spiegelbild-Metapher benutzt. Aber auch sie spiegeln (im Sinne von repräsentieren) ihren Bevölkerungsanteil nicht. Die eingestellten Migranten gehören, was Sozialisationsleistung und anderes „kulturelles Kapital" angeht, zu dem Teil der Migrantenpopulation, der assimilationsfähig gegenüber der hiesigen Kultur ist. Jedenfalls spiegeln sie bei weitem nicht die gesamte Breite ihres Bevölkerungsanteils. Um eine Chance zu haben, bei der Polizei eingestellt zu werden, müssen sie dieselben Einstellungshürden überwinden wie einheimische Bewerber und Bewerberinnen, und sie müssen wahrscheinlich wesentlich mehr mit der deutschen Gesellschaft gemeinsam haben als mit ihrer Herkunftsgesellschaft.

zu gewährleisten, könnte sich diese Kompetenz ebenfalls positiv auf die professionellen Problemlösungsstrategien sowie auf die Flexibilität an Umgangsformen der Organisation mit dem (ebenfalls multikulturellen) Publikum auswirken. Entgegen der mit einem bloßen Proporz operierenden und empirisch eindeutig falschen Spiegelbild-Metapher könnte man hier von einer *Permeabilität* bzw. Resonanzwirkung ausgehen: Die kommunikative Kompetenz, die benötigt wird, um im Innern der Polizei kulturelle Heterogenität produktiv zu wenden, sickert im Laufe der Zeit auch als Problem- und Konfliktlösungskompetenz nach „außen" durch, d.h. als reflektiertere und interkulturell sensible Vorgehensweise mit dem Publikum. Hier könnte u.U. doch mittelbar ein Erfolgskriterium zu finden sein: Die interkulturelle Kompetenz steigt mit der Anzahl von Gelegenheiten, in denen sie bewiesen werden muss. Interkulturelle Kompetenz ist also ein Prozess und keine Technik, und sie ist nicht beschränkt auf das Publikum, im Gegenteil: Ich argumentiere ausdrücklich, dass erst im Zuge der Verstetigung und Erhöhung der Anzahl von Migranten ein positiver Effekt hinsichtlich der Publikumskontakte zu beobachten sein wird, und zwar nicht beschränkt auf (mehr) migrantisches Personal, das mit „seinesgleichen" umgeht, sondern bezogen auf das gesamte Personal, das mittelbar kultursensibler wird. Die positiven Effekte können eigentlich erst eintreten, wenn die Organisation im Innern ihre Erfahrungen mit Interkulturalität gemacht und verfestigt hat. Dafür ist ein signifikanter Anstieg der Prozentzahlen des MH-Personal unerlässlich, man muss aber die Argumentation quasi umdrehen: Die (wenigen) bisherigen MH-Beamten verschaffen der Polizei keine über den Einzelfall hinausgehende Kulturkompetenzen. Erst wenn sich, durch eine wahrnehmbare Zahl von Migranten, der Fokus von den Individuen auf soziale Regeln, Prozesse und Erfahrungen verlagert, wird sich die Organisationskultur verändern, und diese Veränderung wird später auch positiv nach außen wirksam werden können.

3   Hypothesengenerierende Beobachtungen

Bemüht man eine Analogie, dann kommt man zu dem auf den ersten Blick überraschenden Ergebnis, dass die Integration von Frauen in die Polizei wesentlich erfolgreicher war, als bislang die von Migranten: Wider Erwarten zeigte sich Geschlecht (Gender) als durchaus organisationskompatibel. Ob diese „Passung" auch für MH-Beamte gilt, kann bislang noch nicht bestätigt werden. Allerdings geschieht die Integration von MH-Personal auch zeitlich noch nicht so lange wie die Integration von Frauen in die Polizei.

Was wir bislang zusammengetragen haben, lässt sich folgendermaßen skizzieren:

- Die politische Forderung von zehn Prozent (z.B. Körting, vgl. Berliner Zeitung vom 18.8.2005) MH-Beamte stößt in der Praxis auf Grenzen der Umsetzung.
- Die Haltung von Polizeipraktikern kann man in zwei Aussagen zusammenfassen: 1. „Wir wollen Migranten, finden aber nicht die Richtigen" 2. „Ich habe nichts gegen Migranten, wenn sie den Dienst so machen wie wir".
- Politisch wird in der deutschen Polizei freimütig von „Integration" gesprochen, faktisch (und im soziologischen Sinne) wird aber von der Polizei *Assimilation*[11] praktiziert.
- Es ist insgesamt eine hohe *Anpassungserwartung* zu beobachten, deren komplementäre Seite in einer ebenso hohen Anpassungsbereitschaft besteht, was von einheimischen Kollegen nicht selten als „Überanpassung" erlebt und bezeichnet wird.
- Das „Stellvertreter-Symptom" (token)[12] erschwert Differenzierung und Einzelfallorientierung auf beiden Seiten (MH-Beamte und Organisation).
- Der Gleichbehandlungsgrundsatz wird häufig wie ein Dogma benutzt, was flexible Lösungen (z.B. Ausnahmen von der Regel) verhindert. Unterhalb

---

[11] Mit Assimilation meinen wir die deutlich einseitige Anpassung einer Minderheit an die kulturellen bzw. sozialstrukturellen Bedingungen einer Mehrheit. Wenn „Fremde" Zugang zu staatstragenden Organisationen erhalten, dann findet soziologisch gesprochen eine „strukturelle Assimilation" statt. Der Zugang vollzieht sich als eine Inklusion in zentrale Funktionsbereiche, darunter die Institutionen der Aufnahmegesellschaft (Esser 2004, 57). Bedingung scheint aber zu sein, dass diejenigen „Fremden", die diesen Zugang erhalten, so fremd nicht mehr sind, sondern sich relativ einseitig an die dominanten kulturellen Bedingungen zur Teilnahme am Produktionssektor angepasst haben.

[12] Eine Begrifflichkeit von Rosabeth Kanter (1977), die alltagssprachlich übersetzt werden kann mit „kenn' ich einen, kenn' ich alle". Token heißt wörtlich übersetzt „Zeichen" oder auch „Maskottchen". Kanter bezeichnet mit diesem Begriff Frauen in segregierten Bereichen der Berufswelt (von segregierten Bereichen kann man nach Kanter dann sprechen, wenn der Anteil einer Gruppe bei unter 15 Prozent liegt): „„The term ‚token' reflects one's status as a symbol of one kind" (Kanter, 1977: 969). ‚Berufsdeviante' Frauen sind dabei mit drei Konstellationen konfrontiert. Erstens mit ‚overobservation': Ständig sichtbar und beobachtet, befinden sich in einem Dilemma, weil von ihnen sowohl Spitzenleistungen wie auch eine Demonstration von Inkompetenz (zur Vermeidung von Konkurrenzängsten) verlangt wird. Zweitens kommt es in segregierten Zusammenhängen zu Polarisierung bzw. Hierarchisierung: Differenz wird in Ungleichheit übersetzt, und dabei werden (durchaus räumlich!) geschlechtshomogene Allianzen aufgebaut, zu denen die Minderheit keinen Zugang hat. Drittens findet eine Assimilation statt: Alles, was die ‚tokens' tun, wird vor der Folie dominanter Geschlechterstereotype wahrgenommen. Frauen sind nicht primär Berufsmenschen sondern Repräsentierende ihrer Geschlechtskategorie". (Degele, Nina: „Mutti spült, Papa arbeitet", in: http://www.soziologie.uni-freiburg.de/Personen/degele/material/pub/Mutti_spuelt.pdf, Zugriff am 23.9.07).

der formalen Regelungsebene ist gleichwohl eine Anzahl persönlicher Ausgestaltungsspielräume zu beobachten.

- Unter „Gleichbehandlung" wird verstanden, dass MH-Beamte mindestens alle Voraussetzungen erbringen müssen, die von Einheimischen auch erwartet werden[13].
- „Affirmative Action", d.h. positive Diskriminierung (z.b. durch das Vorgeben von Quoten) wird von allen Befragten abgelehnt.
- Oft wird von migrantischen BewerberInnen ein „ethnisch-kultureller" Mehrwert gefordert. Dieses kulturelle „Surplus"-Denken führt zur faktischen Ungleichbehandlung. Ein indischer Bewerber konnte wählen, ob er sich - mit Sprachtest - als Nicht-EU-Ausländer einstellen lassen oder vorher die deutsche Staatsbürgerschaft annehmen wollte. Die eindeutigen Nutznießer des allgemeinen Gleichheitspostulats sind vor allem die einheimischen Bewerber und Bewerberinnen
- Konsens besteht weitgehend darin, dass ethnische Minderheiten strukturell benachteiligt sind und damit auch geringere Chancen bei Bewerbung haben. Diese Defizite können durch gezielte Vorbereitung *vor der Aufnahme* in die Polizei kompensiert werden. Eine Kompensation *nach* der Einstellung wird nirgendwo mehr ernsthaft diskutiert
- Dissens besteht über die „Zuständigkeit" bzw. den Beitrag der Polizei zu dieser Kompensationsleistung.

3.1 Wie lässt sich der Bruch zwischen Politik und Praxis verstehen?

Um zu verstehen, warum aus dem politischen Raum beständig die Bekenntnisse zur Erhöhung des Migrantenanteils in den Berufsfeldern des öffentlichen Dienstes kommen, in der Organisationspraxis aber eine konstante Zahl von ca. einem Prozent des Personals offenbar nicht überschreitbar ist, ist man auf Spekulationen und Hypothesen angewiesen. Drei Gründe könnten erwogen werden:

- Es handelt sich um eine **„Verschwörung" der Praxis gegen die Politik**. Dafür gibt es aber weder empirisch noch theoretische Evidenz. Verschwö-

---

[13] Davon gibt es in einigen Bundesländern Ausnahmen bzw. divergierende Auslegungen. Während beispielsweise in Bayern für Nicht-EU-Ausländer neben dem Deutschtest noch eine zusätzliche Sprachprüfung (Zusatzfremdsprache/Heimatsprache) abgelegt werden muss, verzichtet man in Bremen auf diesen Zusatznachweis ganz und verlangt innerhalb der Sprachkompetenzprüfung lediglich ein Mindestmaß an Deutschkenntnissen (mindestens acht Punkte im Abgangszeugnis). Das Erreichen der Mindestpunktzahl im Deutschtest kann durch Bonuspunkte in einem anderen Bereich (z.B. weitere Sprachkenntnisse) zu einem besseren Abschneiden im Bereich „Sprachkompetenz" führen.

rungstheorien gedeihen immer dort, wo sehr polarisierte Interessen aufeinanderprallen und man kein oder nur sehr geringes Wissen von den tatsächlichen Bedingungen der anderen Seite hat. Auch uns fehlt dieses Wissen letztendlich, jedoch deutet nichts auf eine derartige Entfremdung und Feindschaft zwischen Politik und Praxis hin, dass diese Phantasie genährt werden könnte.

- **Unterschiedliche Loyalitätsbindungen.** Für dieses Argument findet sich schon eher eine Grundlage, besonders aus Interviews mit Experten der mittleren Führungsebene (Personalsachbearbeiter, Leiter von Einstellungs- und Werbestellen, Fachleute für Beamtenrecht etc.). Hier stehen politische Ziele gegen verfahrensrechtliche Axiome: Die Exekutive folgt der Judikative, nicht der Legislative. Insbesondere in der Kommentierung der Berliner Vorgänge (s.o.) ist immer wieder das Argument benutzt worden, dass solche Proklamationen nicht „verwaltungsgerichtsfest" seien und man sich im Zweifel an die Vorgaben der Judikative hält, anstatt vorbehaltlos den politischen Forderungen eines Ministers/Senators zu folgen. Hier wird eine Loyalität mit dem Recht betont, nicht die mit der politischen Klasse (und sei es der eigene oberste Dienstherr)[14].

- **Eigenlogik bürokratischer Organisationen.** Unsere Arbeitshypothese lautet allerdings, dass sowohl Struktur und Kultur der Polizei, also Tradition und Aufbau, auf Gleichbehandlung und Einheitlichkeit ausgerichtet sind, nicht auf Vielfalt und/oder Individualität. Im Falle der Migranten können sich diese zwei retardierenden bzw. obstruktiven Elemente gegenüber den Modernisierungs- und Innovationskräfte besser durchsetzen als bei anderen Themen. Es kommt dabei nicht zu „offenem Widerstand", sondern scheint in das komplexe Interessengeflecht der Polizei eingewoben zu sein. Für die institutionelle Kompromissbildung steht das „Ja, aber ...", das man immer wieder hört, wenn es um Migranten in der Polizei geht. Sie sollen *anders und gleich zugleich* sein, ein anderes Sprichwort fällt in diesem Zusammenhang auch sofort ein, nämlich das „Wasch' mir den Pelz, aber mach' mich nicht nass". Man will das eine, ohne das andere aufzugeben, was allerdings ohne Bewegung der Organisation nicht geht. So bleiben oft Erfolg oder Misserfolg einer guten Einbindung migrantischer Kollegen und Kolleginnen in die dienstlichen Abläufe vom Geschick der Beteiligten abhängig, die sich –

---

[14] Möglich wird die kritische Haltung gegen den politischen Sektor bei gleichzeitiger Beibehaltung der dienstlichen Loyalität durch die Spaltung des Minister/Senatorenamtes in zwei Ebenen: Ein Innenminister/-senator ist in einer Doppelrolle gleichzeitig Teil der Regierung (Legislative) und als oberster Dienstherr Teil der Innenverwaltung (Exekutive). Dies bedeutet für seine nächsten Mitarbeiter, dass sie unter Umständen den Politiker bremsen, beraten, kritisieren müssen, ohne aber den Dienstherrn zu demontieren. Dies erfordert ein gewisses diplomatisches Geschick.

mehr oder weniger mimetisch begabt bzw. tolerant – quasi auf individueller Ebene miteinander arrangieren, ohne die Strukturen und auch ohne die dominante Kultur der Organisation anzutasten.

3.2 Zur Eigenlogik bürokratischer Organisationen

3.2.1 Strukturdeterminanten der Polizei

Eine Organisation lässt sich darauf hin untersuchen, inwieweit sie genügend *strukturelle Elastizität* aufweist, um Vielfalt (diversity) zu ermöglichen bzw. zu befördern. Oder aber, ob die strukturellen Rahmenbedingungen eher eine Einheitlichkeit (Uniformität) fördern bzw. erzwingen, was Integration erschwert (weil sich die Organisation nicht auf Vielfalt einstellt und auf „Fremde" zu bewegt) und die Exklusions- bzw. Marginalisierungswahrscheinlichkeit erhöht. Der Satz: „Die Amtssprache ist deutsch, basta." weist in diese Richtung. Natürlich stimmt dieser Satz juristisch. Aber programmatisch unterstreicht der Zusatz (basta) und der Kontext die Unwilligkeit, daran zu arbeiten, dass man sich um Verständigung bemüht.

Die Strukturdeterminanten der Polizei, die tendenziell auf Gleichheit und Homogenität ausgerichtet sind, lassen sich nicht abschließend aufzählen, einige stechen aber besonders hervor:

- Das formale *Gerechtigkeitsparadigma* (Gleichbehandlung) führt dazu, dass man sich darauf beruft, alle gleich zu behandeln, was aber dazu führt, dass nicht nur Gleiches gleich behandelt wird, sondern auch Ungleiches gleich gemacht wird (z.b. müssen auch Personen mit abgeschlossenen Universitätsstudiengängen das Polizei-Studium an der Verwaltungsfachhochschule absolvieren und damit die Berufskarriere von ganz unten beginnen).
- Die *Bildungs- und Intelligenzprüfung* ist ausgerichtet an der Ermittlung eines (deutschen) intellektuellen *Durchschnittsniveaus*, sie will ein Mindestmaß an Bildung und Intelligenz sicherstellen, sondert damit allerdings auch ein „Zuviel" an „kulturellem" und/oder „sozialem Kapital" aus[15]. Zu-

---

[15] Die offizielle Zielrichtung dieses Teils des Auswahlverfahrens richtet sich auf die Ermittlung der sog. „Studierfähigkeit" der Bewerber und Bewerberinnen. Diese zuverlässig zu ermitteln fällt aber einigermaßen schwer. Doch hindert das die Verantwortlichen nicht daran, an der Gültigkeit ihres Verfahrens festzuhalten. Dazu eine Anekdote aus dem Forschungsprozess: Eine Projektmitarbeiterin, die selbst zwei universitäre Studiengänge mit Bestnoten absolviert hatte, nahm am schriftliche Teil des Auswahlverfahrens eines der beteiligten Bundesländer teil. Dort erlangte sie in einen Testteil nicht die ausreichende Punktzahl (sie hatte u.a. die Frage, ob sie die Ehe glücklich machen kann, nicht „richtig" beantwortet) und galt somit als nicht polizeidienstfähig. Wir besprachen das auf einer

sätzlich sind die Sprachbildungstests in der Regel (hoch-)kulturell determiniert. Die Frage der Referenzgruppe wird so gut wie nie gestellt. Begriffe wie *Quintett* oder *Kerzendocht* gehören zum Wissensrepertoire der Auswahlkommissionen und der Testpsychologen, aber nicht mehr notwendigerweise zum Vokabular der jugendlichen Bewerber und Bewerberinnen. Dafür fragen die Akademiker keine Fachbegriffe aus der jugendlichen Szenesprache ab. Schließlich sind die Bildungseinschätzungen eher ein Ausdruck der Konstruktionen und Erwartungen (auch der Kulturleistungen) der polizeilichen Oberschicht (inklusive der angeschlossenen Psychologen, Pädagogen etc.) hinsichtlich des Bildungsniveaus eines Polizeibeamten/ einer Polizeibeamtin, als eine theoretisch fundierte Einschätzung über das tatsächlich notwendige Sprach- und Intelligenzpotenzial *der Polizei*.

- Die Erfordernis eines guten *Leumunds* schließt von vorn herein eine ganze Menge an Bewerbern aus. Ebenso verhält es sich mit dem
- *Gesundheitsstatus* und der *physischen Belastbarkeit*. Selbst die Körpergröße variiert zwischen den Bundesländern beispielsweise um mehr als zehn Zentimeter, auch die Polizeidienstvorschrift (PDV) 300, die die Grundlagenvorschrift zur Polizeidienstfähigkeit darstellt, wird unterschiedlich interpretiert. Zunächst könnte man annehmen, dass der Komplex Gesundheitsstatus derjenige Teil der Einstellungsprüfung ist, in dem Gleichbehandlung tatsächlich verwirklicht wird. Allerdings bleibt auch dort einiges im Verborgenen, weil die einschlägige PDV 300 nicht öffentlich zugänglich ist. Nach unseren Erfahrungen machen sich aber schon in der Schwimmprüfung wieder kulturelle Unterschiede bemerkbar, weil es für viele türkische Jugendliche (Männer und besonders Frauen) nicht so selbstverständlich ist wie für Einheimische, z.B. ein qualifiziertes Schwimmabzeichen zu besitzen.
- *Nationalität/Staatsangehörigkeit* ist nach wie vor ein vereinheitlichendes Einstellungskriterium. Durch die Lockerung der Staatsangehörigkeitsklausel und die damit einhergehenden Irritationen bei vielen Betroffenen wird ja erst deutlich, dass es offenbar ein großes Beharrungsvermögen auf diesem Punkt gibt, was rational nicht leicht zu erklären ist. Das sog. „Deutschen-Privileg"

---

der nächsten gemeinsamen Treffen mit den Projektmitgliedern und den für das Auswahlverfahren Verantwortlichen. Mit großer Selbstverständlichkeit stellten diese die Frage, wie denn die Kollegin das Studium habe bewältigen können, wo sie doch bei der Aufnahmeprüfung für die Polizei durchgefallen sei. Im Zuge des Gesprächs wurde ganz deutlich der Wert der heutigen Studienleistungen und -anforderungen in Frage gestellt, nicht etwa die Gültigkeit der Studierfähigkeitsermittlung der Polizei. Das alles geschah natürlich in freundlicher Geste und mit Augenzwinkern, d.h. mit ironischer Brechung, hat aber m.E. eine gravierende Bedeutung: Die Polizei zweifelt eher an den außerpolizeilichen Standards, die die Bewerber und Bewerberinnen mitbringen, als an den eigenen. Auch wenn sie mit dem Gegenteil konfrontiert werden, stellt sich eher Kopfschütteln über die Qualität der akademischen Ausbildung ein als über die Prognosewirkung des eigenen Tests.

ist funktional weitgehend obsolet und man fragt sich, warum heutzutage noch Kernaufgaben des Staates (Hoheitsfunktionen) an die Zugehörigkeit zu einem kollektiven Merkmal geknüpft werden, das keinerlei eigene Qualität aufweist, und nicht an individuelle Kompetenzen bzw. Loyalitätsbindungen. Der Aspekt *Staatsbürgerschaft* weist wie alle oben aufgeführten Kriterien auf den traditionalen Gehalt der Rekrutierungsprinzipien hin, bei denen das „Sein" vor dem „Können" steht. Diese Tradition wird mit der Einstellungsmöglichkeit von Nicht-Deutschen strukturell zwar angegriffen, nicht aber überwunden. Und so erklären wir einen großen Teil der Vorbehalte gegen individuelle Lösungen, gegen „positive Diskriminierung" bzw. die Quotenregelung auch damit, dass nicht nur gegen die konkrete Regelung Vorbehalte bestehen, sondern gegen die Auflösung traditioneller Werte, die die Privilegierung des Personals der Polizei untermauerten.

- *Einheitslaufbahn*: Die traditionelle Vorstellung einer beruflichen Karriere in der Polizei basiert auf drei Prämissen: 1. Alle fangen unten an, 2. Alle können in alle Hierarchiestufen aufsteigen (alles werden) und 3. Alle können alle Dienstposten übernehmen (d.h. alles machen). Diese Prämissen stimmen natürlich nicht mit der Realität überein, sie strukturieren aber den Idealtypus der beruflichen Statusgestaltung in der Polizei. Das diesem Idealtypus zugrundeliegende Prinzip ist die Generalverwendbarkeit, die nicht auf individueller Leistung(sfestellung) beruht, sondern auf Treue bzw. Beharrungsvermögen.

- *Verwendungsbreite vs. funktionaler Spezialisierung*. Die Führungsfunktionen der Polizei, insbesondere das Eingangsamt des höheren Dienstes (A 13), werden in der Regel nicht nach einer speziellen fachlichen Qualifikation (z.B. Zugehörigkeit zum SEK), sondern nach Kriterien der Flexibilität vergeben. Dies entspricht zwar einer modernen Managementlehre, hat aber, insbesondere für die Loyalitätsbindung der Mitarbeiter, auch unbeabsichtige Nebenfolgen. Auf der Sachbearbeiterebene ist die Flexibilität besonders dort, wo neben Fachqualifikation auch persönliche Neigung oder Talent eine Rolle spielt, oft kontraproduktiv, wenn z.B. der teuer und gut eingespielte Spezialist, um von der A 11 in die Besoldungsstufe A 12 zu kommen, das Kommissariat wechseln muss. Anders als z.B. im Richteramt ist der hierarchische Aufstieg mit dem Verlust von angestammten Tätigkeiten verbunden. Und eine regelmäßige Beförderung steht in der Prioritätenskala von Polizeibeamten immer noch an erster Stelle (dazu werden bzw. wurden sie im Übrigen auch erzogen). Obwohl einige Behörden die Dysfunktionalität dieses Verfahrens bereits erkannt und einzelne Sachbearbeiterdienstposten bis zur höchstmöglichen Besoldungsstufe hochgestuft haben, steht die vertikale

Veränderung (Dienstgrad) immer noch deutlich über der horizontalen (Funktion).

3.2.2 Determinanten einer hegemonialen Polizistenkultur (Cop Culture)

Ebenso verhält es sich mit der Organisationskultur. *Kulturelle Elastizität* fördert und begünstigt Integration und lässt eine Vielzahl von Zusammenschlüssen, Lebensentwürfen, Berufsvorstellungen etc. zu, während kulturelle Dominanzverhältnisse eher eine Assimilation erzwingen.

Obgleich die jüngeren Untersuchungen und Befunde zur Polizistenkultur eine noch stärkere Differenzierung des Kulturbegriffs nahe legen (z.B. Chan 1997, 2003; Waddington 1999 a und 1999b), soll an dieser Stelle doch ein Klassiker der Polizeiforschung bemüht werden, dessen Kernaussagen nach wie vor Gültigkeit beanspruchen können. Jerome Skolnick (1966) hat Determinanten einer hegemonialen Polizistenkultur herausgearbeitet, u.a. sind das transzendentale Bezüge zur *Gefahr*, zu *Autorität* und zur *Tüchtigkeit*. Daraus leitet er einen „Polizisten-Habitus" ab, zu dem Eigenschaften wie *Argwohn, soziale Isolation* (Rückzug), berufsinterne *Solidarität* und aggressive *Maskulinität* (crime fighter) gehören. Die sich dahinter verbergenden Grundhaltungen (Weltverständnisse) lassen sich zusammenfassen mit *Konservatismus* und *Bipolarität* (dichotomes Weltbild)[16].

---

[16] Natürlich sind das aggregierte Eigenschaften, die individual-biographisch so ausgeprägt nicht vorzufinden bzw. nur phasenweise zu beobachten sind. Als Grundmuster eines Vergemeinschaftungs-Typus scheinen mir diese Typisierungen aber nach wie vor zutreffend zu sein. Gerade in Zeiten von Modernisierungskrisen wird dies deutlich, wenn also von Teilen der Organisation behauptet wird, solche Zuschreibungen gehörten der Vergangenheit an. Wie man in jüngsten Äußerungen von Polizeibeamten zur Situation bei Großdemonstrationen eindrucksvoll vermittelt bekommt, handelt es sich bei Skolnicks Annahmen um latente Tiefenstrukturen, die jederzeit wieder Geltung erlangen können (vgl. z.B. das „Tagebuch eines Polizisten" während des G-8-Gipfels in Heiligendamm im Juni 2007 unter http://www.stern.de/politik/deutschland/590264.html?nv=ct_mt (Zugriff am 1.6.2007) der letzte Eintrag (Tag 9) verweist auf die Adressen der zurückliegenden Tagebuchnotizen, vgl. http://www.stern.de/politik/deutschland/:Tagebuch-Gipfel-Polizisten%2C-Tag-9-Nach-Einsatz-Einsatz/590797.html, Zugriff am 10.6.2007. Dieses als „Tagebuch" (dass es sich hierbei natürlich auch um eine veröffentlichte Intimität handelt, also Privatsphäre lediglich gespielt wird, sei nur am Rande erwähnt) veröffentlichte Dokument beschreibt eindrucksvoll die Genese einer defensiven und Verständnis einfordernden Wagenburg-Mentalität, in der sich Selbstwahrnehmung und Fremdwahrnehmung deutlich in Richtung „Freund-Feind" polarisieren. Daneben finden sich auch deutliche Hinweise auf kriegerische Gewaltphantasien. Der Polizist, der zu Beginn noch um Differenzierung bemüht ist, verliert im Verlauf der neun Tage seinen zivilgesellschaftlichen Auftrag vollständig aus den Augen, er ist nicht mehr Teil einer Bürgerpolizei, sondern Teil einer phantasmatisch überhöhten Streitmacht. Die Texte lesen sich auch als beklemmende Beweise dafür, dass es vor allem der situative Kontext ist, der aus ganz normalen Polizisten wieder kriegerische Männer machen kann.

Waddington (1999) erkennt vier Grundpositionen: Mission, Macho-Kultur, „Wir/Sie"-Denken und defensive Solidarität (ausführlich dazu vgl. Ohlemacher 2006: 160ff). Innerhalb dieser kulturellen Rahmung der Polizisten findet *Vergemeinschaftung* statt, in deren Zentrum die Gefahr, der Einsatz, *die Lage* steht. Polizisten sehen sich mehrheitlich als Einsatzbewältiger, nicht als Sozialarbeiter bzw. Problemlöser sozialer Konflikte[17]. Die Gefahr, auch das wurde eindrucksvoll am ersten Tag des G-8-Gipfels in Rostock gezeigt, wirkt identitätsstiftend und ist die eigentliche Legitimationsfigur für Polizisten[18]. Mit der völlig überzogenen, quasi informationsfreien, aber vollständig apokalyptischen Zahl von 433 verletzten Polizisten wurden nicht nur die anschließende härtere Vorgehensweise gerechtfertigt, sondern auch unterstrichen, dass man sich in einem *kriegerischen Verhältnis* zu den Demonstranten befindet[19].

Ich fasse zusammen: Struktur und Kultur der Polizei sind derzeit noch ausgerichtet an einer organisationalen Homogenität (unity) und führen zu einer Dominanz derjenigen kulturellen Werte in der Polizei, die diese Einheit befördern. Sie behindern kulturelle Elastizität (diversity) sowie die Integrationsbemühungen und Integrationsleistungen der Organisation.

---

[17] Auf diese Differenz macht in Deutschland insbesondere Jochen Christe-Zeyse aufmerksam, z.B. mit seiner Unterscheidung in ein „Einsatzparadigma" und ein „bürokratisches Paradigma". Im Zentrum polizeilicher Professionsdenkens steht die Einsatzbewältigung, nicht die Sachbearbeitung, und schon gar nicht die Orientierung an Management-Konzeptionen (vgl. Christe-Zeyse 2006, bes. 71-104).

[18] Wahrscheinlich ist es die Kombination aus *Einsatz, Gefahr* und *Lagebereinigung*, die zu der emotionalen und funktionalen Gemengelage führt, die man dann verkürzend und verallgemeinernd den „Korpsgeist" der Polizei nennt (gegen die Korpsgeist-Hypothese argumentiere ich in Behr 2006, 91-94). Der Einsatz ist die berufliche Mitte, Gefahr die in ihr dominante Affektlage, und die Lagebereinigung die mit dem Einsatz verbundene Intentionalität und gleichzeitig das Erfolgskriterium. Deshalb erscheint mir als Achse der Interaktionsprozesse die Bezeichnung „defensive Solidarität" (Ohlemacher 2006: 160) viel präziser als der aus dem militärischen Kontext entlehnte Begriff „Korpsgeist".

[19] Die Opferzahlen lassen einen zunächst einmal verstummen, und genau das ist vielleicht die „Denkfalle". Über 400 auf der einen, über 500 auf der anderen Seite. Darf man Opferzahlen überhaupt relativieren oder in Beziehung setzen? Darf man fragen, wie die Zahlen zustande gekommen sind, wer sie erhoben hat und um welche Verletzungen es sich gehandelt hat? Man durfte es in den ersten Tagen des Juni 2007 sicher nicht. Um nicht missverstanden zu werden: Ich will Verletzungen an oder von Polizeibeamten weder bagatellisieren noch entschuldigen. Jeder Schmerz ist überflüssig und hinterlässt Spuren, die man keinem Menschen per se wünschen kann. Doch muss man jenseits der Einfühlung für die konkreten Verletzten auch die mediale Diskursivierung berücksichtigen, sozusagen die Wirkung der (Sprach-)Bilder analysieren, die mit der Zahlenarithmetik verbunden sind. Die Folgen eines bloßen, nicht-reflexiven, Beeindrucktseins kann man bei dem oben erwähnten polizeilichen Tagebuchschreiber gut erkennen.

4 Was ist und wie zeigt sich die kulturelle Dominanz der Organisation in der Polizei?

Mit dem Begriff *Dominanz der Organisationskultur* (oder auch *kulturelle Dominanz der Organisation*) soll ein theoretischer Kontrapunkt zu den Managementkonzepten von „Diversity Management", „Cultural Mainstreaming" etc. formuliert werden. In der Tat scheint mir eine Beschäftigung mit den *real existierenden* Unterschieden in der Organisation fruchtbarer zu sein, die nicht affirmativ im Begriff der Verschiedenheit aufgehen, sondern die die Konflikte und Exklusionstendenzen mit berücksichtigen (was in den Management-Konzepten nahezu ausgeblendet wird). Die Fähigkeit einer Organisation zur *kulturellen Dominanz* lässt sich auf den hohen strukturellen Formalisierungsgrad der Polizei zurückführen, welcher dem Weberschen Idealtypus der bürokratischen Herrschaft entspricht. Sie findet ihren größten Ausdruck in der Gültigkeit und den Umsetzungschancen von Regeln, wie es Max Weber (1984) genannt hat. Die Regeln bestimmen nicht nur die Grundsätze der Arbeit und der Organisationsform, sondern auch die der Habitusgestaltung des Personals und die der Kommunikation (Bourdieu 1993). Die Durchsetzung der formellen und informellen Regeln ermöglicht die Reduktion von Komplexität, d.h. den Abbau der unendlichen Varianz möglicher Verhaltensweisen, Zustände oder Ereignisse. Sie transformiert Macht in Herrschaft. Regeln werden kulturell dominant, wenn sie sich unaufgeregt in den Alltag der Organisation einweben und in Anerkennung, Stetigkeit und Routinen überführt werden.

Die ausführliche theoretische Diskussion hierüber wird an anderer Stelle zu führen sein, hier beschränke ich mich auf einige Verständnisskizzen zum Konzept der kulturellen Dominanz. Es ist sozusagen das gedankliche Gegenstück zum Konstrukt der *kulturellen Elastizität*.

- Das Konzept der *kulturellen Dominanz* (kD) gründet auf der Vorstellung eines strukturell verankerten und auf verschiedenen Hierarchieebenen durchsetzungsfähigen Regelwerks zur Bewerkstelligung von instrumentellen Aufgaben (Zielen) und von expressiven Themen der Organisation (z.B. Corporate Identity).
- Kulturelle Dominanz ist funktional für die Kontinuität von Überzeugungen und die Traditionsbindung der Organisation („Handeln wie bisher").
- Kulturelle Dominanz sorgt für die Durchsetzung hegemonialer Normen, z.B. über die Frage, wer in die Polizei gehört bzw. „passt". Man kann dann von kD sprechen, wenn diese Normen nicht rational (wissenschaftlich, theore-

tisch) abzuleiten oder zu begründen sind, sondern sich in einem Feld vielfältiger Alternativen durchsetzen[20].
- Kulturelle Dominanz richtet sich nicht an einzelne konkrete Akteure (z.B. Migranten), sondern beschreibt die Grenze von *Diversität* (Vielfältigkeit) im Allgemeinen. Sie definiert allgemein gültige Regeln der beruflichen Sozialisation.
- Kulturelle Dominanz, d.h. die Durchsetzungsfähigkeit traditioneller Regeln der Organisation gegenüber Innovationsstrategien, zeigt sich darin, dass in der Polizei die „Diversity"-Strategie zu einer *Verschiedenheit der Ähnlichen* wird. Denn mit dem Einstellungsprozedere wird der größte Teil der Vielfalt der möglichen Bewerber und Bewerberinnen weitgehend reduziert.
- Kulturelle Dominanz sorgt für eine „nicht-reziproke Anpassung" der (neuen) Akteure unter die Strukturvorgaben der Organisation[21].
- Kulturelle Dominanz transformiert die politischen Ziele von Integration bzw. *struktureller Assimilation* (Esser) in *individuelle Assimilation*. So sind Zugänge von Migranten nicht zu interpretieren als Nutzung von strukturell vorgegebenen Chancen, sondern als Überwindung von strukturellen Barrieren und als individuelle Karriereerfolge.
- Kulturelle Dominanz sorgt für *Kooptation* (d.h. die Aufnahme von Neumitgliedern gemäß der Nützlichkeitskalküle der bereits etablierten Mitglieder) als informelle Strategie organisationaler Reproduktion. Im Mittelpunkt dieser Nützlichkeitskalküle steht wahrscheinlich die Intention, den erreichten Qualitätsstandard dadurch sicherzustellen, dass eine höchstmögliche Kohärenz der Neumitglieder mit den Vorstellungen der Auswählenden erzielt wird.

---

[20] Ähnlich verhält es sich ja auch mit Erziehung, mit Psychologie, mit Mode und Ästhetik, mit Bildung etc. Überall dort, wo es unzählige „Experten" gibt und niemand so recht weiß, worauf der Expertenstatus sich gründet, wirkt „kulturelle Dominanz" als Regulativ für „Wahrheit". In einer Zeit, in der der Wahrheitsbegriff dem Regime der Diskursivität geopfert zu werden scheint, und in der „Reflexivität" höher geschätzt wird als Faktizität, braucht es auch andere Dominanzverhältnisse als zu Zeiten der Aufklärung oder positivistischer Fortschrittsgläubigkeit.
[21] Das heißt, dass neue Mitglieder nur insoweit akzeptiert werden, wie sie die Grundannahmen der Organisation nicht in Frage stellen. Das heißt aber nicht, dass vollständige Konformität erzeugt oder erwünscht würde, aber sehr wohl, dass über das Maß an Varianz nicht der Einzelne entscheidet, sondern „die Organisation". Diese Vorstellung entspricht dem Begriff der *Duldung* bei Reiner Forst. Das Gegenstück, also reziproke Anpassung oder Integration, bezeichnet Forst als „Respekt", vgl. Forst 2003, 212 zit. nach Thériault 2004)

5 Voraussetzungen der Akzeptanz von Migranten in der Polizei

Allgemein ist festzustellen, dass sich Polizeibeamte und -beamtinnen mit Migrationshintergrund grundsätzlich von der sozialen Umgebung akzeptiert und in die Polizei integriert fühlen. Dies entspricht auch der Wahrnehmung der einheimischen Kollegen und Kolleginnen. Nun scheint das aber nicht auf die hohe Integrationsfähigkeit der deutschen Polizei, sondern auf die Folgen eines hohen **Assimilationsdrucks** zurückzuführen zu sein. Die Polizei stellt nach unserem Eindruck unterhalb der Strukturebene auch eine Gemeinschaft dar, innerhalb derer Herkunft und Ethnie zunächst wenig Relevanz besitzen, um über Ein- und Ausgrenzung zu entscheiden. Somit dürften herkunftsbezogene Konflikte im Kollegenkreis keine herausragende Bedeutung haben, wenn die dominanten *Polizisten-Eigenschaften* erfüllt sind. Dies wird sehr stark mit dem Einstellungstest begründet. Er ist sozusagen das *Nadelöhr*, durch das alle hindurch müssen, egal welchen Geschlechts, welchen Bildungshintergrunds und welches ethnischen Hintergrunds sie sind.

Durch das Tragen einer Uniform wird der hohe Grad an Einheitlichkeit verdeutlicht, die die Kategorien Herkunft und Identität im Polizeialltag aufhebt. Innerhalb der Organisation wird man in erster Linie als Polizist oder Polizistin attribuiert, aber nicht als Türke oder Polin. *„Wenn ich da in Uniform stehe, bin ich der Kollege. Da bin ich nicht der Ausländer (...). Ich werde immer so betrachtet wie ein Kollege (...). Man ist ja halt in so 'ner Solidargemeinschaft bei der Polizei. Man muss ja seinen Kollegen sozusagen 100, 150-prozentig vertrauen".*[22] Ob dieses Statement dem Wunschdenken des Befragten oder seiner tatsächlichen Erfahrung entspricht, kann hier nicht beurteilt werden. Doch hier kommt es auf diese Beweisführung nicht an. Wichtig ist, dass sich der Interviewpartner nicht nur individuell positioniert, sondern sich gleichzeitig auf einen dominanten Diskurs berufen kann. Diese Argumentationsfigur scheint tatsächlich nicht nur politisch korrekt, sondern auch kollektiv wünschenswert zu sein: Hinter der Gemeinsamkeit des Polizist-Seins verschwimmt die hierarchisierende Differenz. Interessanterweise greifen auch die wenigen befragten migrantischen Polizistinnen auf diese Figur zurück, was sie in doppelter Weise abhängig von der vereinheitlichenden Zuschreibung zu machen scheint: *Frau* und *Migrantin* zu sein, ist jeweils für sich gesehen schon marginalisierungsfähig. Die Interviewpartnerinnen selbst haben allerdings nicht von einer doppelten Marginalisierung berichtet.

Innerhalb der Polizistenkultur wirkt Kollegialität vermutlich deshalb dominant, weil sie geprägt ist durch die besonderen Erfahrungen in einer *Gefahren-*

---

[22] Interview mit einem Studenten mit indischem Migrationshintergrund an einer FHöV.

gemeinschaft, welche nicht ohne die umgebende Organisation zu denken ist. In dieser Gefahrengemeinschaft sind MH-Beamte, wie alle anderen auch und unabhängig von ihrer Herkunft, grundsätzlich als gleichwertige Kollegen akzeptiert, insoweit Vertrauenswürdigkeit aufgrund von erlernten routinemäßigen Verhalten vorausgesetzt wird (vgl. Giddens 1995). Wenn diese zentralen Bedingungen erfüllt sind, dann werden die durchaus vorhandenen Irritationen, Störungen oder Abweichungen zwar wahrgenommen, aber als als nicht unvereinbar zwischen einheimischen und nicht-einheimischen Polizisten beschrieben (Bloom 2005b).

„*...(W)enn man z.B. Sport gemacht hat und gemeinsam duscht, dass vielleicht der Mann* [ein Muslim] *seine Unterhose anlässt oder alle an einem Tisch sitzen und die meisten bestellen sich Currywurst und nur der eine nicht oder die eine nicht. Da ist er vielleicht fremd.*"[23] Diese Art der Irritation entsteht in erster Linie in Situationen, die sich von rein berufsbezogenen Handlungen unterscheiden. Wir nennen sie *halbprivate Situationen*, weil sie im Kontext der Berufsausübung stehen, nicht aber über Berufskultur determiniert sind. Das sind insbesondere Zusammentreffen vor und nach dem Dienst, private Kontakte unter Kollegen und Kolleginnen sowie politische und weltanschauliche Haltungen, die die Dienstausübung latent mit beeinflussen können, aber nicht müssen[24]. Offen bleibt für uns bislang, wie sich die Fremdheitserfahrungen in Bezug auf Migranten von denen anderer Minoritäten (z.B. Frauen, Homosexuelle, Alte etc.) unterscheiden und auch, wo es Gemeinsamkeiten gibt[25].

Zusammenfassend kann man festhalten: Die formale Integration in die Organisation Polizei besteht darin, den Zugang zu Planstellen herzustellen. Integration in die Kultur der Polizisten gelingt allerdings erst durch die Teilnahme an den universellen Werten der Polizei. Nicht integriert sein heißt vor allem Nicht-Teilhabe am *inneren Zusammenhalt* (man könnte dazu auch *emotionales Band* sagen oder „corporate cohesion")[26] der Polizisten. Diese Nicht-Teilhabe betrifft auch viele einheimische Polizisten, die z.B. exotische Hobbies oder Weltanschauungen haben, den Dienst als Basis für ihre Nebentätigkeiten ansehen etc. pp. Minderheiten in der Polizei (hier insbesondere Frauen und Migranten) sind

---

[23] Aussage einer Polizistin mit türkischem Hintergrund während einer Gruppendiskussion im Rahmen einer Praktikerkonferenz.

[24] *Halbprivat* sind also Ereignisse, in denen man den Kollegen und Kolleginnen begegnet, sich aber nicht in der kulturellen Rahmung einer formalen Diensthandlung befindet.

[25] Eine Unterscheidung wäre schon jetzt denkbar: Migranten haben schon immer eine besondere Rolle für die Polizei als *schwierige Klienten* gespielt. Nun muss unterschieden werden in die Migranten, die *Kollegen* und diejenigen, die *Kunden* sind. Diese stereotype Vorerfahrung fehlte z.B. bei den Frauen (dort gab es andere Stereotype, jedoch nicht das der schwierigen Kunden).

[26] Stephanie Rathje benutzt diesen Begriff zur Erläuterung einer Unternehmenskultur, die man „ihrem pragmatischen Sinn nach (nicht, R.B.) als Erzeugerin von Unternehmenskohäsion (Corporate Cohesion) versteht, also nicht als das, was von vorn herein alle eint, sondern das, was Verbindung schafft." (Rathje 2004 - Internet-Quelle S. 5).

aber – im Gegensatz zu einheimischen Kollegen - einer *umgekehrten Beweislast* ausgesetzt: *Sie müssen beweisen, dass sie gute Polizisten sind,* während die Einheimischen einen kollektiven Vertrauensbonus genießen. Und umgekehrt gilt, dass Abweichungen vom Standard bei Minderheiten schneller auf den kategorialen Unterschied (Geschlecht, Ethnie) zurückgeführt werden und nicht, wie bei Einheimischen/Männern etc., auf individuelle Eigenschaften zurückgeführt werden[27].

Für das Thema „Migranten in der Polizei" wird damit wichtig anzunehmen, dass nicht per se Ethnie oder Herkunft über Zugehörigkeit oder Nichtzugehörigkeit entscheiden, sondern das *Maß an Vertrauen*, das dem Kollegen/der Kollegin in alltäglichen Situationen gegenüber gebracht wird. Vertrauen wiederum begründet sich auf *Ähnlichkeit,* insbesondere aus der Erwartung einer *polizeiadäquaten Verhaltensweise* in konkreten dienstlichen Situationen. Kollegen, die sich an (auch: ungeschriebene) Vorgaben, Traditionen und dienstliche Gepflogenheiten halten sowie den beruflichen Verhaltensmustern entsprechen, werden als Polizisten und Kollegen eher akzeptiert als diejenigen, die diese *Verhaltenserwartungen* nicht übernehmen. In der Regel ist der Grad der Übereinstimmung mit eigenen Mustern entscheidend für das Vertrauen in den Kollegen. Das gilt für alle kollegialen Beziehungen. Im Umgang mit migrantischen Kollegen und Kolleginnen werden diese *basalen Vertrauens-Regeln* manchmal modifiziert, was an folgendem Beispiel deutlich werden soll:

In einem Interview sagt ein türkischstämmiger Polizist: *„Wenn ich mal so Fälle hatte, wo ich als Türke beleidigt wurde, war es dann immer ganz gut, wenn der deutsche Kollege gesagt hat, ‚Du hältst jetzt mal die Klappe', so nach dem Motto. Das hat mich dann bekräftigt, so zu wissen, der Kollege ist eindeutig auf meiner Seite. Wenn wir dann mal mit Türken zu tun haben oder ich sag mal mit Ausländern, die dann sagen, ihr macht das ja nur, weil wir Ausländer sind, wenn ich dann das Wort ergreife und sage: ‚Nee, nee, das ist nicht der Fall, guck mal auf den Tacho, ich bin auch quasi Ausländer .....'"* (Deutschlandradio Kultur, „Migranten in Uniform", Sendung vom 14.9.06).

In diesem Abschnitt wird Bezug genommen auf die *unbedingte Solidarität im Einsatz*, ein Handlungsmuster von Polizisten, das ganz oben auf der Werte-

---

[27] In früheren Untersuchungen von *Polizei-Mythen* ist mir immer wieder aufgefallen, wie viele männliche Polizisten vom Ideal des durchtrainierten, körperlich fitten und leistungsstarken Polizisten abweichen. Es kommt niemand darauf zu sagen, dass diese Kollegen deshalb nicht dem Ideal entsprechen, weil sie (meist: ältere) Männer sind. Es würde auch niemand darauf kommen, einen Kollegen, der mit dem Streifenwagen einen Dienstunfall verursacht, vorzuhalten, dass Männer eben kein Auto fahren können. Hier nimmt man selbstverständlich an, dass es sich um eine Ausnahme handelt. Anders bei Frauen: Verursacht eine Kollegin einen Dienstunfall, muss sie sich eher entsprechende Sprüche anhören. Der polnische Kollege muss sich ebenfalls witzig gemeinte Andeutungen anhören, wenn ein Kugelschreiber gesucht wird oder etwas anderes abhanden gekommen ist.

skala steht (vgl. Behr 2000, 219). Das Prinzip des „do ut des" (ich gebe, damit du gibst) bekommt in einer kulturell gemischten Streifenbesatzung noch eine zusätzliche Bedeutung, dass man nämlich wechselseitig die eigene Zugehörigkeit betonen, dabei aber die betreffenden Provokationen gegenüber dem anderen und für den Kollegen zurückweisen muss. Man muss sich also zu seinem eigenen biographisch (und biologisch) determinierten sozialen Status (Nationalität, Kulturkreis, Ethnie) auf Distanz halten, um den Status des *Kollegen* im Konfliktfall zu stärken[28].

Umgekehrt sind wir auch auf Situationen hingewiesen worden, in denen das Vertrauen unter Kollegen strapaziert wird bzw. auch suspendiert werden kann. Symbolisch dafür steht das sprachliche Nichtverstehen: *„Wenn dann der Kollege anfängt, mit dem (türkischen, R.B.) Mann auf Türkisch zu reden und dann zu mir sagt, 'Das hat sich erledigt, ich hab' das mit dem geregelt', dann muss ich einfach sagen, das kann nicht sein. Wir regeln das nicht einfach so in Deutschland, das (Gewaltanwendung gegen die Ehefrau, R.B.) ist bei uns eine Straftat und die zeigen wir an, da gibt es keine Mauschelei."*[29].

Am liebsten wäre es diesem Beamten, wenn er die Sprachkompetenz des türkischen Kollegen nutzen könnte, ohne von seinen Vorstellungen von der Gestaltung der polizeilichen Intervention abrücken zu müssen. Dass der Kollege das anders einschätzt, führt der interviewte Beamte hier auf dessen türkischen Hintergrund zurück. Tatsächlich gibt es aber mehrere Deutungsmöglichkeiten, so existiert z.B. erst seit wenigen Jahren die Regelung, dass die Polizei im Zusammenhang mit Gewalt im sozialen Nahraum ein öffentliches Interesse annehmen *muss* und demnach die Streitigkeiten nicht mehr informell beilegen kann. Die informelle Regelung war in früheren Zeiten gang und gäbe. So wird hier ein Modernisierungskonflikt als ein Kulturkonflikt dargestellt. Das passiert häufig und wird in der Literatur zur kulturellen Kompetenz auch als Phänomen beschrieben.

---

[28] Dieses kleine Detail inspirierte uns zu einer allgemeinen Kritik am Konzept des Diversitymanagements: Dort werden nämlich verschiedenste Qualitäten von *Verschiedenheit* schlicht nebeneinander gestellt, ohne sie in ihrer Wertigkeit zu bemessen bzw. ohne ihre Relation zueinander zu benennen. *Geschlecht* ist von der Determinationsqualität etwas anderes als *sexuelle Präferenz*, Zugehörigkeit zu einer Ethnie hat andere Konsequenzen als *Lebensstil*, *Querschnittslähmung* hat andere Auswirkungen auf den Betroffenen und seine Umgebung als *Behinderung* im Allgemeinen. Durch die ungewichtete Reihung gelingt es, Diversität allein positiv aufzuladen, etwa im Sinne einer erwünschten Lebhaftigkeit oder *Buntheit* bzw. zu einem *Markt der Potenziale* im Betrieb, die es faktisch nicht gibt. Diversity ist auf der Akteursebene mindestens genauso *Schicksal* wie es (auf Organisationsebene) *Potenzial* ist oder sein kann. Diese Dimension wird aber bei den Diversitymanagement-Apologeten strukturell ausgeblendet. Es sollte in der Bewertung von *Diversitymanagement* immer wieder klar gemacht werden, dass es sich dabei um ein strategischen Managementkonzept handelt, nicht um ein soziologisches Analyseschema von Diversität und Ungleichheit in Organisationen.
[29] Ein deutscher Polizeibeamter im Wach- und Wechseldienst , Interview vom 30.6.2007

Vertrauen ist überhaupt eine zentrale Kategorie in der polizeilichen Praxis und *Vertrauenswürdigkeit* eine Kardinaltugend von Polizistinnen und Polizisten. Sprache spielt bei der Vertrauensbildung und -erhaltung eine ganz wesentliche Rolle, gerade dann, wenn man keine Zeit hat, ein auch nonverbal *eingespieltes Team* zu sein (was im Wechseldienst der Polizei relativ häufig vorkommt). Sprache sorgt für Transparenz, für Überprüfbarkeit und erleichtert die Kontrolle der Situation ganz wesentlich. Insofern sind die Einwände deutscher Polizisten gegenüber anderssprachigen Kollegen und Kolleginnen auch nachzuvollziehen, die Angst oder zumindest Zweifel bekommen, wenn diese sich mit Klienten in einer Sprache unterhalten, die zwar wirksam, aber für deutsche PolizistInnen unverständlich bzw. intransparent ist.

So gibt die Überschrift dieses Textes den Hinweis auf sehr unterschiedliche *(Aus-) Nutzungsverhältnisse* bzw. Interaktionsinteressen im Umgang mit migrantischen Kollegen: Während die Polizeiführung bestrebt ist, insbesondere die Sprachkompetenz der nichtdeutschen Kollegen zu nutzen, sie also zwar in der jeweils anderen Sprache sprechen zu lassen, dabei aber sicher zu sein, dass sie die Grundzüge des Beamtenrechts genauso internalisiert haben wie ihre einheimischen Kollegen, dürfte die Forderung der Polizisten umgekehrt sein: Die MH-Beamten sollen ihr Anderssein (Denken, Verstehen, Sprechen) zur Verfügung stellen, aber gleichzeitig keine Fremdheitsgefühle in der Kommunikation vor Klienten aufkommen lassen: Sie sollen fremdsprachig denken, aber deutsch reden. Während die Polizei die Beamten mit Migrationshintergrund die *Sprache der anderen* (der Migrationsklientel) sprechen lassen will, fordern Polizisten ihre migrantischen KollegInnen auf, ihnen das *Denken der anderen* zur Verfügung zu stellen, aber so zu sprechen, wie man selbst auch spricht[30].

6 Kulturalistischer Reduktionismus oder Partizipationschancen?
Effekte und Implikationen der Einstellung von Migranten in die Polizei

Derzeit ist noch nicht zu sehen, dass die unter integrationspolitischen Gesichtspunkten geforderte Erhöhung des Migrantenanteils in der Polizei auch tatsächlich stattfindet. Es ist aber auch nicht klar, ob eine Erhöhung des Migrantenanteils auch positive Effekte für die Arbeitsergebnisse nach sich ziehen würde. Das

---

[30] In den Geschichten, die sich um Sprachkompetenz drehen, taucht immer wieder das Beispiel auf, dass Verdächtige sich gegenseitig in Anwesenheit der Polizisten auf Türkisch/Polnisch etc. instruieren, was sie gegenüber der Polizei (nicht) sagen sollen. Sie wundern sich dann regelmäßig, wenn ihnen einer der Polizisten plötzlich auf Türkisch/Polnisch etc. für die Informationen dankt. Dies sind sog. „Sieger-Geschichten", in denen der *Ausspähungstriumpf* als Höhepunkt erlebt wird: Der (listige) Gegner wird (durch noch listigere Polizisten) überführt, weil er die Polizisten schlichtweg unterschätzt und davon ausgeht, dass niemand seine Sprache spricht.

Argument, dass eine Repräsentanz von ethnischen Minderheiten in der Polizei zu einer besseren Akzeptanz der Polizei in der jeweiligen Bevölkerungsgruppe führt, ist meines Wissens nach nicht überprüft und auch nicht ganz stichhaltig. Zwar steht es uns als weltanschauliche Überzeugung gut an, so etwas zu vertreten, aber empirisch und theoretisch steht eine Begründung noch aus.

Ebenso wenig wurde bisher systematisch geprüft, ob die Polizei, wie sie derzeit strukturiert ist, von der Migrantenpopulation *nicht* akzeptiert wird[31]. Immerhin spricht eine Umfrage davon, dass etwa die Hälfte der türkischen Bevölkerung Vertrauen in die deutsche Polizei hat[32]. Solche Begründungen wären wichtig, um die Diskussion zu versachlichen. Ansonsten läuft man Gefahr, eine politische Überzeugung gegen die andere zu setzen.

Der bloße Verweis auf den positiven Effekt des gemeinsamen kulturellen Backgrounds zwischen migrantischen Polizisten und eines Teils der Wohnbevölkerung befriedigt nicht vollständig, denn dies berücksichtigt z.B. nicht die binnenkulturellen Unterschiede. Man erfasst bei einer solchen Argumentation die Migrantenpopulation als eine Gesamtkategorie. Damit fällt man auf ein Diskriminierungsniveau zurück, das keiner haben will. Gegenwärtig scheint es aber so zu sein, dass dieser *kulturalistische Reduktionismus* die anderen Ungleichheitskriterien überlagert (Einkommen, Alter, Geschlecht, Bildung, Wohnsituation, Gesundheit). Es gibt ja auch bezeichnenderweise keine Diskussion darüber, ob sich beispielsweise Behinderte in der Polizei gut repräsentiert sehen. Auch Menschen aus bildungsfernen Milieus könnten sich nach der Bildungsexpansion in der Polizei mit Recht nicht mehr repräsentiert sehen.

Die Forderung nach Repräsentanz ist eine gänzlich andere als die Forderung nach fairer und adäquater Behandlung. Dies scheint in der öffentlichen Debatte um Migranten in der Polizei vermischt zu werden. Auf den Kern zurückgeführt heißt die Frage: Arbeitet eine Verwaltung *nur* bzw. *schon* dann besser (und welche Kriterien gibt es hierfür?), wenn alle Bevölkerungsanteile in ihr repräsentiert sind oder kann das Ziel von Bildungsarbeit mit dem Verwaltungspersonal auch sein, die fachlichen, sozialen und kulturellen Kompetenzen der Mitarbeiter und Mitarbeiterinnen darauf auszurichten, alle Klienten ähnlich professionell (und vielleicht noch zuvorkommend) zu behandeln? Von der Beantwortung dieser

---

[31] Der Fremdenfeindlichkeitsvorwurf, mit dem sich die Polizei konfrontiert sieht, fokussiert in der Regel junge ausländische Männer, meist in städtischen Milieus, ohne qualifizierte Schulbildung bzw. Berufsperspektive. Diese Gruppe würde auch bei veränderten Einstellungsbedingungen keinen Eingang in die Polizei finden. In so fern Umgangsformen kritisiert wurden, haben interkulturelle Trainings schon positive Effekte gezeigt, könnte man argumentieren. Wenn das nicht ausreicht, dann müssten diese Trainings verändert und/oder intensiviert werden.

[32] Vgl. Sauer, Martina: Das Image der Polizei bei türkischstämmigen Migranten in Nordrhein-Westfalen, in: Stiftung Zentrum für Islamstudien, Quelle: http://www.zft-online.de/

Frage hängen unterschiedliche Strategien der Personalrekrutierung und Personalentwicklung ab.

6.1 Ein Monopol-Unternehmen sucht nach seinen professionellen Standards

Die Polizei als Verwalterin des Gewaltmonopols hat keine Konkurrenz[33], und es fällt schwer, Kriterien zu finden, wie das Auswahlverfahren der Polizei und die Auswahlkriterien wissenschaftlich evaluiert werden könnten. Die Frage „Wen wollen wir haben?" stellt sich jede Landespolizei, und sie wird auch partiell unterschiedlich beantwortet (z.b. in der Festlegung der sportlichen Fitness oder der Schulnoten). Es scheint jedoch keine konzisen theoretische Begründungen bzw. Standards hinsichtlich der Frage zu geben, welche Eigenschaften ein Polizist/eine Polizistin genau braucht. Diese Vorstellungen existieren durchaus, es handelt sich dabei aber um Erfahrungswerte, in der Regel durchgesetzt durch Polizeipraktiker in Führungsverantwortung. Es gibt wohl innerhalb des Gewaltmonopols einen gewissen Wettbewerb um den Nachwuchs, d.h. man hat mit Abwanderungen in andere Länder bzw. Präferenzänderung zu tun. Aber dies bezieht sich auf die geographische Attraktivität bzw. personelle Verfügbarkeit. Auch die Basiskriterien Leumund, Bildungsgrad (inklusive N.C.), Gesundheit geben keinen unverrückbaren Rahmen ab[34]. Denn in jedem Jahrgang können die Einstellungsparameter geändert werden. Gleichbehandlung ist dann gegeben, wenn die Einstellungskriterien für alle, die sich gleichzeitig bewerben, vergleichbar sind.

Wir vermuten, dass unter den gegenwärtigen Einstellungsbedingungen die Migranten nicht wegen ihres kulturellen oder ethnischen Andersseins auffallen, sondern allenfalls durch ihr Bemühen um Anpassung. Ihr Anderssein wird erst dann thematisiert, wenn sie nicht den universalen Vorstellungen der Polizisten entsprechen. Anders gesagt: Stimmen die *Kernkompetenzen* mit denen der einheimischen Polizisten überein, dann spielt eine äußere oder habituelle Abwei-

---

[33] Mit Konkurrenz ist hier eine faktische Marktkonkurrenz gemeint, z.B. eine Organisation, die polizeiliche Leistungen billiger, besser, effizienter anbieten könnte, z.B. die polizeiliche Bewältigung einer Demonstrationslage. Mit Konkurrenz ist nicht gemeint, dass sich die Polizeien untereinander auch unterscheiden hinsichtlich der Attraktivität für mögliche Bewerber und Bewerberinnen (z.B. hinsichtlich der Einstellungsvoraussetzungen oder der möglichen Laufbahngruppen).

[34] Aus einem der neuen Bundesländer wurde die Anekdote erzählt, dass ein namhafter Spitzensportler, der schon einige Titelgewinne bei den Deutschen Polizeimeisterschaften für sich verbuchen konnte, die Gesundheitsprüfung auch nur mit „gut" bestanden hat. Daran schloss sich die Frage an, wie gut muss man denn sein, um mit „sehr gut" bewertet zu werden? Dabei vergisst man natürlich, dass die Untersuchungskriterien eines Amtsarztes der Polizei andere sind, als die der Ärzte in einem Sportkader.

chung (z.B. Hautfarbe, Name, religiöse Praktiken, Verzicht auf bestimmte Speisen, Alkoholabstinenz etc.) keine große Rolle, und wenn, dann höchstens im „halbprivaten" Bereich. Es kann sein, dass bestimmte Geselligkeiten und Gepflogenheiten nicht geteilt werden (z.b. das Mitbringen der Ehefrauen/Freundinnen zu Festen). Das Spektrum an Verschiedenheit bzw. die Varianz an Habitusformen sind im halbprivaten oder privaten größer als früher, so wird uns allenthalben entgegengehalten, wenn wir auf Traditionen und Gepflogenheiten unter Polizisten zu sprechen kommen. Gemeinsame Trinkrituale nach Dienstschluss haben dramatisch abgenommen, gemeinsame Gestaltung der Freizeit ebenfalls, eine heterogene *Milieuorientierung* wird auch unter Polizisten stattfinden. Allerdings geht aus allen empirischen Arbeiten zur Polizeikultur hervor, dass der Wunsch nach Vergemeinschaftung und Zusammenschluss in einem gemeinsamen „Polizeimilieu" bei jüngeren Beamten höher ist als bei solchen in fortgeschritteneren Lebensphasen und in geschlossenen Einheiten (z.B. Bereitschaftspolizei) oder Spezialeinheiten höher als in Flächendienststellen. Daraus aber zu schließen, dass es im beruflichen Kontext weniger Zusammenhalt gibt, finden wir keine Evidenz[35]. So wäre weiterhin nach den „gemeinsam geteil-

---

[35] Unser Augenmerk fällt dabei immer wieder auf die verschiedenen „Sondergruppen" in der Polizei, z.B. die in Zivil auftretenden Fahndungsgruppen im Drogenbereich. Sie führen oftmals ein Leben, das nicht mehr trennscharf in „Dienst" und „Freizeit" zu unterscheiden ist, z.B. deshalb, weil sie in beiden Bereichen die gleiche Kleidung tragen, die Klienten auch sehen, wenn sie einkaufen gehen etc. Auch im Vergleich zu anderen Polizeibeamten wird ihnen deutlich, wie hoch die Varianz in der Polizei tatsächlich ausfallen kann: Im Bemühen um Unauffälligkeit nehmen die dort tätigen Beamtinnen und Beamten äußerlich (durch Kleidung) und im Verhalten (Habitus) Haltungen ein, die mit der der Klientel mehr gemeinsam haben als mit den Vorstellungen der Bevölkerung von einer „Bürgerpolizei". Sie dürfen das, weil Mimikry und Symbiose im Dienste des polizeilichen Auftrags stehen. In diesen Organisationseinheiten ist es besonders wichtig, vom äußeren Anschein abzusehen und auf den „inneren Kern" des Berufsethos zu schauen. Denn es besteht in diesen Gruppen stets eine mindestens latente Gefahr, dass sich bei einigen Kollegen neben der äußeren Hülle (Verkleidung) auch eine Habitusänderung ergibt, die sich vielleicht nicht hinsichtlich des Umgangs mit Drogen auswirkt, sondern z.B. hinsichtlich des Rechtsverständnisses, der Inanspruchnahme von Privilegien, der Dienstauffassung etc. So wären besonders dort die Mechanismen zu untersuchen, die darüber Auskunft geben, ob diese Gruppen sich nur „kreativ verkleiden" oder schon auf dem Weg in eine „deviante Subkultur" sind. Selbst redend spielt in diesen Gruppen keine Rolle, ob jemand „MH-Beamter" ist, ganz im Gegenteil: Dort können sie ihren ethno-kulturllen Hintergrund gut in den Dienst der guten Sache stellen. Wir haben immer wieder mit Erstaunen festgestellt, dass Beamte, die äußerlich von Drogennutzern, auch hinsichtlich ihres Vokabulars, nicht mehr zu unterscheiden waren, hinsichtlich des Thema Drogengebrauch sehr konservative und restriktive Ansichten vertraten. Wie ist das zu erklären? Vermutlich steht die konservative Haltung als Kontrollinstanz im Dienste des Über-Ich, das die lustvollen Anteile (das „So-tun-als-ob-man-einer-der-anderen-wäre") im Zaum hält bzw. rationalisiert. Aber auch weniger psychoanalytisch inspirierte Interpretationen wären möglich. So braucht man kulturell und intellektuell ein Gegengewicht zur äußeren Ähnlichkeit mit der *Gegenseite*. Man befasst sich mit ihr ja nicht identifikatorisch, sondern lediglich instrumentell und mimetisch. Das muss man vielleicht gegenüber der eigenen Peergroup nochmals unterstreichen und man

ten Grundannahmen" der Polizei zu suchen. Es wäre aber auch nach den Grenzen von Kohäsion bzw. misslungener Integration zu fragen.[36]

Die Frage „Wer sind die Richtigen?" ist deshalb kontingent und auch so lange nicht verbindlich zu beantworten, wie es an einer übergreifenden und theoretisch fundierten Polizeitheorie bzw. Funktionsbeschreibung fehlt. Schon die Entscheidung, welche Tätigkeiten von Beamten und welche von Angestellten ausgeführt werden müssen/können, ist nur grob zu treffen. So lange wird zwar viel versucht werden, die psychologischen Auswahlverfahren werden auch immer mehr verfeinert werden, aber letztendlich wird es weiter vom Erfahrungswissen der in den Auswahlkommissionen tätigen „Praktiker" abhängen, wer genommen wird (weil er „in die Polizei passt") und wer nicht. In den meisten Bundesländern haben „erfahrene" Praktiker des Höheren Dienstes bei der Befürwortung eines Kandidaten einen hohen Stellenwert, sie sprechen eine Empfehlung aus oder unterlassen das, jeweils ohne theoretische Begründung (von der Erfahrung abgesehen). Die Einstellung in die Polizei erfolgt, allen psychologischen Verfahren zum Trotz, im Wesentlichen durch *Kooptation.* Das kann in unterschiedlicher Gewichtung geschehen, z.B. durch das Votum eines leitenden Beamten oder auch das Votum eines mittleren Führungsbeamten mit Praxisbezug (in einem Bundesland werden Dienstgruppenleiter des gehobenen Dienstes in die Auswahlkommissionen bestellt, mit der Begründung, dass dies die Ebene ist, die mit den künftigen Absolventen am intensivsten zusammenarbeitet).

6.2 Vielfalt statt Einheit? Das Organisationsprinzip der Polizei auf dem Prüfstand

Diese Überlegungen führen uns zu einem zweiten, wichtigeren, aber auch noch in seinen Konsequenzen nicht vollständig abgeschlossenen Gedanken: Wir stellen fest, dass die Kategorie „Migrant" häufig als feststehender Begriff (quasi als eigene *Spezies*) gebraucht wird, der die sonstigen Differenzierungsmöglichkeiten und auch die interne Unterschiedlichkeit in Organisationen eher verschleiert als befördert. Zum einen werden auf die individuellen migrantischen Kolleginnen und Kollegen kollektive Zuschreibungen projiziert („Was denkt der Kurde an sich?", „Deine Leute klauen"), zum anderen werden, insbesondere im Zu-

---

tut dies durch die Abwehr jeden Zweifels an der Redlichkeit der polizeilichen Haltung, etwa nach dem Motto: äußerlich ein Junkie, innerlich ein anständiger Schutzmann.

[36] Insofern wäre eine eigenständige „Aussteiger-Studie" tatsächlich Gewinn bringend, auch wenn die Zahlen nicht alarmierend sind. Sie könnte aber wichtig werden, weil man darin fragen könnte, warum die Polizei für einige nicht die „richtige Organisation" war, obwohl man sich für den- oder diejenige doch entschieden hatte.

sammenhang mit der Loyalitätsfrage („Vielleicht ist Blut doch dicker als Wasser?"), auch Misstrauen und Ängste artikuliert. Der Kollege/die Kollegin wird als Fremde/r gleichzeitig überhöht und abgewehrt. Anders gesagt: Er/Sie soll anders und gleich zugleich sein, gleichzeitig fremd und vertraut.

Das Thema *Migranten in der Polizei* erfährt wahrscheinlich gar nicht den übergreifenden Konsens, wie er uns gegenüber oft in den ersten Gesprächen formuliert wird. Man mag darüber streiten, ob das Thema überhaupt schon in der Mitte der Polizei angekommen ist, ich würde vermuten, es ist bislang noch nicht mit hoher Priorität auf der Agenda der Entscheider, wobei sich hier derzeit ein Wandel abzuzeichnen scheint, zumindest auf der Ebene der Behörden in Metropolregionen. Auch gibt es offenbar in der Polizei eine „Interkulturalitätsfraktion", die Personal mit Migrationshintergrund als wertvoll, integrierbar und (mindestens instrumentell) gut einsetzbar erachtet. Auch gibt es viele Verantwortungsträger[37], die tatsächlich die Vielfalt kultureller Muster als Chance und als Bereicherung sehen.

Doch es gibt die andere Seite, wir möchten behaupten, es ist die hegemoniale: Das sind die *Homogenitätskulturalisten*, die Familienmenschen, diejenigen, die das Wort *Kollege* in erster Linie affirmativ benutzen und es befrachten mit dem gemeinsamen Hintergrund. Hier wird deutlich, dass der Denkrahmen *Kollege* ein Bollwerk gegen das Fremde ist. Diese Gruppe sieht die Polizei vor allem als eine *Gemeinschaft*, nicht als funktionales System. Es gibt sicher keine Automatik der Zuschreibung von Vertrauen – sie ist aber auch nicht vollständig kontingent, sondern geknüpft an überindividuelle Erfahrungen, die für wiederkehrende Probleme sinnvolle Lösungen geboten haben.

Für sie sind *Migranten als Kollegen* schwer verdaulich, Migranten sind in erster Linie Fremdkörper und deshalb als Kollegen schwerer zu respektieren. Sie sind es deshalb, weil sie diesen Polizisten lediglich als sogenanntes „polizeiliches Gegenüber", und zwar tendenziell als problematisches Gegenüber, bekannt sind. Anders als seinerzeit bei den Frauen, mit denen man lediglich keine Erfahrungen als Kolleginnen hatte, hat man oftmals schlechte Erfahrungen mit diesem Teil der Kundschaft[38]. Migrantische Polizeibeamte tragen mehr kulturellen Bal-

---

[37] Tatsächlich wird diese uneingeschränkte Wertschätzung besonders in unseren Experteninterviews mit Angehörigen des höheren Dienstes formuliert, auch im gehobenen Dienst befinden sich viele Generalbefürworter, die wenigsten „kategorischen Befürworter" finden sich in der unmittelbaren Ausführungsebene (mittlerer und gehobener Dienst im Schichtdienst oder in Sachbearbeiterfunktion).

[38] Man muss der Fairness halber dazu sagen, dass in unserem Migrantenbegriff ja immer etwas unausgesprochen bleibt: Wir meinen mit migrantischen Kollegen nicht den einen Schweizer, die zwei Dänen, den einen Amerikaner und die drei Franzosen. Wir meinen diejenigen, die in der Bevölkerung eine gewisse Repräsentanz haben, als Arbeitskräfte oder Arbeitsuchende, als deren Nachkommen etc. Oder als Statusdeutsche, die in großer Zahl zu uns kamen, ohne eine individuelle und gut organisierte Vorbereitung gehabt zu haben.

last mit als die Frauen. Die mussten (und müssen) beweisen, dass sie gute Polizisten sind, Beamte mit Migrationshintergrund müssen darüber hinaus beweisen, dass sie *auf der richtigen Seite* stehen. Ihre Loyalitätsbindung ist immer prekär. Bei den Frauen war es die Fachlichkeit, die zu beweisen war, aber nicht die „innere Haltung". Bei den MH-Beamten scheint es umgekehrt zu sein.

Migranten bilden weiterhin eine (mindestens latente und stets aktualisierbare) Gegensatz-Kategorie zu den „Einheimischen". Sie markieren die Grenze von *Vertrautheit* zur *Fremdheit*. Diese Unterscheidungskategorie bietet sich an, weil und insoweit andere Kategorien der Unterscheidung bzw. der Differenz nicht mehr tauglich sind oder nicht bemüht werden müssen (z.B. Klasse, Alter, Geschlecht etc.).

In unserem Interviewmaterial taucht die Abwehr des „Fremden" immer wieder über die Figur des vollständigen Spracherwerbs auf. Migranten, die die deutsche Sprache nicht perfekt sprechen können (bzw. nicht mindestens so gut wie die deutschen Mitbewerber), haben keine Chance, in das Innere der Organisation zu gelangen. Über die Sprache gelingt die Abwehr der Konkurrenz bei den Migranten, über Gesundheit, Leumund und Bildung gegenüber den anderen Konkurrenten. Geschlecht ist seit einiger Zeit kein Kriterium der Ausschließung mehr. Religion ist es schon lange nicht mehr und noch nicht wieder.

6.3 „Homosoziale Kooptation" als traditionelle Rekrutierungsstrategie der Polizei

Von einer Integrationsleistung, die sich auf die Strukturen der Organisation auswirkt (kulturelle Elastizität) ist die deutsche Polizei gegenwärtig noch weit entfernt. Die kulturelle Dominanz zeigt sich darin, dass zwar Migranten in die Polizei hinein können, aber nur insoweit sie das Selbstverständnis der Polizei nicht irritieren. Dass dies nur relativ wenigen MH-BewerberInnen gelingt, weist auf einen Schließungsmechanismus hin, der in der Organisationstheorie als *homosoziale Kooptation*[39] bezeichnet wird.

Kooptation, im ursprünglichen Sinne die „Nachwahl" für ausscheidende Mitglieder aus Vorständen etc., schafft geschlossene und kohäsive Gruppen, die meistens Ihresgleichen rekrutieren und Andersdenkende durch die eigene Einigkeit ausschließen. Kooptation ist zwar kein den Transparenz- und Gleichbehandlungsbemühungen der Polizei entgegengerichtetes Instrument zur Personalaus-

---

[39] Darunter versteht man in der Organisationsforschung die Tendenz, Nachwuchs aus einer der eigenen Gruppe ähnlichen Struktur zu gewinnen. Ich übernehme diesen Begriff, beschränke Homosozialität aber ausdrücklich nicht auf Geschlecht (Gender) oder Schicht/Klasse, sondern auch auf Kultur bzw. Ethnie.

wahl, wohl aber eines, das sozusagen subkutan den Schwerpunkt dezidiert auf *Gesinnung und Loyalität*, nicht auf *funktionale Kompetenz* lenkt. Nach meinem Dafürhalten wird die Strategie der Personalauswahl dominiert bzw. durchzogen von der Frage, wie die Kohäsion der Organisation gewahrt bleiben kann. Einstellungsprozeduren (Werbung, Test und Auswahl) haben neben den vielen anderen Aspekten auch eine organisationskulturelle Dimension: In ihnen wird die Kohäsionsfrage („Was hält die Polizei zusammen?") operationalisiert mit einer mehrheitlichen Auswahl der Ähnlichen, womit Kontinuität sichergestellt und Diskontinuität vermieden werden soll[40]. Deshalb bezeichne ich weiterhin die Polizei als eine bürokratische Organisation, weil es für sie typisch ist, Kontinuitätsregeln (Routinen) zu entwickeln, mithilfe derer die Frage des organisationalen Überlebens bewältigt wird. Anders dagegen das Konzept der sog. *„Ad-hoc-kratie"* bzw. *adhocracy*. Der Begriff wurde von Henry Mintzberg (z.B. 1988) zur Erfassung von Strategie und Struktur innovativer Unternehmen im Umgang mit schlecht definierten Problemen und unsicheren und turbulenten Umwelten eingeführt. In einer *adhocracy* sind Diskontinuitätsakteure gefragt, denn sie sorgen für eine hohe Flexibilität in der Anpassung an Umwelterfordernisse. Diskontinuitätsakteure benötigt man in Hochtechnologiebranchen, aber auch im Kultur- und Dienstleistungsbereich. Sie sind gekennzeichnet durch extreme Umweltabhängigkeit und -sensibilität, die sie zu dezentral in der Organisation stattfindenden Lern- und Innovationsprozessen zwingt. „Während ‚adhocracies' das Problem der Suche nach neuen Ideen und Lösungen effektiv bewältigen, sind sie für die Bearbeitung von Standardaufgaben ineffizient." (Jansen 2000, 193). Umgekehrt verhält es sich bei bürokratischen Organisationen. Sie zeichnen sich durch die Überlegenheit der Routinen aus. Ereignisse, die für die Betroffenen einmalig sind, werden von der Polizei vor dem Hintergrund ihrer institutionellen Erfahrung bearbeitet, das ist ihr großer Vorzug. Er wird aber nur dann wirksam, wenn es keine „Störfaktoren" gibt (z.B. Interventionen der Politik in polizeiliche Ermittlungen). Für die Tagesarbeit der Polizei würde ich durchaus behaupten, dass sie mit Routinen und „hergebrachten Grundsätzen des Berufsbeamtentums" auf die Umweltereignisse reagiert, nicht mit einem strukturell etablierten Veränderungsmanagement.

Migranten sind meines Erachtens auch deshalb so spärlich in der Polizei vertreten, weil sie nicht so umstandslos kooptiert werden können, denn ihnen

---

[40] Hierzu bekommt man mehr negative Belege als positive. Wir hören z.B. genau auf die Klagen der Verantwortlichen für Auswahl und Einstellung von Bewerbern. Z.B. über den Verfall der guten Sitten, der Deutschkenntnisse, der Rechtschreibkenntnisse, der Anstrengungsbereitschaft etc. Die Kritik an der Jugend ist sicher nicht neu und auch nicht polizeispezifisch. Deutet man sie im Sinne der Kooptations-Hypothese, dann wird daraus ersichtlich, was Polizei aus der Sicht der Verantwortlichen fehlt, nämlich Nachwuchs, der ihnen ähnlich ist.

haftet per se mehr „Fremdes" als „Vertrautes" an. Deshalb müssen sie ausdrücklicher und intensiver nachweisen, dass sie die Kohäsionsbedingungen der Organisation nicht stören. Zu den Kohäsisonsbedingungen zählt z.b. unbedingte Loyalität. Ein weit verbreitetes Misstrauen gegen nichtdeutsche Kollegen richtet sich, z.b. mit dem geflügelten Wort „Blut ist dicker als Wasser", auf Loyalitätskonflikte, die entstehen könnten, wenn ethnisch-kulturelle Verpflichtungen intensiver wirken als beamtenrechtliche. Wenn es zutrifft (das könnte empirisch überprüft werden, wenn es eine Zustimmung/einen Auftrag dafür gäbe), dass die Auswahlverfahren darauf ausgelegt sind, die schon vorhandenen kulturellen Muster der Polizei zu reproduzieren, und wenn es zutrifft, dass die Verantwortlichen der Personalauswahl (konkret u. U. die Auswahlkommissionsmitglieder bzw. deren Vorsitzende) dazu tendieren, solche Bewerber zu bevorzugen, die ihnen ähnlich sind bzw. die Eigenschaften haben, die in der Polizei häufig anzutreffen sind, dann unterliegen Migranten einer höheren Nichtbestehenswahrscheinlichkeit als einheimische Bewerber und Bewerberinnen.

Wir halten es für angemessen, die Polizei unter der Perspektive einer *geschlossenen Gesellschaft* zu betrachten, die Neumitglieder nach deren *Kontinuitätsprognose* aussucht und – entgegen anderslautender Beteuerungen - nicht allein nach objektiven Kriterien. Gesucht werden also nicht irgendwelche *Besten*, sondern diejenigen, die am besten eine Voraussage zulassen, dass sie in das Gefüge der Polizei (die oft noch als *Familie* bezeichnet wird) hineinpassen. Dabei besteht implizit eine Ausrichtung auf Bewerber, die ähnlich sind wie die Auswählenden Die Auswahlprozeduren laufen in der Summe darauf hinaus, eine *Generaleignung* festzustellen, die mehrheitlich an eine Haltung (Loyalität) geknüpft ist, nicht an *funktionale Kompetenz* oder einem spezifischen *Können*.

7 Ausblick

7.1 Ambivalenzen rund um die Gleichbehandlung

Die Erfahrung mit dem MORS-Projekt lehrt uns heute: Im Akt der vorsichtigen oder offensiven, der spontanen oder der abgeklärten, der tatsächlichen oder vermeintlichen, der ehrlich gemeinten oder der strategischen Aufgeschlossenheit gegenüber Migranten (und anderen Minderheiten) werden zugleich die zugrunde liegenden Traditionen der *geschlossenen Beziehungen* (Weber)[41] und die Prob-

---

[41] „Eine soziale Beziehung (gleichviel ob Vergemeinschaftung oder Vergesellschaftung) soll nach außen ‚offen' heißen, wenn und insoweit die Teilnahme an dem an ihrem Sinngehalt orientierten gegenseitigen sozialen Handeln, welches sie konstituiert, nach ihren geltenden Ordnungen niemandem verwehrt wird, der dazu tatsächlich in der Lage und geneigt ist. Dagegen nach außen ‚geschlos-

leme in Bezug auf Integration und Inklusion verdeutlicht. Die Polizei zeigt sich nach außen zunächst offen, nicht nur in ihrem Verhältnis zur Bevölkerung, sondern auch hinsichtlich des Reglements für den Zugang zur Organisation. Allerdings scheint es mir so zu sein, dass mit *Offenheit* lediglich die Transparenz bezüglich der Zugangsbedingungen gemeint ist und im Wesentlichen *Offenheit* mit *Gleichbehandlung* gleichgesetzt wird (Wir sind gleichermaßen offen für alle, die die [gleichen] Bedingungen erfüllen). Im Ergebnis wird hier aber Ungleiches gleich behandelt. Ein affirmativer Umgang mit *Offenheit* i.S. von personeller und struktureller Veränderungsbereitschaft und der Anerkennung einer Veränderung sowohl der Arbeitsmarktsituation als auch der Anforderung an Polizeiarbeit scheint mir im Wesentlichen nicht bzw. nur sehr verhalten (und auf Expertenebene) stattzufinden. Insbesondere die starke Betonung der *Gerechtigkeit* und der Gleichbehandlung schränkt den flexiblen Umgang mit den Gegenwarts- und Zukunftsproblemen der Polizei stark ein. In unserer Auseinandersetzung mit den Experten und den Leitungskräften wird immer wieder deutlich, dass Gleichbehandlung als Königsweg demokratisch legitimierter Organisationen betrachtet wird. So lange das so ist, bleibt die Integration von Personal mit Migrationshintergrund ein Problem einiger weniger Spezialisten und/oder eine Frage an der Peripherie der Organisation. Denn das dominante Prinzip der Gleichbehandlung löst nicht die ungleichen Sozialisationsbedingungen der Bewerber und Bewerberinnen auf, und es widersetzt sich auch der Diversity-Rhetorik eines Teils der Polizeiführung. So ist Gleichbehandlung einerseits ein probates Mittel, um den Konfliktstoff in der Organisation zu begrenzen und um ein hohes Maß an Identifizierung mit der Polizei zu erreichen. Andererseits verhindert sie aber auch die signifikante Erhöhung des Anteils von Personen, die nicht sowieso schon in das Raster der Polizei hineinpassen, und damit *Integration* in eigentlichem Sinne.

Erst wenn die Frage umgedreht wird und die Integration nicht als Problem der Migranten, sondern als *Problem der Polizei* wahrgenommen wird, könnte sich etwas an der aktuellen Situation ändern. Ansonsten bleibt die Integration von Migranten auf halbem Wege stecken bzw. lässt sich relativ einfach als bloße Rhetorik entlarven. Daran ist uns aber nicht gelegen. Was also könnten mögliche Konsequenzen aus unserer Untersuchung sein?

---

sen' dann, insoweit und in dem Grade, als ihr Sinngehalt oder ihre geltenden Ordnungen die Teilnahme ausschließen oder beschränken oder an Bedingungen knüpfen." (Weber 1985: 23).

7.2 Kursbestätigung oder Kurskorrektur?

Integrationspolitik der Polizei macht einen Richtungswechsel auf der Strukturebene erforderlich. Strukturelle Veränderungen sind nicht mit Fortbildung für Führungspersonal und auch nicht mit der Veränderung des Speisenangebots in der Kantine identisch. Es wäre dann darüber nachzudenken, inwieweit die Einstellungsbedingungen tatsächlich geändert werden müssten, und inwieweit die Vielfalt von Kompetenzen und Eigenschaften noch erhöht werden kann. Es müsste über Mentoring-Programme zur Vorbereitung von Führungstätigkeiten für MH-Personal nachgedacht werden (wie dies bei Frauen auch möglich war) und es müsste über eine grundlegende Veränderung der Einstellungsphilosophie nachgedacht werden: vom „Sein" zum „Können". Natürlich steht auch der Gleichbehandlungsgrundsatz auf dem Prüfstand und natürlich wird man einigermaßen gerecht nur vorgehen können, wenn so viele *Kollektivattribute* (Deutscher/Europäer *sein*, durchschnittlich intelligent *sein*, gesund *sein*, Frau/Mann *sein*, jung *sein* etc.) wie möglich zur Auswahl vermieden werden und wenn so viele individuelle Kompetenzen wie möglich zur Einstellungsgrundlage herangezogen würden (eine oder mehrere Fremdsprachen sprechen *können*, schnell laufen, schwimmen etc. *können*, ein Spezialwissen angeeignet zu haben etc.) und wenn das auf *alle* Bewerber und Bewerberinnen angewandt würde. Man müsste dann nicht mehr von Migranten erwarten, dass sie a priori etwas mitbringen, das andere nicht haben, sondern man könnte auf spezifische Kompetenzen verweisen, die – egal von wem – erbracht werden.

Andererseits wäre gegen eine starke kulturelle Bindung an die Idee einer Polizei nichts einzuwenden, solange es nicht allein Bindungen an die universalen *Polizisteneigenschaften* sind, sondern auch eine Bindung an universale rechtliche Standards und den ethischen Grundpfeilern demokratisch legitimierter Institutionen.

Eine Organisation kann um so demokratischer und gerechter mit ihrem Personal umgehen, je geringer die Festlegung auf ontogenetische Variablen (Geschlecht, Alter, äußeres Erscheinungsbild, Herkunft etc.) und je höher die Wertschätzung von definierten Kompetenzen ausfällt (Sprachkenntnisse, technisches, abstraktes, kreatives, logisches Wissen, Talente, Fähigkeiten etc.). Dann wird nicht mehr zu fragen sein, wer jemand *ist*, sondern wer was *kann*. Die Polizei sollte sich von der Bindung an Unternehmensphilosophien des produzierenden Gewerbes oder des Dienstleistungssektors befreien, ebenso wie sie sich davon lösen sollte, sich als Integrationsagentur der öffentlichen Verwaltung darzustellen. Das Ziel von Integration wäre erreicht, wenn nicht mehr nach der ethnischen, nationalen oder biologischen Prädisposition gefragt werden müsste, sondern man sich auf das (dann allerdings theoretisch fundierte und empirisch definierte) Anforderungsprofil konzentrieren könnte. Die letzten Sätze dienen als Diskussionsgrundlage der Auseinandersetzung mit den Verantwortlichen für Organisations- und Personalentwicklung in der Polizei bzw. für Werbung und Einstellung des Personals. Empirisch und theoretisch gesättigtere Aussagen werden im Sommer 2008, zum Ende des Projekts, zu berichten sein.

Literatur

Behr, Rafael (2000): Cop Culture – Der Alltag des Gewaltmonopols. Männlichkeit, Handlungsmuster und Kultur in der Polizei, Opladen (zugl. Dissertation Universität Frankfurt, 1999)
Behr, Rafael (2006): Polizeikultur. Routinen – Rituale – Reflexionen, Wiesbaden
Behr, Rafael (2007): „Die Besten gehören zu uns – aber wir wissen nicht, wer sie sind", in: Möllers, Martin H.W./ Robert Chr. Van Ooyen (Hg.): Jahrbuch öffentliche Sicherheit 2006/2007, S. 291-314
Bloom, Herman (2005a): Anders sein bei der Polizei in Deutschland. Zur Position von allochthonen Polizisten an ihrem Arbeitsplatz, vor dem Hintergrund ihrer Rolle als Minderheit und der Tatsache, dass sie als ‚anders' wahrgenommen werden, Schriftenreihe für Polizei und Wissenschaft, Frankfurt
Bloom, Herman (2005b): „Anders-sein" bei der Polizei in Deutschland. Zur Position von Polizisten ausländischer Herkunft in der Organisation, in: Polizei und Wissenschaft, H. 1, S. 16-26
Bourdieu, Pierre (1993): Ökonomisches Kapital – Kulturelles Kapital – Soziales Kapital, in: ders.: (1993) Verborgene Mechanismen der Macht, Hamburg, S. 49-80
Christe-Zeyse, Jochen (2006): Die Macht der Profession. Beobachtungen zum Selbstverständnis einer starken Kultur, in: ders. (Hg.): Die Polizei zwischen Stabilität und Veränderung. Ansichten einer Organisation, Frankfurt/M.
Chan, Janet (1997): Changing police culture. Policing in an multicultural society, Cambridge
Chan, Janet (2003): Fair Cop. Learning the Art of Policing, Toronto u.a.
Esser, Hartmut (2004): Welche Alternativen zur „Assimilation" gibt es eigentlich?, in: Bade/Bommes/Münz: Migrationsreport 2004, Fakten, Analysen, Perspektiven, Frankfurt a.M./ New York
Fehérváry, J./W. Stangl (2001) (Hg.): Polizei zwischen Europa und den Regionen. Analysen disparater Entwicklungen, Schriftenreihe der Sicherheitsakademie, Bd. 3, Wien
Freie und Hansestadt Hamburg (2007) (Hg.): Hamburger Handlungskonzept zur Integration von Zuwanderern, Hamburg
Giddens, Anthony (1995): Konsequenzen der Moderne, 2. Aufl., Frankfurt/M
Gomolla, Mechthild/Frank-Olaf Radtke (2002): Institutionelle Diskriminierung. Die Herstellung ethnischer Differenz in der Schule, Opladen

Hofstede, G. (2001): Lokales Denken, globales Handeln: Interkulturelle Zusammenarbeit und globales Management, 2. Auflage, München

Hunold, Daniela/ Rafael Behr (2007): Fremde in den eigenen Reihen? In: Ohlemacher, Thomas/Anja Mensching/Jochen-Thomas Werner (Hg.) (2007): Polizei im Wandel? Organisationskultur(en) und Organisationsreform, Empirische Polizeiforschung VI-II, S. 21-50

Jansen, Dorothea (2000): Gesellschaftliche Selbstorganisation durch Technikdiskurse?, in: Werle, Raymund/Uwe Schimank (Hg.): Gesellschaftliche Komplexität und kollektive Handlungsfähigkeit, Frankfurt/M, S. 183-207

Kanter, Rosabeth Moss (1977): „Some Effects of Proportions on Group Life: Skewed Sex Ratios and Responses to Token Women", in: *American Journal of Sociology* 82/5

Kutter, Peter/ Petra Christian-Widmaier (2003): Triangulierung in der Supervision – Patient, Supervisandin und Supervisor, in: Forum Supervision, H 21, 03/2003, S. 86-106

Landesamt für Datenverarbeitung und Statistik Nordrhein-Westfalen (LDS NRW): „Fast ein Viertel der NRW-Einwohner mit ‚Migrationshintrund'", in: http:/www.lds.nrw.de/includes/php/druckversion.php?site=/presse/pressemitteilungen/2005/pres_117_05.html, Zugriff am 00.00.2007

Mintzberg, Henry J. (1988): The Adhocracy, in: Quinn, James B./Henry Mintzberg/Robert M. James: The Strategy Process: Concepts, Contexts, and Cases, Englewood Cliffs, S. 607-626

Nogala, D. (2001): Ordnungsarbeit in einer glokalisierten Welt – Die neue Mischökonomie des Polizierens und der Polizei, in: Fehérváry, J./W. Stangl (Hg.), S. 185-222

Ohlemacher, Thomas (2006): Folgen einer fahrlässigen Etikettierung? Wahrgenommene Fremdwahrnehmung und Selbstbild der Polizei, in: Menzel, Birgit/Kerstin Ratzke (Hg.): Grenzenlose Konstruktivität? Standortbestimmung und Zukunftsperspektive konstruktivistischer Theorien abweichenden Verhaltens, Oldenburg, S. 160 ff, http://docserver.bis.uni-oldenburg.de/publikationen/bisverlag/2006/mengre06/pdf/mengre06.pdf, Zugriff am 26.9.2007

Rathje, Stefanie (2004): „Corporate Cohesion – Handlungsansatz zur Gestaltung interkultureller Unternehmenskultur", in: J. Bolten (Hg.) „Interkulturelles Handeln in der Wirtschaft – Positionen, Modelle, Perspektiven, Projekte", Sternenfels, S. 112-124 , vgl. auch http://www2.uni-jena.de/ philosphie/iwk/publikationen/corporate_ cohesion_rathje.pdf, Zugriff am 11.08.07

Schütz, Alfred (1972): Der Fremde. Ein sozialpsychologischer Versuch, in: ders.: Gesammelte Aufsätze, Bd. 2, S. 53-69

Skolnick, Jerome H. (1966): Justice without Trial, New York

Thériault, Barbara (2004): The Carriers of Diversity within the Police Forces: A "Weberian" Approach to Diversity in Germany, in: http:// www.socio.umontreal.ca/ personnel/documents/04Theriaultforumarticle.pdf, Zugriff am 28.6.2007

Waddington, P.A.J. (1999): Police (Canteen) Sub-Culture, in: British Journal of Criminology, Vol. 39, No. 2, S. 287-309

Weber, Max (2005): Wirtschaft und Gesellschaft. Grundriss der verstehenden Soziologie, Neu Isenburg

Polizei und Fremde – Künftig gemeinsam als Verbündete?!

Hans Schneider und Lusaper Witteck

Vorgestellt werden Überlegungen zu einem geplanten Präventionsprojekt, welches – eingebunden in die Arbeit des Präventionsrates von Stadt und Landkreis Gießen und damit die Chancen einer gesamtgesellschaftlichen Prävention nutzend – Muslime stärker in die gemeinschaftliche Bewältigung gesellschaftlicher Problemlagen einbinden und gleichzeitig einen Beitrag der Intensivierung interkultureller Kompetenz bei Polizeibeamtinnen und –beamten erzielen will.

1 Frühe Ansätze in Gießen

Das Thema „Polizei und Fremde" oder „Polizei und Ausländer" hat in Gießen eine lange Tradition. Bereits 1992 wurden bei der Gießener Polizei zehn Dienststellenleiter zu Vertrauenspersonen und als Ansprechpartner für AusländerInnen in der Polizei benannt, die auch aufklärend und informierend nach innen in die Dienststelle tätig werden sollten.[1] Im Jahr 1993 wurde in einem mehrtägigen Fortbildungsseminar für Polizeibeamte mit dem Titel „Fremdenfeindlichkeit – Einwanderung – Asyl" auf Vorschlag des Gießener Ausländerbeirats über Kultur, Lebensweise und Probleme von Menschen mit ausländischer Herkunft informiert.[2]

Seit vielen Jahren wirken die beiden Ausländerbeauftragten des Polizeipräsidiums mit vielfältigen Aktivitäten: Kontakte mit Ausländerbeiräten, Sportvereinen, religiösen Institutionen, Migrantenvereinen, dem Amt für Migration und den Ausländerbehörden, mit der Bildung von Kriseninterventionsteams für Muslime, mit der Initiierung von Pressterminen bei Besuchen von geistigen Führern im Polizeipräsidium Mittelhessen, mit der Durchführung von Basketballturnieren „My way, fair play" und vielem anderen mehr.

---

[1] Maier, 1992, S. 5.
[2] Franske, 1993a, S. 21 f.

Das 2001 gestartete und bis 2003 laufende Projekt „Junge Türken, junge Polizisten – wir lernen uns kennen", welches vom Präsidium, der Türkisch-Deutschen-Gesundheitsstiftung und dem Verein Kriminalprävention Gießen e.v. getragen wurde, wurde mit einem Preis des Bündnisses für Demokratie und Toleranz in Berlin ausgezeichnet und in der Abschlussveranstaltung von der Hessischen Sozialministerin als Projekt mit Leuchtturmcharakter gewürdigt. Einmal wöchentlich trafen sich über einen Zeitraum von zwei Jahren junge Türken und junge Polizisten, um sich unter Anleitung einer Sprachlehrerin jeweils gegenseitig in wechselnden Rollen als Lernender oder Tutor die eigene Muttersprache beizubringen. Zusätzlich fanden Themenabende statt, bei denen es vor allem darum ging, die andere Kultur kennen und verstehen zu lernen: beispielsweise Veranstaltungen zu Selbstbild und Fremdbild, deutscher und türkischer Geschichte, Landeskunde, Küche, religiöse Feste wie Weihnachten und Fastenmonat oder der Besuch einer Moschee.

Am Samstag, den 17. März 2007 schließlich, wurde die Aufklärungskampagne „Aufklärung – Integration – Gesundheit" durch die Türkisch-Deutsche-Gesundheitsstiftung im Kulturzentrum des Türkisch-Islamischen Kulturvereins in Gießen gestartet. In der Auftaktveranstaltung vor 70 Vertretern und Imamen der Moscheen aus sechs verschiedenen Landkreisen stellte der Polizeipräsident des Polizeipräsidiums Mittelhessen dieses und dessen Aufgaben vor; berichteten die Ausländerbeauftragten des Polizeipräsidiums aus ihrer Arbeit.[3]

Hier stehen nun die lokalen Akteure der kommunalen Kriminalprävention und wollen nach vorne schauen bzw. sich weiter entwickeln und sich überlegen, wie Muslime noch stärker in die gemeinschaftliche Bewältigung gesellschaftlicher Problemlagen – Kriminalität eben – eingebunden werden können.

2 Hintergründe

Forderungen nach Einbindung von Muslimen in die kommunale Präventionsarbeit waren in den letzten Monaten aus den unterschiedlichsten Richtungen zu hören und zu lesen. Etwa auf der Konferenz der Innenminister und –senatoren in Göhren-Lebbin am 07. und 08. September 2006 in der Erklärung der Innenminister und –senatoren der unionsgeführten Länder anlässlich des fünften Jahrestages der terroristischen Anschläge in New York am 11. September 2001: „Um frühzeitig gewaltbereite Tendenzen im Islamismus zu erkennen, sprach sich insbesondere der hessische Innenminister Volker Bouffier dafür aus, Sicherheitspart-

---

[3] Sonntag-Morgenmagazin vom 18. März 2007, S. 2.; Gießener Anzeiger vom 19. März 2007; Gießener Allgemeine Zeitung vom 20. März 2007.

ner in der islamischen Bevölkerung in Deutschland zu gewinnen. So genannte Sicherheitspartner könnten mithelfen, Tendenzen zur Radikalisierung oder extremistische Bestrebungen früher zu erkennen, "damit wir früher gegensteuern können", betonte Hessens Innenminister, und weiter: "Häufig ist eine fehlgeschlagene Integration der Nährboden für extremistische Bestrebungen. Es ist wichtig, dass wir rechtzeitig eingreifen können, um Parallelgesellschaften zu verhindern."[4]

Der Vorsitzende der Grünen-Fraktion im Hessischen Landtag Tarek Al-Wazir sagte in der Frankfurter Rundschau vom 07. Juni 2006: „Wir als Politiker müssen das Gespräch mit allen suchen, mit denen es möglich ist, und nicht konfrontativ Leute in eine Ecke unter Generalverdacht stellen. Dies führt am Ende nur dazu, dass Sie sich weiter zurückziehen. Wir müssen die Mehrheit der Muslime, die nicht radikal und fundamentalistisch ist, zu unseren Verbündeten machen."[5]

In einer Orientierungshilfe für die Polizei zum Umgang mit den Erwartungen der islamischen Bevölkerung ist weiter zu lesen: „Professionelle und zukunftsorientierte Polizeiarbeit wird künftig mehr interkulturelle Kompetenz erfordern. Gerade im Umgang mit islamischen Gemeinden können die Chancen der gesamtgesellschaftlichen Prävention noch besser genutzt und Muslime über die Moscheevereine stärker in die gemeinschaftliche Bewältigung der anstehenden Sicherheitsaufgaben einbezogen werden"[6].

Nur logisch, dass auch der Zweite Periodische Sicherheitsbericht sich der Forderung anschließt: „Kriminalprävention ist eine gesamtgesellschaftliche Aufgabe ... Erforderlich ist die Mitwirkung aller gesellschaftlichen Kräfte, insbesondere der Glaubensgemeinschaften ..."[7]

Basierend auf den Erfahrungen eines 18monatigen Modellprojekts „Kooperation von Polizeidienststellen mit Moscheevereinen" in Berlin, Essen und Stuttgart, wird in der bereits erwähnten Orientierungshilfe für die Einbindung von Muslimen folgendes Resumee gezogen:

- Die Zusammenarbeit mit Moscheevereinen bedarf einer Projektorganisation mit sorgfältiger Vorplanung.
- Die Projekte sollten auf Dauer angelegt sein, um nachhaltig wirken zu können.

---

[4] Hessisches Ministerium des Innern und für Sport, Pressemitteilung vom 11.02.2007; vgl. auch hr-online vom 08.09.2006.
[5] Frankfurter Rundschau vom 07. Juni 2006, Nr. 130, S. 29.
[6] Zentrale Geschäftsstelle Polizeiliche Kriminalprävention der Länder und des Bundes, o.J., S. 5.
[7] Bundesministerium des Innern, Bundesministerium der Justiz, 2006, S. 103.

- Ein Grundwissen über die Kultur des Islam, insbesondere seine zentralen Glaubensbestandteile (fünf Säulen des Islam), die religiösen Feste sowie die Rolle der Frau ist unverzichtbar.
- Kooperationsprojekte mit Moscheevereinen müssen Chefsache sein und sollten von der Polizeiführung initiiert und unterstützt werden.
- Der Schutz von Kindern und Jugendlichen vor Kriminalität sowie vor den Gefahren des Straßenverkehrs sind geeignete Themen, um in die Zusammenarbeit einzusteigen.
- Die Kooperationsprojekte sollten in lokale Gremienstrukturen oder Netzwerke eingebunden werden.[8]

Die dringende Notwendigkeit einer intensivierten Zusammenarbeit kommt in solchen Formulierungen wie z.B. „in die Zusammenarbeit einsteigen" oder „Einbindung in die polizeiliche Präventionsarbeit" nur unzureichend zum Ausdruck. Die Zielsetzungen einer Intensivierung der Einbindung von Gruppen mit Migrationshintergrund sind vielfältig und von hoher Relevanz. Zu nennen sind hier:

- religiös motivierter Extremismus
- möglicher künftiger gewalttätiger Jugendprotest
- Kultur bedingte Kriminalität (Gewaltverbrechen im Namen der Ehre, Verschleppung, Kindesentziehung, Blutrache)
- „normale" Kriminalität (Intensivtäter, Drogenhandel)
- Personen mit Migrationshintergrund als Partner und Adressaten in der Prävention
- Polizeialltag (Konfliktbewältigung, Opfer, Zeuge, Obduktion ...)

Bereits vorliegende Konzepte schlagen – nicht besonders originell – vor:

- Ansprechpartner zur Förderung des Vertrauens zu benennen,
- Vortrags- und Informationsveranstaltungen durchzuführen,
- Informationsmaterial zu entwickeln und zu verbreiten,
- Aus- und Fortbildung zu intensivieren.

Dies ist zu wenig; deshalb die Forderung: Polizei und Fremde – Künftig gemeinsam als Verbündete!

---

[8] Zentrale Geschäftsstelle Polizeiliche Kriminalprävention der Länder und des Bundes, o.J., S. 46.

3 Künftig gemeinsam als Verbündete

Verbündete – so die Annahme - haben ein gemeinsames Interesse bzw. ziehen aus dem Bündnis jeweils Vorteile, z.b. eine „Sichere Lebenswelt" oder ein „Sicheres Gießen"; wobei die jeweiligen Vorstellungen davon, was denn eine Lebenswelt oder ein Gießen sicher macht, noch zu ermitteln sind. Möglicherweise entspricht die Zielsetzung des aktuellen städtischen und polizeilichen Programms „Sicheres Gießen", welches die Reduzierung der Kriminalitätsbelastungszahlen in einem bestimmten Zeitraum zum Ziel hat, nicht den Vorstellungen von allen Beteiligten. „Lebenswertes Gießen" schien hier geeignet zu sein; dieser Name ist aber inzwischen belegt von der Bürgerinitiative gegen die Thermische Reststoffbehandlungs-Energieverwertunganlage (TREA) in der Nähe eines Neubaugebietes.

Vertrauensbasis ist ein weiterer wichtiger Begriff. Sofern es nicht nur eine strategische Allianz ist, bedarf es, um Verbündete oder Partner[9] zu gewinnen, neben dem gemeinsamen Ziel auch einer Vertrauensbasis. Faktoren, die eine derartige Vertrauensbasis entstehen lassen sind Offenheit, Freundlichkeit, aufeinander zugehen, Interesse zeigen, berechenbar sein, Zeit füreinander haben, ernst nehmen, Rolle zugestehen, Vertrauen entgegen bringen, Vorleistungen erbringen, positiv wahrgenommen fühlen, Respekt erweisen, d.h. z.B. sich für Kultur und Geschichte interessieren, Verhaltensregeln beachten.

Die Rahmenbedingungen dafür sind nicht schlecht. Im Vergleich zu anderen Institutionen „steht Polizei" relativ gut da. Nach einer Befragung von 1000 volljährigen türkisch stämmigen Migrantinnen und Migranten im Juli 2004 in NRW haben „nur" 17,3 % der Befragten Diskriminierungserfahrungen bei der Polizei gemacht (jedoch 56,5 am Arbeitsplatz; 49,3 bei der Wohnungssuche; 48,4 bei der Arbeitssuche; 39,5 bei Behörden; 32,8 in der Nachbarschaft, 28,6 beim Einkauf und – jetzt geringer als bei der Polizei – 16,1 beim Arzt; 13,8 in Diskotheken; 13,3 in Gaststätten; 11,6 bei Gericht und 8,5 in Vereinen).[10]

Neben einer Bestandaufnahme bisheriger vertrauensbildender Unternehmungen, scheint es sinnvoll zu sein, die folgenden weiteren Schritte eines vertrauensbildenden Dialoges zu initiieren:[11]

- Ergebnisse der Arbeiten von Bornewasser/ Eckert u.a. aus den 90er Jahren zum Verhältnis Polizei und Ausländer diskutieren, auswerten und umset-

---

[9] Als Analogie zum Geschäftsleben; vgl. Hecht-El Minshawi, 2004.
[10] Goldberg, Sauer, 2004, S. 141.
[11] In eine ähnliche Richtung gingen bereits die Überlegungen von Franske im Jahr 1993 (vgl. Franske, 1993b, S. 615 ff.); vor 13 Jahren bestand aber nicht der Handlungsdruck, der heute vermeintlich besteht.

zen[12], um damit zu zeigen dass wir uns mit den Sorgen und Ängsten auseinandersetzen.
- Opferbefragung: Befragung nach Opfersituationen, Sicherheitsgefühl, Angsträumen, Erwartungen, um damit zu zeigen, dass wir uns mit den Sorgen und Ängsten auseinandersetzen.
- Diskussion vorhandener Arbeiten zur Berücksichtigung religiöser und kultureller Hintergründe – soweit möglich – bei der Durchführung polizeilicher Maßnahmen, um damit zu zeigen, dass wir ihre religiösen Anliegen ernst nehmen.[13]
- Interessierende Präventionsangebote machen (Schutz Kinder).
- Forum zum Austausch, zur Vernetzung, zur Konfliktlösung schaffen.

Zwei andere wichtige Begriffe: Geben und Nehmen. In einem Bündnis gibt es immer auch ein Geben und Nehmen. Die neuen Verbündeten dürfen nicht nur nehmen, sie müssen selbstverständlich auch geben:

- sie treten mit der Polizei in einen vertrauensbildenden Dialog, sie nehmen Polizei ernst, sie gestehen der Polizei ihre Rolle zu, sie erweisen der Polizei ihren Respekt etc.,
- sie sind Multiplikatoren der Arbeit dieses vertrauensbildenden Dialoges in ihr Umfeld,
- sie wirken ein auf ihr Umfeld und wirken gegen politische und religiöse Bestrebungen gegen die Freiheitlich Demokratische Grundordnung,
- sie distanzieren sich von Radikalisierungsentwicklungen in ihrem Umfeld,
- sie setzen sich mit Problemgruppen in ihrem Umfeld auseinander, benennen diese und eröffnen Einflussmöglichkeiten,
- und sie stellen sich auch „unangenehmen" Fragen, z.B. nach der Rolle der Frau (was wohl nicht ihren Regeln entspricht[14]).

Darüber hinaus könnten in einer Art „*Sondage"–Findungsveranstaltung* – so der Vorschlag der beiden Ausländerbeauftragten – mit den neuen Verbündeten deren mögliche Beiträge mit der Fragestellung: „Was könnt Ihr für das Ziel „Sichere Lebenswelt" einbringen?" ermittelt werden.

Weitere mögliche Beiträge der neuen Verbündeten lassen sich aus den Ergebnissen des Gießener Projektes „Gelungene Integration" erschließen.

---

[12] Bornewasser, Willems, 1996, S. 9 – 165; vgl. zur Thematik auch Stock, Klein, 1994, S. 286 ff.
[13] LKA Sachsen, 2004; Betz, 2005.
[14] Hecht-El Minshawi, 2004, S. 143.

Die Erkenntnis, dass jene zahlreichen Migranten, die sich gut eingelebt haben und viel zu einem funktionierenden Gemeinwesen beitragen, viel zu wenig öffentlich wahrgenommen werden, war Ursprung eines Kooperationsprojektes zwischen der Stadtredaktion der Gießener Allgemeinen Zeitung und dem Integrationsbüro der Universitätsstadt Gießen. Am Samstag, den 30. Juli 2005 erschien im Lokalteil der Gießener Allgemeinen Zeitung das erste Interview mit einem Migranten. Mit weiteren 55 Menschen aus 36 verschiedenen Ländern führte in dem darauf folgenden Jahr eine Redakteurin die Interviews, in denen diese in der Samstags-Serie „Gelungene Integration" über ihren Weg nach Deutschland, über Hilfreiches und Problematisches bei der Integration berichteten.[15] In den Interviews ging es inhaltlich nicht nur um eine interessante Lebensgeschichte, sondern vor allem darum, zu erfahren, wer oder was ihnen erschwert oder geholfen hat, hier Fuß zu fassen und was Einheimische und Migranten ihrer Meinung nach für ein gutes Miteinander tun können. Bei der Auswahl der Interviewpartner, die alle in Gießen oder Umgebung leben und dem Ansatz der Serie entsprechend, Vorbilder einer gelungenen Integration sein sollten, wurde Wert darauf gelegt, ein möglichst breites Spektrum abzubilden.

So sind alle formalen Bildungsabschlüsse vertreten, die ausgeübten Berufe sind vielfältigster Art: Arbeiter, Lehrer, Krankenschwester, Professor, Hausfrau, Polizeibeamter, Musiker etc. Für den Aufenthalt in der Bundesrepublik Deutschland werden die unterschiedlichsten Gründe genannt: sie kamen als Flüchtlinge, als Studenten, als Aussiedler, als Au-Pair-Mädchen, aus Liebe oder aus beruflichen Gründen und die Dauer des Aufenthaltes variiert zwischen 3 und 42 Jahren.[16] Interviewt wurden 56 Einzelpersonen (33 männlich, 23 weiblich im Alter von 17 – 65 Jahren mit einem Durchschnittsalter von 41,4 Jahren), eine siebenköpfige Familie mit Kindern zwischen 14 und 26 Jahren, eine sechsköpfige Familie mit Kindern zwischen 9 und 19 Jahren und zwei jeweils dreiköpfige Jugendcliquen zwischen 14 und 15 Jahren bzw. zwischen 15 und 19 Jahren.

Ausgehend von der Zielsetzung der Serie „Gelungene Integration", etwas über Hilfreiches auf dem Weg der Integration zu erfahren und unter dem Eindruck stehend, dass persönliche Dispositionen der Migranten eine ganz entscheidende Rolle spielen, wurde das Interviewmaterial einer ersten Sichtung unterzogen. Bei dieser noch oberflächlichen Betrachtung kristallisierten sich einige Kriterien heraus. Nach einer sich daran anschließenden quantifizierenden Analyse des Datenmaterials in der Sekundäranalyse gelingt Integration offenbar:

---

[15] Vgl. Gießener Allgemeine Zeitung vom 05. August 2006, S. 24 und vom 12. August 2006, S. 26; das gesamte Material ist inzwischen auch als Broschüre erhältlich: Magistrat der Stadt Gießen/ Integrationsbeauftragte Sholeh Sharifi, 2006.

- bei Menschen, die die Sprache des neuen Landes können bzw. die Notwendigkeit, diese zu erlernen, erkannt haben und dies auch umsetzen bzw. umsetzen können (Hinweise dafür finden sich in allen Interviews, 100 %),
- bei Menschen, die offen sind für Neues, Fremdes, Anderes (Hinweise dafür finden sich in 53 von 56 Interviews, 95 %),
- bei Menschen, die an Bildung interessiert sind (Hinweise dafür finden sich in 53 von 56 Interviews, 95 %),
- bei Menschen, die private oder berufliche Ziele haben (Hinweise dafür finden sich in 45 von 56 Interviews, 80 %),
- bei Menschen, die sich in der Gesellschaft engagieren (Hinweise dafür finden sich in 38 von 56 Interviews, 68 %),
- bei Menschen, die Deutschland als Chance begreifen (Hinweise dafür finden sich in 35 von 56 Interviews, 63 %) und
- bei Menschen, die jemanden (einen Deutschlehrer, eine Nachbarin oder einen Nachbar, einen Pfarrer, einen Arbeitskollegen, eine Sozialarbeiterin, einen Hausmeister einer Flüchtlingsunterkunft ...) getroffen haben, der ihnen hilft (Hinweise dafür finden sich in 34 von 56 Interviews, 61 %).[17]

Mit der Bereitschaft, in diesem Sinne aktiv zu werden, würden die neuen Verbündeten ihrerseits auch wichtige vertrauensbildende Signale setzen.

4 Perspektiven

Eingebunden werden sollen diese und andere Aktivitäten langfristig in die Arbeit des Präventionsrates von Stadt und Landkreis Gießen, in eine AG „Gemeinsam als Verbündete"[18], um damit auch die Chancen einer gesamtgesellschaftlichen Prävention zu nutzen.

---

[16] Gießener Allgemeine Zeitung vom 12. August 2006, S. 26.
[17] Mit der Herausarbeitung von derartigen Kriterien wollte diese Hypothesen generierende und explorative Sekundäranalyse an der Mangelbeseitigung – der Präsident des Bundeskriminalamtes, Jörg Ziercke, hatte bei der BKA-Arbeitstagung „Illegale Migration – Gesellschaften und polizeiliche Handlungsfelder im Wandel" im November 2006 einen Mangel wissenschaftlicher Studien über Beispiele gelungener Integration bedauert (so dpa-Mitarbeiter Christian Ebner, Wiesbaden, Gießener Allgemeine Zeitung vom 17. Nov. 2006, S. 4) – mitwirken und damit auch einen Beitrag zum Thema Kriminalprävention in der Migrationsgesellschaft leisten. Besteht doch die Hoffnung, aus den identifizierten Bedingungen einer gelungenen Integration Ansätze für eine Erfolg versprechende Kriminalprävention abzuleiten; vgl. auch Witteck, Schneider, 2007, S. 18 f.
[18] Dieser AG könnten angehören: Ausländerbeirat Stadt Gießen, Ausländerbeirat Landkreis Gießen Ausländerbeauftragte Polizeipräsidium Mittelhessen, Arbeitskreis Integration und Migration, Integrationsbeauftragte Stadt Gießen, Institut für Orientalistik, Professur für Turkologie, Türkisch-Deutsche

Die Umsetzung dieses Projektes „Gemeinsam als Verbündete" ist sicher nicht einfach. Die beteiligten Akteure kommen bei der Vielzahl von laufenden Präventionsprojekten bei geringeren personellen Ressourcen und der oftmaligen Ehrenamtlichkeit schnell an ihre Kapazitätsgrenzen; die beteiligten Akteure sind nicht frei von Befindlichkeiten und Konkurrenzdenken[19]; ein Teil der Akteure hat Unbehagen bei der thematischen Verbindung von Migration, Integration und Kriminalität bzw. Kriminalprävention[20] und schließlich – da hat möglicherweise der SPIEGEL-Titel „Mekka Deutschland. Die stille Islamisierung"[21] Spuren hinterlassen, – auch Zweifel, wie weit man beispielsweise bei der Berücksichtigung religiöser und kultureller Hintergründe bei der Durchführung polizeilicher Maßnahmen gehen kann, ohne auch einen Beitrag zur nicht gewollten Parallelgesellschaft zu leisten, wo Toleranz zur Selbstaufgabe wird.

Literatur

Betz, Wolfgang: Der Islam im polizeilichen Alltag. Ratgeber für polizeiliche Einsatzmaßnahmen gegenüber Moslems, Manuskript 2005.

Bornewasser, Manfred; Eckert, Roland; Willems, Helmut: Die Polizei im Umgang mit Fremden – Problemlagen, Belastungssituationen und Übergriffe, in: Kuratorium der Polizei-Führungsakademie (Hrsg.): Fremdenfeindlichkeit in der Polizei, Schriftenreihe der Polizei-Führungsakademie, Heft 1,2, 1996, S. 9 – 165.

Bundesministerium des Innern, Bundesministerium der Justiz (Hrsg.): Zweiter Periodischer Sicherheitsbericht, Kurzfassung, Berlin 2006.

Franske, Bettina: Polizei und Ausländer/innen räumen Vorurteile aus. Pilotprojekt Gießen, in: Hessische Polizeirundschau, Heft 6, 1993a, S. 21 – 22.

Franske, Bettina: Polizei und Ausländer. Beschreibung, Erklärung und Abbau gegenseitiger Vorurteile, in: Kriminalistik, Heft 10, 1993b, S. 615 – 619.

Goldberg, Andreas; Sauer, Martine: Die Lebenssituation von Frauen und Männern türkischer Herkunft. Ergebnisse der sechsten Mehrthemenumfrage 2004. Stiftung Zentrum für Türkeistudien, Duisburg-Essen 2004.

Hecht-El Minshawi, Beatrice: Muslime in Beruf und Alltag verstehen, Weinheim 2004.

Gesundheitsstiftung, Zentrum für interkulturelle Bildung und Begegnung, Kultur- und Moscheevereine.

[19] Zu den Kriterien und Motiven einer kommunalen Kriminalprävention vgl. Schneider, Stock, 1995, S. 46 ff. Als mit entscheidender Faktor der kommunalen Kriminalpolitik: das „Psychogramm der Akteure" (Engagement, Begeisterungsfähigkeit, überzeugt sein von der Sache, Teamfähigkeit, Eitelkeit, Hang zur Symbolik und kurzfristigen Verwertbarkeit, Verhältnis untereinander, Zuständigkeiten, Ressortgrenzen).

[20] Steffen hat zuletzt darauf hingewiesen, dass Tabuisierungen, Skandalisierungen und Bagatellisierungen des Themas Migration und Kriminalität nicht zur Problemerkennung und -lösung beitragen; vgl. Steffen, 2006, S. 15 ff. mit weiteren Nachweisen.

[21] DER SPIEGEL: Haben wir schon die Scharia ?, Nr. 13 vom 26. März 2007, S. 22 – 35.

LKA Sachsen (Hrsg.): Zum Umgang mit Personen aus dem islamisch geprägten Kulturkreis in der Polizeiarbeit, bearb. von Christiane Müller, Dresden 2004.

Magistrat der Stadt Gießen (Hrsg.): Kommunaler Armutsbericht, Gießen 2002.

Magistrat der Stadt Gießen/ Integrationsbeauftragte Sholeh Sharifi (Hrsg.): Serie Gelungene Integration. Gießener Gesichter, Gießen 2006.

Maier, Kurt: Verständigungsbrücke zwischen Polizei und Ausländer, in: hessische polizeirundschau, Heft 8, 1992, S. 5.

Schneider, Hans; Stock, Jürgen: Kriminalprävention vor Ort, Holzkirchen 1995.

Steffen, Wiebke: Kriminalprävention in der Migrationsgesellschaft, in: forum kriminalprävention, Heft 2, 2006, S. 14 – 17.

Stock, Jürgen; Klein, Lutz: Hat die Polizei ein Ausländerproblem?, in: Monatsschrift für Kriminologie, Strafvollzug und Strafrechtsreform, Heft 3, 1994, S. 286 - 296.

Witteck, Lusaper; Schneider, Hans: Kriterien einer gelungenen Integration. Sprachkompetenz und Einstellungen, in: forum kriminalprävention, Heft 2, 2007, S. 18 – 19.

Zentrale Geschäftsstelle Polizeiliche Kriminalprävention der Länder und des Bundes (Hrsg.): Polizei und Moscheevereine. Ein Leitfaden zur Förderung der Zusammenarbeit, o.O. und o.J.

Die (V)ermittler
Anwerben von Polizisten mit Migrationshintergrund in Deutschland[1]

Barbara Thériault

Als im Zuge der deutschen Wiedervereinigung die Polizei aus Ost- und Westberlin zu einer Organisation zusammengeführt wurde, hätten sich ostdeutsche Polizisten oftmals wehmütig nach der „Arbeit an und mit dem Menschen" zurückgesehnt, wie es früher zu DDR-Zeiten üblich gewesen sei (Glaeser 2000: 286). Die Formel, die sich auf ein proklamiertes Ziel des DDR-Sozialismus beruft, äußerte sich in einem sehr speziellen Fall des Systemwechsels, bei dem die Exekutivorgane des einen politischen Systems vollständig in denen des anderen aufgingen. Doch wenn die Situation in Berlin auch besonders gelagert war, verweist der kolportierte Ausspruch gleichwohl auf einen zentralen Aspekt der Polizeiarbeit in Ost und West, nämlich den ihres doppelseitigen Wesens (Lüdtke 1992: 15; Foucault 1983 [1976]). Doppelseitigkeit meint hier das Changieren zwischen den sich gegenseitig bedingenden Polen von Kontrolle und gleichzeitiger Sorge um den Anderen. Diesen zweiten Aspekt beschreibt François Dubet auch als *travail sur autrui*. Die *Arbeit am Anderem* meint nach dem französischen Soziologen professionsmäßige Aktivitäten – man denke an die Pädagogik, die Sozialarbeit, aber auch an die Polizei, die danach streben den anderen [*autrui*] explizit zu transformieren (Dubet 2002: 9).

Die Eingliederung der *Vopos* in die – in den Jahren des Kalten Krieges als Insel im roten Meer geltende – Westberliner Polizei stellte ein einmaliges Experiment dar, das Andreas Glaeser (2000) aus einer ethnographischen Perspektive glänzend darstellt und analysiert.[2] Ein zweites Experiment kennzeichnet jedoch auch der neueren Polizeigeschichte: die Inkorporation ausländischer Anwärter in die Polizei. Beide Ereignisse deuten darauf hin, dass die „Arbeit am Anderen"

---

[1] Für ihre fruchtbaren Kommentare zu früheren Versionen dieses Textes möchte ich mich bei Werner Schiffauer, Bettina-Dorothee Mecke, Kavin Hébert, Olaf Müller, Frank Peter und Till van Rahden herzlich bedanken.
[2] Für eine wertvolle politikwissenschaftliche Analyse siehe auch die Arbeiten Fabien Jobards, v. a. Jobard (2003).

auch *innerhalb* der Polizei stattfinden kann. Wenn von Arbeit am Anderen innerhalb der Institution Polizei die Rede ist, stehen „ethnische" Polizisten stets im Mittelpunkt. Bemerkenswert ist, dass die „ostdeutschen Polizisten" weder von den polizeilichen Akteuren noch von der Forschung als solche wahrgenommen werden. Man käme dabei nicht umhin, hier einen blinden Fleck des Diskurses zu vermuten, wenn diese Unterscheidung nicht humoristisch aufgegriffen würde[3] – beispielsweise wenn Hamburger Anwärter und Polizisten mit Migrationshintergrund schmunzelnd von „Polizisten mit Berliner Hintergrund" sprechen.[4] Damit sind in erster Linie Polizeianwärter gemeint, die aus Berlin in die Hansestadt entsendet wurden, weil die Hauptstadt ihre mehrheitlich aus den neuen Bundesländern stammenden Beamten aus finanziellen Gründen nicht in den Dienst übernehmen konnte. Diese Zuweisung funktioniert im Sinne eines umgekehrten Stigmas[5], indem die Unterscheidung von „Polizisten mit Migrationshintergrund" als vorab definierte und damit sichtbare Minderheit in Abgrenzung zu „Polizisten mit ostdeutschem Hintergrund" als unsichtbare Minderheit sichergestellt wird.[6]

Gerade in Berlin versuchte die Politik kurz vor der Wiedervereinigung verstärkt mithilfe zivilrechtlicher Abkommen, ausländische Anwärter einzustellen (Franzke 1995: 15). Ziel sollte sein, türkische und jugoslawische sowie später polnische Staatsangehörige für den Polizeidienst zu gewinnen. Der Schwerpunkt dieser Untersuchung soll daher auf Art und Logik der Rekrutierungsinitiativen der Polizei liegen, weil diese Initiativen speziell auf den Umgang mit dem Anderen hinweisen, das heute ebenso wie damals eingegliedert werden sollte. Das Augenmerk richtet sich jedoch nicht in erster Linie auf den „Gegenstand der Bemühungen" und damit der Zielgruppe der Rekrutierungsinitiativen[7], sondern vielmehr auf Personen, die – sei es durch Mandat oder Selbstbeauftragung – für Anwerbung, Auswahl und Beratung der Bewerber verantwortlich sind. Diese für

---

[3] Dies macht deutlich, dass der Bezug auf die Ethnie in der Regel nicht auf die Nation oder die Mehrheitsgesellschaft verweist (Juteau-Lee 1983: 44).
[4] Diese Bezeichnung ist in der Migrationsforschung weit verbreitet, um so gleichermaßen eine deutsche wie nicht-deutsche Nationalität mit einbeziehen zu können. Wie zu sehen sein wird, wurde es mittlerweile auch von den untersuchten Polizeikommissaren übernommen.
[5] Claude Javeau hat dafür den Begriff des *chevron* geprägt (1986: 170).
[6] Der Ausdruck wurde während einer Gesprächsrunde zwischen Anwärtern und Polizisten mit Migrationshintergrund und ihren Betreuern formuliert. Die Betreuer unterbreiteten – den nicht ganz ernst gemeinten – Vorschlag, die Gesprächsrunden auf Kollegen mit „ostdeutschem" oder „Berliner Hintergrund" zu erweitern (teilnehmende Beobachtung, Hamburger Landespolizeischule, 23. November 2006).
[7] Dieser Aspekt wurde bereits von Franzke (1999) und Blom (2005) untersucht. Siehe auch Behr (2006: 121-134). Zunehmend stößt man auch auf eine literarische Verarbeitung des Themas wie z. B. in Feridun Zaimoglus *Leinwand* oder Jakob Arjounis *Happy Birthday, Türke!*.

die Inkorporation von „Minderheiten" Verantwortlichen gehören – mit Ausnahme von Frauen – in den meisten Fällen nicht selbst den Gruppen an, die sie ansprechen wollen. Im Gegensatz zur Praxis vieler Nachbarländern und der weit verbreiteten Annahme, dass „certain issues are ‚owned' by the groups that have a stake in them" (Joppke 2003: 5), handelt es sich in Deutschland vielmehr um ethnisch deutsche Polizeibeamte und nicht um Zivilangestellte mit anderem ethnischen Hintergrund, wie es *a priori* vielleicht zu vermuten wäre.[8]

Diese Beobachtung illustriert ein wesentliches Element der „Arbeit am Anderen" innerhalb der deutschen Polizei. Sie verweist auf ein Spannungsverhältnis, das Johannes Weiß bereits mit der Problematik des „kulturellen Vermittlers" bzw. „Mittelsmanns" (1998, 2001) angesprochen hat. Gemeint sind damit diejenigen Akteure, die ungeachtet ihrer Intentionen und tatsächlichen Wirksamkeit als Bindeglied zwischen der Polizei und den „anderen" fungieren. Am Beispiel der Polizei sollen daher sowohl die Handlungsmuster wie Handlungsspielräume dieser Akteure herausgearbeitet werden. Sie bewegen sich innerhalb eines strukturierten Kontextes, der ein variables Potenzial für Veränderung besitzt und werden auf Handlungs- und Koordinationsebene zu relevanten Erscheinungen. Allerdings sollte sich gleichfalls zeigen, dass die Institution Polizei in Bezug auf den Umgang mit Vielfalt in einer homogenisierenden Organisation einen Extremfall darstellt, blieb sie doch gegenüber derartigen Versuchen bislang ausgesprochen resistent.

Orientiert an Max Webers Forschungsprogramm werden durch Interviews mit Einstellungsberatern, Lehrern und Adressaten sowie teilnehmende Beobachtung neben dem Handlungsaspekt gleichfalls Ordnungen und kulturelle Komponenten im Umgang mit dem Anderen beobachtet und in Idealtypen einfließen.[9] Die umrissenen idealtypischen Figuren basieren auf realen Personen, die im Zusammenspiel von Handlung und Ordnung vermitteln, denn es sind diese Akteure, die die Aufnahmekriterien in die Organisation und damit den Modus der Eingliederung mitgestalten. An ihnen lassen sich Motivationen, ihr Verständnis der Arbeit, die sich verändernden Mandate ebenso wie die Umstände nachvollziehen, die sie veranlassten, sich mit dem Konzept von Vielfalt auseinanderzusetzen. Weil in Hamburg schon früh aktiv versucht wurde, Ausländer anzuwerben, dient die Hansestadt hier als Fallstudie, um auf dieser Folie Initiativen in anderen Bundesländern wie beispielsweise in Berlin kontrastiv zu beschreiben.

---

[8] Das gilt auch oft für die sogenannten Schwulenbeauftragten wie z. B. bei der Berliner Polizei oder in Mecklenburg-Vorpommern.
[9] Zwischen 2004 und 2007 habe ich Interviews und teilnehmende Beobachtungen mit Einstellungsberatern, Lehrern an Polizeischulen sowie Anwärtern und Polizisten mit Migrationshintergrund durchgeführt und Zugang zu polizeiinternen Dokumenten bekommen.

1 Der Fall Hamburg

Im Jahr 1993 erlaubte die Ständige Konferenz der Innenminister und -senatoren der Länder zum ersten Mal, Ausländer als Polizeibeamte auszubilden. Mitten in einer Welle fremdenfeindlicher Gewalt und verbunden mit Skandalen innerhalb der Polizei sowie einem angespannten Verhältnis zwischen Polizei und Minderheiten in den frühen 1990er Jahren, verabschiedeten die Innenminister der Länder eine Ausnahmeregelung zum Bundesbeamtengesetz, die von der grundsätzlichen Erfordernis der deutschen Staatsangehörigkeit absah, „wenn für die Gewinnung des Beamten ein dringendes dienstliches Bedürfnis besteht" (BBG § 7, Absatz 3). Obwohl es sich um eine Ausnahme handelt, die nur einen kleinen Teil der Polizei betrifft – noch heute sind dies lediglich etwa ein Prozent aller Polizeibeamten –, kommt dieser Regelung eine weit reichende Bedeutung zu, weil sie einen grundsätzlichen Wandel markierte: Die deutsche Staatsangehörigkeit (gemäß Artikel 116 des Grundgesetzes) war nun in den meisten Bundesländern nicht mehr eine unumgängliche Bedingung, um Polizeibeamter zu werden.[10]

In Deutschland untersteht die Polizei der Länderhoheit. Der föderale Charakter spiegelte sich folglich auch im Umgang mit dieser Zusatzoption des Beamtengesetzes wider. So spielte im Vorfeld des Beschlusses der Innenministerkonferenz zur Einstellung ausländischer Polizisten Baden-Württemberg eine Vorreiterrolle. Mit Ausnahme Thüringens, das die Regelung nicht aufnahm, und Berlins, wo Anwärter die deutsche Staatsbürgerschaft im Laufe ihrer Ausbildung erwerben müssen, sind die meisten Bundesländer ihrem Beispiel gefolgt. Der Hamburger Senat ging in der Umsetzung der Ausnahmeklausel sogar noch einen Schritt weiter, indem er sich *bemüht*, ausländische Kandidaten anzuwerben, die nach erfolgreich absolvierter Ausbildung eine Einstellungsgarantie zugesichert bekommen (Bürgerschaft Hamburg 1993: 1).[11] Kandidaten ausländischer Herkunft wurden somit zu „erwünschten Elementen", wenngleich man sie weiterhin als ein aktuelles und nicht unstrittiges Thema der Sicherheitspolitik betrachtet (Schiffauer 2006). Diese Spannungslage macht aus der Polizei einen überaus interessanten Fall[12], an dem sich der Umgang mit Vielfalt in einer Organisation

---

[10] Der Zusatz im Beamtengesetz greift auf eine Ausnahmeregelung zurück, die in den 1960er Jahren für die Einstellung ausländischer Wissenschaftler an deutschen Hochschulen eingeführt worden war.

[11] Nordrhein-Westfalen schlug im Jahr 1997 einen ähnlichen Weg ein. In den 1990er Jahren wurden auch in anderen Ländern vergleichbare Initiativen gestartet: In Brandenburg wurde beispielsweise eine Zehn-Prozent-Quote eingeführt (Maurer 1995), die allerdings nicht erreicht wurde, und in Mecklenburg-Vorpommern hatte man kurzzeitig ein bestimmtes Kontingent von Ausbildungsplätzen für ausländische Kandidaten vorgesehen.

[12] So werden inzwischen vermehrt Rufe laut, Muslime in den Polizeidienst einzustellen. Siehe die Anträge der Fraktion der CDU/CSU im Bundestag von 1999 sowie von 2004.

untersuchen lässt, die von einer breiteren Öffentlichkeit wie auch von seinen Mitgliedern selbst als konservativ eingeschätzt wird.

2 Der Kommissar

Dem Beschluss der Innenministerkonferenz folgend entsprang die – von der CDU eingebrachte – Initiative im SPD-geführten Hamburger Senat vor allem pragmatischen Erwägungen: So sollten ausländische Polizeibeamte die Akzeptanz der Polizei in Bezirken mit einem hohen Ausländeranteil erhöhen und durch ihren Einsatz im Kampf gegen die organisierte Kriminalität sowohl die polizeiliche Kompetenz als auch Effizienz vergrößern (Bürgerschaft Hamburg 1993). Im Jahr 1994 wurde an der Hamburger Polizeischule die Position eines „Einstellungsberaters für Ausländer" geschaffen. Seine Aufgabe sollte es sein, ausländische Kandidaten anzuwerben. Der Berater an der Hamburger Polizeischule entpuppte sich als ein liberaler Hauptkommissar deutscher Herkunft. Bis 1994 war er Leiter einer Dienststelle in Hamburg-Altona gewesen, einem Viertel mit einem hohen Anteil türkischer Migranten. Aufgrund seiner beruflichen, aber auch persönlichen Erfahrung – so erwähnte er beispielsweise mit einer Frau kolumbianischer Herkunft verheiratet zu sein – wurde er von seinen Vorgesetzten mit der neuen Funktion beauftragt, die er bis 2005 ausfüllte und der er sich mit Leib und Seele verschrieben hatte. Der Senatsbeschluss verlieh ihm und seinen Kollegen an der Polizeischule einen legalen Rahmen, innerhalb dessen sie Neuland betraten. Der Hauptkommissar genoss sichtlich den Freiraum, den ihm seine Arbeit damit bot. Sein Tätigkeitsbereich umfasste a) die Mitgestaltung von Einstellungskriterien für ausländische Bewerber, b) die Koordinierung der Anwerbung sowie c) die Beratung und Interessenwahrnehmung der Kandidaten.

a) Einstellungskriterien mitgestalten

Die Zielvorstellungen der Senatsinitiative stecken zunächst einmal den formalen Rahmen für die Einstellungskriterien nicht-deutscher Polizeianwärter ab. Abgesehen von der Voraussetzung, im Besitz einer gültigen Aufenthaltserlaubnis zu sein sowie sämtliche Kriterien für deutsche Bewerber zu erfüllen[13], haben aus-

---

[13] Kandidaten müssen einen Schulabschluss vorweisen, über die geforderte körperliche Tauglichkeit und eine Mindestgröße von wenigstens 165 cm verfügen und dürfen nicht älter als 31 Jahre sein. Bewerber, die diese formalen Einstiegsvoraussetzungen erfüllen, werden anschließend in unterschiedlichen Bereichen auf ihre Eignung hin geprüft (schriftliche und mündliche Ausdrucksfähigkeit, Intelligenz, sportliche Leistungsfähigkeit, Gesundheitszustand) gefolgt von einem Bewerbungsge-

ländische Anwärter darüber hinaus ihre sprachlichen und kulturellen Kompetenzen in einer anderen Kultur unter Beweis zu stellen, um die Bedingungen der vom Senat eingeführten Ausnahmeklausel zu erfüllen. Einen anderen wichtigen Aspekt bei der Aufnahme von Polizeianwärtern in die Hamburger Polizei bilden Ort und Art ihrer Einstellung. An der Polizeiakademie durchlaufen die Anwärter sozusagen ein Sozialisierungsprogramm, das ein zweijähriges Training mit anschließendem sechs- bis zwölfmonatigem Praktikum umfasst. Der Einstellungsberater betonte dabei immer wieder die außerordentliche Bedeutung einer allgemein verbindlichen und einheitlichen Ausbildung. Das Training als eine Form institutioneller Sozialisierung wurde damit zu einem Wert an sich und Garant für das Gelingen der Integration. Die Eingliederung in den Polizeiapparat mit seinem viel zitierten *esprit de corps* erscheint so letztendlich als eine Frage der Konformität, die allein durch persönlichen Einsatz erreicht werden kann. Dabei war der Einstellungsberater fest davon überzeugt, dass ein solcher Integrationstypus Zeit erfordere, weil er auf gegenseitiges Einverständnis setzt.

Nach Abschluss der Ausbildung haben die zukünftigen Polizeibeamten einen Treueid auf das Grundgesetz der Bundesrepublik Deutschland sowie die Hamburger Verfassung zu schwören. Die Voraussetzungen, die erfüllt sein müssen, um im Land Hamburg Polizeibeamter zu werden, reichen nach Meinung des Einstellungsberaters aus, um ihnen die deutsche Staatsangehörigkeit zu gewähren. Anders als in Berlin billigen die Hamburger Behörden darüber hinaus auch die Entscheidung von Bewerbern – hauptsächlich türkischer Herkunft –, die auf diese Option verzichten und stattdessen eine Art von Verfassungspatriotismus demonstrieren. Diese vereidigten Polizeibeamten können im Sinne von Habermas „Deutsche mit ausländischem Pass" (1998: 233) werden. Trotz dieser Möglichkeit nehmen allerdings viele der ausländischen Anwärter und Polizisten die deutsche Staatsbürgerschaft an.

b) Anwärter anwerben

Die Rolle des als Einstellungsberaters eingesetzten Hauptkommissars bestand also entsprechend dieser Einstrittskriterien in erster Linie darin, eine beratende Funktion einzunehmen sowie neue Bewerber ausländischer Herkunft zu rekrutieren. Zunächst war er vor allem darum bemüht, potenzielle türkische Kandidaten zu erreichen, die den größten Teil der Ausländer in Hamburg stellen. Er verwandte große Mühe darauf – vom Besuch türkischer Läden bis hin zum Erlernen

---

spräch. Anschließend werden sie auf ihre Polizeitauglichkeit hin überprüft, was auch Fragen nach eventuellen Schulden, dem Familienhintergrund bis hin zu Body-Piercing und Tattoos umfasst.

der türkischen Sprache –, um Türken der zweiten Generation über Arbeitsmöglichkeiten bei der Polizei zu informieren. Trotz der großen Anstrengungen hielt sich jedoch der Erfolg bei der Anwerbung ausländischer Polizeianwärter in Grenzen: Lediglich ein Beamter türkischer Herkunft wurde im Jahr 1995 eingestellt (Senat Hamburg 1995: 3). Änderungen in der europäischen Gesetzgebung hatten darauf gleichfalls keinen großen Einfluss.[14] Nach Aussage des Hauptkommissars und seiner Kollegen lag eine der Schwierigkeiten darin, dass die Bewerber zunächst einmal die formalen Einstellungsvoraussetzungen erfüllen mussten, bei denen unzureichende Kenntnisse der deutschen Sprache das größte Hindernis darstellten.[15]

c) Bewerber beraten und vertreten

Abgesehen von seinen Bemühungen, den Bewerberkreis zu erweitern, bestand eine weitere wichtige Funktion des Einstellungsberaters darin, die bereits angeworbenen „ausländischen" Kandidaten zu beraten. Mit der Zeit verlegte er sich zunehmend darauf, ihre Interessen bei den verschiedenen Tests und Gesprächen während des Auswahlprozesses zu vertreten. Darüber hinaus handelte er im Namen der ausgewählten Bewerber gegenüber der Ausländerbehörde, die über die Genehmigung der Ausnahmeregelung zum Beamtengesetz entscheidet. Somit übte der Hauptkommissar faktisch die Funktion eines „inoffiziellen Interessenvertreters" (Blom 2005: 40) oder Gleichstellungsbeauftragten aus.

3 Die sich wandelnde Rolle des Kommissars

Mit der Zeit betonte der Einstellungsberater zunehmend den Aspekt der Vielfalt innerhalb des Polizeiapparates. Entsprechend bevorzugte er anstelle der Bezeichnung „Bewerber ausländischer Herkunft" die Formulierung „Bewerber nicht-deutscher Herkunft", einen Ausdruck, den er zusammen mit seinen Kollegen an der Polizeischule geprägt hatte, um den unterschiedlichen Status der Anwärter bzw. potenziellen Kandidaten zu kennzeichnen. Inzwischen spricht seine Nachfolgerin von „Bewerbern mit Migrationshintergrund" und nutzt damit eine

---

[14] Infolge des Maastricht-Abkommens besteht in Hamburg seit 1997 für Angehörige von EU-Mitgliedstaaten die Möglichkeit, eine Laufbahn im öffentlichen Dienst einzuschlagen. Die Reformen des deutschen Ausländerrechts von 1991 und 1999, die die Verleihung der deutschen Staatsangehörigkeit beschleunigen sollten, hatten keine unmittelbare Wirkung.
[15] Im Gegensatz zu den Erfahrungen anderer Länder wird in Deutschland immer wieder auf die mangelnde Beherrschung der (Schrift)sprache hingewiesen, eine Beobachtung, die näher zu untersuchen wäre.

umfassendere Kategorie. Die Bemühungen des Hauptkommissars führten gleichfalls zu einer erweiterten Definition der Zielgruppe – so betrachtete er die Einstellung eines schwarzen Polizeibeamten als einen seiner persönlichen Erfolge. Trotz der eher bescheidenen Einstellungszahlen, lässt sich im Rückblick beobachten, wie die Öffnung des Beamtengesetzes den Fokus der Polizeiarbeit und damit auch die Rolle der Einstellungsberater allmählich verändert hat. Überall dort, wo eine solche Funktion geschaffen wurde, ist die Ausnahmeregelung zum Beamtengesetz, die die Anwerbung ausländischer Polizeibeamten unter bestimmten Umständen erlaubt, oft sogar ins Zentrum des Interesses gerückt und zum Ziel von Anwerbebemühungen geworden. Beispielsweise wurden Änderungen in der Anwerbepraxis vorgenommen, die zur Modifizierung der Eintrittskriterien und damit – durch die Hintertür – möglicherweise zu einer Form positiver Diskriminierung geführt haben. So wurden die Tests angepasst, denen sich die Anwärter unterziehen müssen, um mögliche kulturell begründete Vorurteile auszuschließen. Darüber hinaus hat man ein Punktesystem erarbeitet, das es Bewerber mit geringen Defiziten in der deutschen Sprache ermöglicht, ihre Mängel mit Punkten für besondere Kompetenzen wieder auszugleichen, beispielsweise wenn sie stattdessen über Kenntnisse in einer zweiten Sprache verfügen. Das neue Punktesystem gilt dabei für *alle* Kandidaten. Ferner unterstützte der Hauptkommissar die Einführung eines einmal die Woche stattfindenden, einjährigen Deutschförderkurses an der Polizeischule für Erfolg versprechende Kandidaten. Die Initiativen des Einstellungsberaters und seiner Kollegen, so argumentierte ich bereits in einem früheren Artikel (Thériault 2004), haben sie zu *Trägern der Vielfalt* werden lassen.

4 Handeln ohne Institutionen

Im Vergleich zu anderen Ländern in Europa oder Amerika betreibt Deutschland offiziell keine multikulturalistische Politik oder fördert Projekte, die Vielfalt im betonten Sinne institutionalisieren würden. Gleichwohl geht das Nicht-Vorhandensein einer offiziellen multikulturalistischen Politik in Deutschland keineswegs einher mit dem Abhandensein von Akteuren, die sich einer Förderung von Vielfalt im öffentlichen Dienst widmen. Zugespitzt formuliert, könnte man hier umgekehrt zu dem in den 1950er Jahren geprägten Begriff von der Bundesrepublik als einer „Demokratie ohne Demokraten" (Lepsius 1990: 64) von „multikulturellen Arbeitern ohne multikulturalistische Politik" sprechen.

Diese Situation gestaltet sich für die „Träger der Vielfalt" allerdings als äußerst schwierig, denn hier liegt das eigentliche Problem: Ihre Arbeit beruht lediglich auf einer Ausnahmeregelung und damit letztendlich der Willkür von Ministerialbeamten, ganz einmal abgesehen davon, dass ihre Tätigkeit innerhalb der Polizei auf starken Widerstand stößt. Der Hamburger Polizeikommissar, der für die Einstellung ausländischer Bewerber verantwortlich war, arbeitete sich mit großem Engagement in das Thema ein, blieb damit aber ein Einzelgänger innerhalb der Polizei. Wenngleich die von ihm getroffenen Maßnahmen durchaus Erfolge zeitigten – tatsächlich konnten mehr „Polizisten nicht-deutscher Herkunft" rekrutiert werden –, wurden die Initiativen dennoch vehement kritisiert.[16] Man fürchtete einen Qualitätsverlust. So bezeichnete sich der Hauptkommissar selbst als „Exot" und zweifelte, dass seine Bemühungen nicht weitergeführt würden.[17]

Die Befürchtung des Polizeikommissars deutet darauf hin, dass die Initiativen in hohem Maße an Personen – und nicht Institutionen – gebunden sind. Daher stellt sich an dieser Stelle die systematische Frage: Wie Akteure ohne Institution handeln können? Im konkreten Fall des Hamburger Beispiels waren zwei Handlungsmuster zu beobachten: Zum einen versuchten die Einstellungsberater fortwährend – und mit ihnen gleichfalls zweifellos ihre Anwärter –, die Spannungen zwischen ihren Bemühungen und den Leitprinzipien der Organisation aufzufangen (Lepsius 1995: 60). Zum anderen war festzustellen, dass die Berater aufgrund der fehlenden formalen Struktur zu keinem *professional diversity manager* wurden wie in anderen Ländern mit multikulturalistischer Politik. Sie mutierten vielmehr, so meine häufige Beobachtung, zu sympathischen Seelsorgern und dies im Wortsinn: Sie sorgten sich um die Seele der Polizeianwärter.

a) „Sorge um die Seele"

Ein Beispiel zum Umgang mit dem Anderen mag dies illustrieren: Im Jahr 2004 nahm ich in Hamburg an einem „Erfahrungsaustausch" zwischen dem Einstellungsberater, dem bereits mehrfach erwähnten Hauptkommissar, und „seinen" angeworbenen Polizeischülern und -beamten nicht-deutscher Herkunft teil. Seit zehn Jahren organisiert er einmal im Jahr eine solche Veranstaltung. Dabei sah das Setting des Treffens folgendermaßen aus: Die Teilnehmer, manche in Uniform, andere nicht, saßen gemütlich im Kreis um einen mit Kerzen, Tee und Snacks gedeckten Tisch, um sich zu einer – wie es in der Einladung hieß – „lo-

---

[16] Von 1993 bis 2004 stellte die Hamburger Polizei 148 Polizeibeamte „nicht-deutscher Herkunft" ein, von denen 25 nicht im Besitz der deutschen Staatsangehörigkeit waren. Von diesen 25 waren 11 Angehörige eines EU-Mitgliedlandes, neun türkische Staatsangehörige, zwei stammten aus dem ehemaligen Jugoslawien, zwei aus Polen und einer aus Indonesien (Hamburg, unveröffentlichtes Dokument, 2004).
[17] Interview, Hamburg, 27. Mai 2004.

ckeren Gesprächsrunde" nach der Schule oder während der Schicht zu versammeln. Zunächst las der Hauptkommissar die E-Mail einer Beamtin türkischer Herkunft vor, die sich darin für ihr Fehlen entschuldigte. Er schilderte nicht ohne Berührung ihre Erfahrungen im Spannungsverhältnis zwischen der Arbeit bei der Polizei und den Erwartungen ihrer Familie. Anschließend lud der Hauptkommissar sämtliche Teilnehmer ein, die er auch alle persönlich kennt, ihre Erfahrungen und Probleme mit den anderen zu teilen, bevor er eine Diskussion eröffnete, die er mit einem Schlusskommentar beenden sollte.

Die Fürsorge des Hauptkommissars kombiniert mit der Atmosphäre eines pastoralen Treffens (das Setting des Treffens erinnerte an einen besinnlichen Adventsnachmittag) ließ an „Seelsorge" denken, eine Technik, mit der man vermutlich eher religiöse oder therapeutische Traditionen als Managementliteratur zum Thema *diversity* verbindet (vgl. Blom 2005: 6-50). Die Rolle des Einstellungsberaters als Diskussionsleiter schien eher der beratenden und begleitenden Funktion eines Polizeiseelsorgers zu ähneln (vgl. Grützner 2006: 45) als der Arbeit eines uniformierten Hauptkommissars. In der Tat hätte das Treffen zweifellos Beamte, die für ähnliche Initiativen in anderen Ländern verantwortlich sind, irritiert. Obwohl der Diskussionsrunde keine explizite religiöse Motivation zugrunde lag, muss dem Einstellungsberater die religiöse Atmosphäre aufgefallen sein. Denn – mit betont erhobener Stimme sichtlich bemüht –, meinte er, etwas klarstellen zu müssen: „Wir machen hier keine Seelsorge!".

b) Ein Idealtypus der Seelsorge

Natürlich weist diese Form des Erfahrungsaustausches Ähnlichkeiten zu Beratungsgesprächen, zur Gruppentherapie, aber auch zu einer modernen Form der Beichte auf, wie Alois Hahn (1982) oder Michel Foucault (1983 [1976]) überzeugend gezeigt haben. Bei diesen Arbeiten jedoch steht die „Sorge um sich" im Vordergrund und die Entstehung des Subjektes durch das Geständnis.[18] Hier jedoch geht es vielmehr um die Fremdthematisierung oder das *travail sur autrui*, das auch explizit darauf ausgerichtet ist, auf den Anderen einzuwirken (Dubet 2002: 306). An dem geschilderten Fall ist bemerkenswert, dass der Hauptkommissar – und gleichfalls die Soziologin – an Seelsorge denken mussten. Um das Konzept der „Arbeit am Anderen" innerhalb der Institution Polizei besser fassen zu können und eine Vergleichsbasis für das Handeln der Einstellungsberater zu

---

[18] „Seit dem 16. Jahrhundert hatte sich dieser Ritus [Beichte] nach und nach vom Bußsakrament gelöst, um vermittelt über Seelenführung und Gewissenslenkung – *ars artium* – in die Pädagogik einzuwandern, in die Beziehungen von Erwachsenen und Kindern, in die familiären Verhältnisse, in die Medizin und die Psychiatrie" (Foucault 1983 [1976]: 71).

erhalten, soll versucht werden, basierend auf eigenen Beobachtungen sowie der einschlägigen Literatur zur Seelsorge, einen Idealtypus dieser Form seelsorgerischer Arbeit zu entwickeln. Zwei Aspekte werden dabei näher betrachtet: die Prüfung und die Führung, wobei letztere aufgrund ihrer zentralen Bedeutung für die Beschäftigung mit dem Anderen im Mittelpunkt stehen wird.

Die Prüfung. Wenn der Einstellungsberater bei dem Treffen in die Runde fragt: „Was ist dein Problem?", fordert er das Ablegen einer Beichte, d. h. einer Prüfung im vollen und starken Sinne der Polizei, deren Logik Foucault darin sah, dass „(n)icht (eine) Unterdrückung der Unordnung, sondern (die) verordnete Steigerung der kollektiven und individuellen Kräfte" beabsichtigt sei (Foucault 1983 [1976]: 30). Der Einstellungsberater möchte zu einem Erfahrungsaustausch unter den anwesenden Polizeianwärtern bzw. -beamten anregen. Dieser Übung kommt Offenbarungscharakter zu, bedenkt man, dass der Polizei daran gelegen ist – und das ist hier wichtig zu betonen –, mögliche Probleme wie Rassismus oder Diskriminierung innerhalb der Organisation zu negieren, eine Neigung, die wiederum durch den *esprit de corps* und das Tragen der Uniform symbolisch verstärkt wird.[19]

Die Führung. In unserem Fall interessanter sind jedoch Handeln, Stellung und Rolle des Gesprächsleiters. Er hörte aufmerksam zu und übte zugleich eine gewisse Autorität gegenüber der „Gemeinde" der Polizisten aus. Im Gegensatz zur Gruppentherapie findet das vertrauensvolle Gespräch nicht mit der Hilfe eines Außenstehenden oder Spezialisten statt, sondern der Gesprächsleiter ist gleichfalls Polizeibeamter und damit Teil der Gemeinde, wenn auch nicht der direkte Vorgesetzte, wie es der Dienstweg vorschreiben würde.[20] Seine Rolle ließe sich idealtypisch als die der Fürsorge und Anleitung beschreiben, die den einzelnen Polizeibeamten zu mehr Mündigkeit und Teilhabe führen, kurzum, ihm die volle Mitgliedschaft in der Polizei ermöglichen soll.

Seelsorge ist zu einer weit verbreiteten Praxis geworden, die in den unterschiedlichsten Kontexten zum Tragen kommt. Will man mir insoweit folgen, dass gleichfalls innerhalb der Polizei von einer Art Seelsorge gesprochen werden kann, handelt es sich hier freilich weder um eine in einem spezifischen kirchlichen Kontext stattfindende noch um eine überhaupt religiös verortete Seelsorge. Denn sie entspricht nicht notwendigerweise der Religiosität des Hauptkommissars. Wie Max Weber schon betonte, fehlt „(n)icht nur ... regelmäßig eine Be-

---

[19] In Untersuchungen zur Polizei wird wiederholt darauf hingewiesen, dass es der Polizei an einem entsprechenden Fehlerbewusstsein mangele (siehe die Beiträge in Liebl 2004). So betont Behr, dass „die polizeiinternen Reaktionen auf Übergriffe, Diskriminierungshandlungen und andere Missstände ... hoch ambivalent aus(fallen), Strafanzeigen gegen Kollegen ... äußert selten (sind) (Brusten 1992) und ... für den/die Kollegen/Kollegin meist unangenehme Folgen" haben (Behr 2006: 80).
[20] Zur Seelsorge im Allgemeinen siehe Ziemer (2004) und Stollberg (1996: 173), speziell zur Polizeiseelsorge Grützner (2006).

ziehung der Lebensführung auf religiöse Ausgangspunkte, sondern wo eine Beziehung besteht, pflegt sie wenigsten in Deutschland negativer Art zu sein" (Weber 1988a [1920/1904-5]: 54)[21]. Vielmehr handelt es sich in diesem Fall um eine Art der, wie ich es nennen möchte, „kulturprotestantischen Seelsorge". Mit dem Begriff des Kulturprotestantismus spiele ich auf die sogenannte Kultursynthese an, wie es in der Sprache des frühen 20. Jahrhunderts heißt, die zwischen protestantischer Reform und Moderne zu vermitteln suchte (Graf 1984: 217). Der Begriff der Synthese verweist hier auf das säkulare und liberale Element einer religiösen Tradition, „die allen messbaren Fortschritt des Säkularisierungsprozesses durchdringt" (Hervieu-Léger 1993: 210). Die Frage nach der Kulturbedeutung von Religion bzw. „die Untersuchung der Tragweite des Religiösen ... auf Gebieten, wo man sie zunächst nicht sucht" (Weber 1985 [1911]: 15) knüpft wiederum an ein typisch kulturprotestantisches Forschungsprogramm zur Religion an (Hahn et al. 1993).

Doch kehren wir zunächst noch einmal zum Hamburger Fall zurück. Im Gegensatz zu zahlreichen Initiativen anderer Länder wie etwa Großbritannien, den Niederlanden oder Kanada sollten die Anwärter und „Polizisten nichtdeutscher Herkunft" oder – wie sie inzwischen genannt werden – mit Migrationshintergrund bei der Landespolizei keinesfalls ermutigt werden, sich in Form einer Gewerkschaft oder Vereinigung zu organisieren. Dies ist für den Hauptkommissar genauso wie für seine Nachfolgerin absolut undenkbar.[22] Für sie ist der einzelne Polizist jeweils Teil des Gesamtapparats, wenngleich auch einer, der besonderen Schutzes bedarf. In Gesprächen begründen die zwei Kommissare ihr Berufsverständnis mit der „Fürsorgepflicht".[23] Aus diesem Grund pflegten sie persönliche Kontakte und setzten sich für „ihre" Polizeischüler und -beamten ein: Die Beispiele reichen dabei von der Befreiung vom Dienst für die Teilnahme an gemeinsamen Gesprächsrunden bis hin zu Interventionen bei schwer wiegenden Belästigungen am Arbeitsplatz. Der Kommissar sah seine Aufgabe darin, die Polizeianwärter nicht-deutscher Herkunft während ihrer Ausbildung, aber auch ihre weitere Laufbahn hindurch, beratend zu begleiten. Mit anderen Worten

---

[21] Das Gegenteil trifft vielleicht sogar zu. Zugespitzt formuliert: Es handelt sich möglicherweise um eine Form der Enteignung der kirchlichen Polizeiseelsorge.

[22] In seiner Polizeieinheit bemerkte der Hauptkommissar einmal, dass sich Beamte nicht-deutscher Herkunft in keinen besonderen Gruppen zusammenschließen würden. Als er Bilder des Verbandes Muslimischer Frauen der Londoner Polizei betrachtete und sie mit verschiedenen Vereinigungen schwarzer Polizisten verglich, meinte er, dass eine solche Form der Interessenvertretung genau das Gegenteil von dem darstellen würde, was man bei der deutschen Polizei gemeinhin anstrebe (Interview, Hamburg, 27. Mai 2004).

[23] Obwohl sie rassistische Übergriffe fürchten, wird die Fürsorgepflicht von Anwärtern und Polizisten mit Migrationshintergrund nicht zwangsläufig geteilt. Dies kann man an den Studien Bloms (2005) und Franzkes (1999) ablesen.

könnte man sagen, dass die eingangs erwähnte Formel einer „Arbeit mit und am Menschen" im Handeln des Kommissars verkörpert wird.

Vielleicht war die Bezeichnung „Träger der Vielfalt" zu leichtfertig gewählt, denn Vielfalt im betonten Sinne entspricht nicht unbedingt den Intentionen des Einstellungsberaters und seiner Nachfolgerin. Ihr erklärtes Ziel bestand niemals in der Herbeiführung eines grundsätzlichen Wandels der Organisation Polizei beispielsweise durch die gezielte Einstellung von Polizisten mit Migrationshintergrund, um damit eine „kritische Masse" zu erreichen, ab der Wandel unaufhaltsam würde – andernorts ein immer wieder genanntes Argument. Der Hauptkommissar versteht vielmehr seine Rolle dahingehend, dass er zur Integration von Anwärtern nicht-deutscher Herkunft in die Organisation der Polizei sowie letztlich in die Gesellschaft beiträgt.[24] Sein Engagement erinnert damit an die klassische „Arbeit am Anderen", d. h. die reibungslose Aufnahme von Individuen (nicht von Gruppen) in eine Organisation, die auf der Basis einer gemeinsamen Ausbildung von einem starken Sozialisierungseffekt geprägt ist. Damit steht die Inkorporation von Polizisten *und* die Suche nach größerer Heterogenität im Vordergrund, die zur Entwicklung einer „deutschen Kultur des Heterogenen" führen soll, wie Werner Schiffauer es in Bezug auf eine ähnliche Initiative treffend genannt hat (1997: 57). Wenn der Einstellungsberater als „Träger der Vielfalt" bezeichnet werden kann, dann weniger aufgrund seiner expliziten Intentionen als vielmehr aufgrund der Konsequenzen seines Handeln. Seine Bestrebungen führten tatsächlich zu mehr Vielfalt innerhalb der Organisation – auch wenn diese letztendlich auf einer Ausnahmeregelung beruhte und damit nur schwach institutionalisiert blieb.

5   „Weichensteller der Bahnen"

Um eine webersche Metapher zu entlehnen, agierte der engagierte Hauptkommissar als „Weichensteller der Bahnen", deren Richtung er durch sein Engagement bestimmte (Weber 1988b [1920]: 252; Lepsius 2003: 40). Die Voraussetzung dafür bildete die erwähnte Ausnahmeregelung zum Beamtengesetz. Obwohl ihr Ausnahmecharakter das Erfordernis der deutschen Staatsangehörigkeit gleichwohl wiederum bestätigte (und damit die Idee einer nationalstaatlichen

---

[24] Der Einstellungsberater nimmt darauf Bezug, als er eine Form der Inklusion erwähnt, die in der Weimarer Republik praktiziert wurde: „Wer den Beamtenstatus erhielt, wurde gleichzeitig eingebürgert". Er schlägt daher vor: „Angesichts der Perspektive, auf unbestimmte Zeit auf eine Ausnahmeregelung zurückgreifen zu müssen, könnte eine solche Regelung für den heutigen Gesetzgeber überlegenswert sein. Immerhin ist die Eignungsüberprüfung für eine Einstellung in den Polizeidienst wesentlich strenger als das übliche Verfahren zur Einbürgerung" (unveröffentlichter Vortrag).

Homogenität der Polizei), wurde die Regelung unter dem Einfluss der Einstellungsberater zugleich erweitert. Bei aller Eingeschränktheit der geschilderten Möglichkeiten ließ sie letztlich mehr Vielfalt zu.[25] Diese Art der institutionalisierten Spannung eines Wandels bei gleichzeitigem Fortbestehen von Dispositionen, die die Sozialpolitik bis hin zum Umgang mit Muslimen in Deutschland kennzeichnen sollte, hat Nikola Tietze auch als „dynamischen Immobilismus" bezeichnet (2004: 6).[26] Sollte diese Formel zutreffen, stellen sich folgende Fragen: Welches sind dann die möglichen Bahnen sowie, auf der Handlungs- und Koordinationsebene, wer sind ihre potenziellen Weichensteller? Sind es Akteure mit dem Pathos des überzeugten Einzelkämpfers, die gemessen an den Einstellungszielen der Politik wie Sisyphos immer wieder an ihren Bemühungen zu scheitern drohen?[27]

Die Hamburger Erfahrungen bestätigen die in polizeilichen Seminaren und Fortbildungen immer wieder zu beobachtende Schwierigkeit, eine gemeinsame Sprache zum Thema ethnischer (und religiöser) Vielfalt zu finden: Denn nur wenige legitime Ausdrucksformen stehen innerhalb der Polizei zur Verfügung, in der eine solche Sprache entwickelt werden könnte.[28] Daher mag es nicht verwundern, dass eventuelle „Träger der Vielfalt" oftmals abgewiesen werden. Sollte sich bestätigen – worauf Ergebnisse meiner Feldforschung in anderen Bundesländern und der Literatur zu anderen Handlungsfeldern schließen lassen –, dass ein Mangel an institutioneller Verankerung verbunden mit den spezifischen Leitprinzipien der Polizei den Typus des engagierten Polizisten hervorbringt, der mit dem Pathos des ewig scheiternden Einzelkämpfers agiert, was würde passieren, wenn andersgeartete Institutionen nun doch vorhanden wären? Und wie müssten, um mit Karl Mannheim (1935) zu sprechen, solcherart „Schlüsselstellungen" aussehen? Um diese Fragen zu klären, begeben wir uns für

---

[25] Im Jahr 1999 wurde das Laufbahngesetz geändert. Somit können auch nicht-deutsche Bewerber in den höheren Dienst des Polizeivollzugsdiensts eingestellt werden (Blom 2005: 31).

[26] Am Beispiel des Abtreibungsverbots, das in bestimmten Fällen Straffreiheit vorsieht, weist Lepsius auf eine ähnliche Dynamik hin: Das Recht des Kindes bleibt offiziell bestehen, wird aber zugunsten des Rechtes der Frau entkräftet (1997).

[27] Je nach politischer Konjunktur werden immer wieder Rufe nach mehr Einstellungen laut. Vor Kurzem forderte der Berliner Innensenator in den Medien 10 Prozent Polizisten mit Migrationshintergrund (*Berliner Zeitung*, 18.8.2005), eine Forderung, die von Hamburger Bürgermeister übertroffen wurde. Letzterer forderte einen Anteil an Mitarbeitern mit Migrationshintergrund in der Verwaltung der Hansestadt von 20 Prozent. Angesichts der Zahl eingestellter Polizisten mit Migrationshintergrund bemerkte Hans-Gerd Jaschke, Leiter des Fachbereichs Gesellschaftswissenschaften an der Polizei-Führungsakademie in Münster: „Wir stehen vor einem Scherbenhaufen, weil zum Beispiel auch die Anwerbung nichtdeutscher Polizeibeamter faktisch gescheitert ist" (zitiert nach Behr 2006: 124).

[28] Fächer wie Berufsethik oder Supervision könnten eine solche Auseinandersetzung mit den eigenen institutionellen Leitprinzipien unterstützen. Alle Berichte deuten allerdings auf erhebliche Schwierigkeiten hin, Ansätze in dieser Richtung weiterzuverfolgen (Alberts 2004, Behr 2006: 171ff.).

einen Moment nach Berlin, wo gleichfalls früh vergleichbare Rekrutierungsversuche unternommen worden sind. Dort schlug man durch einen verstärkten Einsatz in der Politischen Bildung jedoch einen anderen Weg ein, weshalb Berlin hier als Beispiel eines konträr gelagerten Falles vorgestellt werden soll.

6 Ein anderer Fall: Berlin

In Berlin bildet man bereits seit 1988 ausländische Polizeianwärter aus. Ähnlich wie in Hamburg war diese Initiative zunächst an der Landespolizeischule angesiedelt. Angeregt vom damaligen Innensenator waren dafür Mitarbeiter des Referats Werbung und Einstellung sowie der Abteilung Aus- und Fortbildung und insbesondere der Fachbereich Politische Bildung für ihre Umsetzung verantwortlich.[29] Die Arbeit des Fachbereichs Politische Bildung löste schnell einen Dominoeffekt aus, der von Veränderungen in den Unterrichtsinhalten über eine Modifikation der Gedenk- und Erinnerungspraxis der Polizei bis hin zu ganz konkreten Schritten wie beispielsweise der Schaffung einer Schlichtungsinstanz zwischen „Ausländern und Polizei" reichte, in dem Bestreben, gezielt Anwärter mit türkischem Hintergrund einzustellen.

Das Fach Politische Bildung nimmt in Berlin ungewöhnlich viel Ausbildungszeit in Anspruch – es entspricht etwa dem Rang eines Hauptfachs. Sein Stellenwert erhöhte sich noch, nachdem in den 1980er Jahren ein Fall von Diskriminierung eines jüdischen Polizeischülers bekannt geworden war. Man strebte nun eine Reform des Faches an, das bisher rein theoretisch ausgelegt gewesen war. Durch eine Öffnung hin zur Praxis und Kontakte zu lokalen Vereinen, die bestimmte nationale Gruppen vertraten, versprach man sich eine bessere Übersetzbarkeit der Inhalte in den Erfahrungshorizont der Schüler, bzw. Polizisten. Die Vertreter dieser Vereine wirkten umgekehrt wiederum in der Lehre. Als ein Projekt der Europäischen Union (*Non Governmental Organisations and Police against Prejudice*, kurz: NAPAP) im Jahr 1997 ins Leben gerufen wurde (Leiprecht 2002: 79-81), konnten die Mitarbeiter des Fachbereichs bereits auf zahlreiche Kontakte mit unterschiedlichen Vereinen zurückgreifen und sich aktiv beteiligen. Auch nachdem das Projekt nach zwei Jahren zu Ende gegangen war, wurde die bestehende Kooperation durch ein Seminar zu interkultureller Kompetenz als fester Bestandteil des Lehrangebots in der Organisation verankert und die bisherigen Kontakte weiter gepflegt (Selowski 2000: 21f.). Weil die Berliner Beamten der Politischen Bildung mittlerweile über eine in mehrere Jahre erworbene Kompetenz verfügten, wurden sie 2003 an der Konzeption und Durchfüh-

---

[29] 1998 wurde eine Kampagne unter dem Motto gestartet: „Für türkische Berliner stehen die Sterne besonderes gut".

rung eines zehnwöchigen Trainings zur Vorbereitung von Jugendlichen mit türkischem Hintergrund für den Einstellungstest der Polizei beteiligt.[30] Ein solches Training stellte ein Novum dar.

7 Ein anderer Kommissar

In einem Büro, das mit Büchern von u.a. Marx, Engels und Hegel neben Publikationen zur Polizeigeschichte sowie einer Fülle von Zeitungsartikeln überfüllt ist, begegnet man dem Leiter des Fachbereichs Politische Bildung an der Abteilung Aus- und Fortbildung der Polizei in Berlin-Spandau. Angefangen hat der Hauptkommissar bei der Polizei nach seinem Abitur im Jahr der Studentenunruhen, ein für ihn – und die Polizei – prägendes Jahr. Augenzwinkernd bezeichnet er sich selbst als einen „Alt-68er".[31] Seit vielen Jahren ist er mit der polizeilichen Aus- und Fortbildung betraut und 1985 wurde ihm die Leitung des Fachbereichs Politische Bildung unterstellt. Er unterrichtet Grund- und Verfassungsrechte und war beim Aufbau der Polizeihistorischen Sammlung der Berliner Polizei engagiert. Neben seiner Beschäftigung als Hobby-Historiker wurden der Hauptkommissar und seine Kollegen mit der Zeit zu regelrechten „Self-Made-Experten" im Thema Interkulturalität, ein in deutschen Polizei- oder Gewerkschaftseinrichtungen nicht unüblicher Typus, der sich über den Beruf qualifiziert hat.

Neben Bildungs- und Aufklärungsarbeit besteht ein erklärtes Ziel des Hauptkommissars in der Demokratisierung der Polizei. Immigration wird als eine demokratische Herausforderung verstanden. Nach außen erfüllt die Einstellung von Polizisten mit Migrationshintergrund für ihn vor allem Legitimitätsanforderungen der Polizeiarbeit. Nach innen leistet ihre Integration auch einen möglichen Beitrag zur Demokratisierung der Polizei. Wenngleich für den Hauptkommissar vielleicht weniger Empathie als vielmehr das Prinzip der Gleichbehandlung im Vordergrund stehen, kann er als uneigennütziger „Träger der Vielfalt" bezeichnet werden, der sich einer liberalen Tradition verbunden weiß. Er versteht sich als Sachwalter der Grundrechte und des Gleichheitsgrundsatzes. Damit weist seine Rolle Ähnlichkeiten auf zu derjenigen eines Anwalts oder Strafverteidigers. Bemerkenswert ist in diesem Zusammenhang auch, dass er in seinem Unterricht und in Polizei- und Gewerkschaftspublikationen stets die Geschichte der Polizei unter dem Gesichtspunkt der Grundrechte darstellt und dabei die brüchigen Erfahrungen während der Weimarer Republik in besonderem Maße betont, mit deren liberalen Protagonisten er sich zu identifizieren scheint. Im Gegensatz zu seinem Hamburger Kollegen ist er bemüht, immer

---

[30] Interview, Türkischer Bund in Berlin und Brandenburg, Berlin, 31. März 2005.
[31] Interview, Berlin, 23. August 2006.

wieder zu betonen, dass er nicht gegen den Strom schwimme, wenngleich er und seine Kollegen zugeben, dass sie innerhalb der Polizei als „Theoretiker" betrachtet werden.[32] Die Initiativen zur Einstellung von Polizisten mit Migrationshintergrund, die seitens der Polizeiführung stark unterstützt werden, erfolge in der Polizei insgesamt eher aus „Vernunft" als aus Gesinnung, denn „man muss", so der Kommissar „dicke Bretter bohren". So geht er davon aus, dass die Politische Bildung grundsätzlich schon positiv betrachtet werde, wenn auch unklar bliebe, ob das Ziel letztendlich erreicht werde, um dann vorsichtig zu formulieren, dass „man (nicht) in die Köpfe ... sehen kann".

8 Das „Wir-Ideal" und der Einsatz von Geschichte

Als deutsche Hauptstadt spielt der Umgang mit der Vergangenheit in Berlin und in seinem Polizeiapparat eine besondere Rolle. Ein Beispiel aus der Gedenk- und Erinnerungspraxis der Polizei, an dem der Berliner Hauptkommissar als Mitbegründer der Polizeihistorischen Sammlung und ihres Förderkreises beteiligt war, mag illustrieren, wie gleichfalls Geschichte eingesetzt wird, um für das Konzept der Vielfalt zu werben. Das Beispiel deutet auf einen Modus der Eingliederung, der in der Berliner Polizei bevorzugt wird.

2004 wurde im Berliner Abgeordnetenhaus der Antrag gestellt, den Platz vor dem Berliner Bahnhof Friedrichstraße nach Bernhard Weiß zu benennen.[33] Weiß, ein Jurist jüdischer Herkunft, wurde zur Zeit der Weimarer Republik Leiter der politischen Abteilung des Berliner Polizeipräsidiums, war später Mitglied der Kriminalpolizei, um schließlich auf Fürsprache des sozialdemokratischen Polizeipräsidenten Grzesinski Vizepolizeipräsident von Berlin zu werden – ein einmaliger Vorgang. In der Folge wurde Weiß zur Zielscheibe von Goebbels antisemitischer Hetzkampagne, die er mit zahlreichen Prozessen bekämpfte, bevor er seines Amtes enthoben und 1933 ins Exil gezwungen wurde. Als „Polizist, stolzer preußischer Demokrat und Goebbels wagemutiger Gegenspieler" wurde Weiß als unvergleichbares Vorbild für die Polizei angesehen, das es zu würdigen und ehren gelte.[34] Der (letztlich gescheiterte) Antrag wurde von der Freien Demokratischen Partei (FDP) eingebracht.[35] Erwähnenswert ist dabei

---

[32] Interview, Berlin, 3. November 2006.
[33] Neben Weiß galt der Kriminalist Ernst Gennat noch als besonders ehrenwürdig.
[34] Briefe vom Präsident des Förderkreises Polizeihistorische Sammlung an die Baustadträtin Berlin-Mitte, 27. September 2004.
[35] Nachdem sich die Mitglieder des Förderkreises Polizeihistorische Sammlung der politischen Unterstützung auf lokaler Ebene sicher sein konnten, blickten sie dem endgültigen Beschluss gelassen entgegen. Umso unerwarteter traf sie die Abweisung ihres Vorschlags mit der Begründung, dass mittlerweile eine neue Richtlinie gelte. Nur eine Woche vor der Weiß-Initiative hatte die regierende

vielleicht noch, dass dies für unseren Kommissar nur folgerichtig war, da für ihn die FDP eine direkte Nachfolgerin der Deutschen Demokratischen Partei (DDP) darstellte, der Weiß angehört hatte. Auch wenn an einer solchen Kontinuität berechtigte Zweifel angebracht sein mögen, so illustriert das Beispiel, dass – um mit Elias zu sprechen (1998 [1889]) – das „Wir-Ideal" der Berliner Polizei, die sich als eine liberale, demokratische, deutsche und zugleich jedoch heterogene Organisation versteht, Assimilation als Ziel nicht aufgibt. Weiß selbst, der gegen Diskriminierungen gekämpft und sich ein Leben lang danach gesehnt hatte, als preußischer Staatsbeamter anerkannt zu werden (Liang 1977 [1970]: 178f.), hätte das Ideal einer deutschen Kultur des Heterogen wahrscheinlich gutgeheißen.[36]

9 Eine Gegenüberstellung

Was würde der Berliner Kommissar von seinem Hamburger Kollegen halten? Die besondere Behandlung von Anwärtern und Polizisten mit Migrationshintergrund besitzt politische Relevanz und wird in Berlin – beispielsweise im Rahmen einer Arbeitsgruppe unter der Schirmherrschaft des Polizeipräsidenten – durchaus kontrovers diskutiert. Im Einklang mit den Leitprinzipien der Polizei wünscht sich der Berliner Kommissar aber keineswegs eine gesonderte Betreuung – im Gegenteil, ein solches Vorgehen erscheint ihm geradezu unhaltbar. Seiner Meinung nach sollte vielmehr alles über den Dienstweg laufen: Die Lehrer und Fachausbilder der Anwärter oder – im Fall von Polizeibeamten – die Dienstgruppenleiter sollten während der Ausbildung und der ersten Jahren des Berufes „die Ohren spitzen".[37] So würden demnächst Lehrer und Fachausbilder ausgebildet, die als „Bärenführer" dienen sollen. Weil ihm die Schwierigkeiten bei der Rekrutierung von Kandidaten, die für manche Aufgaben besonders geeignet wären, jedoch bewusst sind, zeigt er sich undogmatisch. So scheut er nicht vor einer Personalpolitik zurück, die versucht, bestimmte Gruppen gezielt zu erreichen. Man denke an die erwähnte Kooperation mit türkischen Vereinen.[38]

Koalition aus Sozialdemokraten (SPD) und Postkommunisten (PDS) entschieden, künftig Straßen und öffentliche Plätze nach Frauen zu benennen, da diese bislang unterrepräsentiert seien.

[36] Umgekehrt soll dies keineswegs heißen, dass zwischen den Initiatoren des Antrags wie den Dozenten der polizeilichen Weiterbildung oder den Mitgliedern des Förderkreises eine Wahlverwandtschaft mit Liberalen Persönlichkeiten der Weimarer Zeit bestände. Indem sie jedoch, obwohl innerhalb der Institution, doch eher von ihrem Rand aus agieren, lassen sich gleichwohl gewisse *strukturelle* Ähnlichkeiten in ihren Strategien und Überzeugungen beobachten.

[37] Interview, Berlin, 31. Januar 2007.

[38] „Bloß, wir brauchen keine Österreicher, wir brauchen Türken, Polen inzwischen auch, und aus dem ehemaligen Jugoslawien und aus dem arabischen Raum brauchen wir Leute" (Interview, Berlin, 23. August 2006).

Nun würde der Hamburger Kommissar wahrscheinlich die Meinung teilen, dass bei der Anwerbung ein gewisses Maß an zusätzlicher Förderung durchaus angebracht sei. Das Festhalten am Dienstweg für die Betreuung von Anwärtern und Polizeibeamten mit Migrationshintergrund aber würde er dagegen aller Voraussicht nach als schlicht unzureichend betrachten, um möglichen Diskriminierungen begegnen zu können. Umgekehrt würde der Berliner Kommissar in diesem Punkt argumentieren, dass eine zusätzliche Betreuung nach der Einstellung nur unnötige Ausnahmen schaffe. Auf dieses Argument, das beim derzeitigen Diskussionsstand innerhalb der Polizei auf Resonanz stieße, würde wiederum der Hamburger Kollege seinerseits entgegnen, dass dies im Moment der einzige Weg sei, diese Polizisten vollständig in den Polizeiapparat zu integrieren. Gegen mögliche paternalistische Vorwürfe eines Migrationsforschers, der sich in das Gespräch ungeniert einmischt, würde der Hamburger Kommissar sich entweder verteidigen oder sein Argument wiederholen: Bei der derzeitigen Situation gibt es innerhalb der Polizei keine Alternative.

In der Vermittlung zwischen Polizeibeamten mit Migrationshintergrund und der Polizei macht die Figur des „Vermittlers" das ganze Dilemma und die Ambivalenzen einer solchen Brückenfunktion (de Certeau 1988: 235) deutlich: Sie eint sowohl wie sie im selben Moment trennt; sie inkorporiert junge Polizeianwärter mit Migrationshintergrund, während sie zugleich ihre Autonomie bedroht – nämlich in Form einer impliziten Entmündigung. Und nicht zuletzt wird der Vermittler oft als einer „von ihnen" wahrgenommen. Es wird gefürchtet, dass er Minderheiten zu viel Sympathie entgegenbringt und sein Verhalten dadurch ändert. So berichtete einer der interviewten Kommissare, dass er durch seine Tätigkeiten mit Mitgliedern von Minderheiten in den Augen seiner Kollegen „vom Saulus zum Paulus" geworden sei. Diese Spannung zwischen der Arbeit des Vermittlers und dem „Wir-Bild" der Polizei führt dazu, dass sie ständig gezwungen sind, ihre Identität als Polizeibeamte zu bestätigen – unter anderen durch das Tragen der Uniform.

Diese fiktive Gegenüberstellung der Kommissare hätte gut in den 1990er Jahren im Rahmen einer EU-finanzierten Konferenz beispielsweise zum Thema „The Police Fighting Prejudices" stattfinden können, war doch die Europäische Union oft ein wichtiger Motor für Initiativen zum Thema Antidiskriminierung. Sie illustriert zwei Typen von Vermittlern. Gewiss handelt es sich um extreme, aber dennoch typische Beispiele, anhand deren sich gleichfalls Initiativen in anderen Bundesländern oder anderen Feldern des öffentlichen Dienstes beschreiben lassen. Ich bin im Rahmen meiner Forschungen vielen ähnlich gelagerten Fällen oder vergleichbar agierenden Menschen begegnet.[39] Dabei ist der Hand-

---

[39] Eine Fülle von Initiativen wird auch von Leiprecht (2002) beschrieben.

lungsimpuls beider Polizeibeamtentypen jeweils unterschiedlich begründet: Ist er im einen Fall von einer ausgeprägten Empathie für den Einzelnen gekennzeichnet, steht im anderen Fall der Dienst an der Sache im Vordergrund. So wie sich der Hamburger Kommissar um die Menschen sorgt, die ihm anvertraut sind, entspricht sein Berliner Kollege eher dem sachlichen Typ, dessen Handeln am Gleichbehandlungsprinzip orientiert ist. Zusammen genommen tragen die Bemühungen beider Kommissare zu Vielfalt in Form einer deutschen Kultur des Heterogen bei. Doch bei allen interkulturellen Bestrebungen wird Assimilation – insbesondere im Fall Berlins, wo sie institutionell durch das Festhalten an der Staatsbürgerschaft zusätzlich verankert ist – als Ziel nicht aufgegeben.

10 Schluss

Der Fall Hamburgs führte zu der Hypothese, dass bei fehlender institutioneller Verankerung auf persönliches Engagement und ein christliches Handlungsmodell zurückgegriffen wird. Dies korrespondiert mit neueren ethnographischen Untersuchungen zu ethnischer und religiöser Vielfalt in Schulen in Deutschland. Diese machen darauf aufmerksam, wie Techniken eingesetzt werden, die sich, obwohl innerhalb eines säkularen Kontextes, aus einer christlichen Tradition speisen und als eine Besonderheit im Umgang mit Vielfalt in Deutschland gelten können (Schiffauer et al. 2004). So hat Werner Schiffauer auf das hermeneutische Erfassen von Kulturen hingewiesen, das als Erbe des Protestantismus Eingang in die Pädagogik gefunden hat und die „Arbeit am Anderen" in den Schulen prägt (Schiffauer 1997). Wenngleich der Verweis auf eine christliche Tradition im Fall der Polizei zunächst vielleicht ungewöhnlich wirken mag, erscheint er wiederum in Anbetracht der Untersuchungen zum schulischen Feld durchaus naheliegend. Der kontrastive Vergleich mit Berlin mag vielleicht die Besonderheit Hamburgs hervorgehoben haben. Jedoch illustriert die in ein liberales Gewand gehüllte politische Bildung in Berlin einen möglichen Handlungsraum innerhalb eines strukturierten Kontextes, in dem über Vielfalt gesprochen werden kann.[40] Nun lassen sich auch an anderer Stelle vielfältige Bemühungen staatlicher Institutionen beobachten, Mitglieder ethnischer (oder religiöser) Minderheiten zu inkorporieren. Abgesehen vom empirischen Aspekt des hier diskutierten Falls verweist die Typologie der porträtierten Akteure jedoch auf eine weit generellere Problematik: Letztendlich geht es um das Spannungsverhältnis zwischen reformierenden Elementen und dem Beharrungsvermögen einer starken

---

[40] Eine ähnliche Schlüsselstellung könnten möglicherweise die Menschenrechte einnehmen (siehe Schicht 2007).

Institution bzw. um die grundsätzliche Möglichkeit der Transformation einer (semi)totalen Institution – handelt es sich nun um Polizei, Kirche oder die Partei.

Literatur

Alberts, Hans Werner (2004): Von der Schwierigkeit, ein Berufsethiker zu sein. In: Karlhans Liebl (Hrsg.), Fehler und Lernkultur in der Polizei. Frankfurt/Main: Verlag für Polizeiwissenschaft, S. 31-41.
Behr, Rafael (2006): Polizeikultur. Routine – Rituale – Reflexionen. Bausteine zu einer Theorie der Praxis der Polizei. Wiesbaden: VS Verlag.
Blom, Herman (2005): Anders sein bei der Polizei in Deutschland. Zur Position von allochthonen Polizisten an ihrem Arbeitsplatz vor dem Hintergrund ihrer Rolle als Minderheit und der Tatsache, dass sie als ‚anders' wahrgenommen werden. Frankfurt/Main: Verlag für Polizeiwissenschaft.
Bürgerschaft der Freien und Hansestadt Hamburg (1995): Mitteilung des Senats an die Bürgerschaft. Ausländische Polizisten für Hamburg. Drucksache 15/2883 (21.2.1995). Hamburg.
—. (1993): Antrag: Ausländische Polizisten für Hamburg. Drucksache 15/177 (30.11.1993). Hamburg.
Certeau, Michel de (1988 [1980]): „Berichte von Räumen". In: Ders., Die Kunst des Handelns. Berlin: Merve, S. 215-238.
Dubet, François (2002): Le déclin de l'institution. Paris: Seuil.
Elias, Norbert. (1998 [1989]): Studien über die Deutschen. Machtkämpfe und Habitusentwicklung im 19. und 20. Jahrhundert. Frankfurt/Main: Suhrkamp.
Foucault, Michel (1983 [1976]): Der Wille zum Wissen. Sexualität und Wahrheit I. Frankfurt/Main: Suhrkamp.
Franzke, Bettina (1999): Polizisten und Polizistinnen ausländischer Herkunft. Eine Studie zur ethnisch-kulturellen Identität und beruflichen Sozialisation Erwachsener in einer Einwanderungsgesellschaft. Bielefeld: Kleine Verlag.
—. (1995): Menschen ausländischer Herkunft im Polizeivollzugsdienst – Zur Situation in der Bundesrepublik Deutschland. Schriftenreihe der Polizei-Führungsakademie, S. 9-45.
Glaeser, Andreas (2000): Divided in Unity. Identity, Germany, and the Berlin Police. Chicago: The University of Chicago Press.
Graf, Friedrich Wilhelm (1984): Kulturprotestantismus. Zur Begriffsgeschichte einer theologiepolitischen Chiffre. In: Archiv für Begriffsgeschichte 28, S. 214-286.
Grützner, Kurt (2006): Polizeiseelsorge und ihr Selbstverständnis. In: Kurt Grützner, Wolfgang Gröger, Claudia Kiehn, Werner Schiewek (Hrsg.), Handbuch Polizeiseelsorge. Göttingen: Vandenhoeck & Ruprecht, S. 39-49.
Habermas, Jürgen (1998): Struggles for Recognition in the Democratic Constitutional State. In: Ciaran Cronin/Pablo De Greiff (Hrsg.), The Inclusion of the Other: Studies in Political Theory. Cambridge, Mass.: MIT Press, S. 203-236.

Hahn, Alois (1982): Zur Soziologie der Beichte und anderer Formen institutionalisierter Bekenntnisse: Selbstthematisierung und Zivilisationsprozess. In: Kölner Zeitschrift für Soziologie und Sozialpsychologie 34, S. 407-434.

Hahn, Alois/Jörg R. Bergmann/Thomas Luckmann (1993): Die Kulturbedeutung der Religion in der Gegenwart der westlichen Gesellschaften. In: Kölner Zeitschrift für Soziologie und Sozialpsychologie (Sonderheft) 33, S. 7-15.

Hervieu-Léger, Danièle (1993): La religion pour mémoire. Paris: Cerf.

Javeau, Claude (1986): Leçons de sociologie. Paris: Méridiens-Klincksieck.

Jobard, Fabien (2003): Usages et ruses des temps. L'unification des polices berlinoises après 1989. In: Revue française de science politique 53, S. 351-381.

Joppke, Christian (2003): The Retreat of Multiculturalism in the Liberal State. Working paper #203. Russel Sage Fondation.

Juteau-Lee, Danielle (1983): La production de l'ethnicité ou la part réelle de l'idéel. In: Sociologie et sociétés 15, S. 39-55.

Leiprecht, Rudolf (2002): Politiewerk in de multiculturele samenleving Duitsland / Polizeiarbeit in der Einwanderungsgesellschaft Deutschland. Gravenhage: Elsevier Overheid.

Lepsius, M. Rainer (2003): Das Weber-Paradigma. Eine Einleitung. In: Gert Albert/Agathe Bienfait/Steffen Sigmund/Claus Wendt (Hrsg.), Das Weber-Paradigma. Studien zur Weiterentwicklung von Max Webers Forschungsprogramm. Tübingen: Mohr Siebeck, S. 32-41.

—. (1997): Institutionalisierung und Deinstitutionalisierung von Rationalitätskriterien. In: Gerhard Göhler (Hrsg.), Institutionenwandel. Opladen: Westdeutscher Verlag, S. 57-69.

—. (1995): Max Weber und das Programm einer Institutionenpolitik. In: Berliner Journal für Soziologie 5, S. 327-333.

—. (1990): Die Prägung der politischen Kultur der Bundesrepublik durch institutionelle Ordnungen. In: Ders., Interessen, Ideen und Institutionen. Opladen: Westdeutscher Verlag, S. 63-84.

Liang, Hsi-Huey (1977 [1970]): Die Berliner Polizei in der Weimarer Republik. Berlin/New York: de Gruyter.

Liebl, Karlhans (2004): Fehler und Lernkultur in der Polizei. Frankfurt/Main: Verlag für Polizeiwissenschaft.

Lüdtke, Alf (1992): Einleitung: „Sicherheit" und „Wohlfahrt". Aspekte der Polizeigeschichte. In: Ders., „Sicherheit" und „Wohlfahrt". Polizei, Gesellschaft und Herrschaft im 19. und 20. Jahrhundert. Frankfurt/Main: Suhrkamp, S. 7-33.

Mannheim, Karl (1935): Mensch und Gesellschaft im Zeitalter des Umbaus. Leiden: Sitjhoff Uitgeversmaatschappij.

Maurer, Albrecht (1995): AusländerInnen im Polizeidienst. Von Integrationswillen kaum eine Spur. In: Bürgerrechte & Polizei/CILIP/Otto Diederichs (Hrsg.), Hilfe Polizei. Fremdenfeindlichkeit bei Deutschlands Ordnungshütern. Berlin: Elefanten Press, S. 113-120.

Schicht, Günter (2007): Menschenrechtsbildung für die Polizei. Berlin: Deutsches Institut für Menschenrechte.

Schiffauer, Werner (1997): Der Islam als civil religion. Eine deutsche Geschichte. In: Ders., Fremde in der Stadt. Frankfurt/Main: Suhrkamp, S. 50-70.

—. (2006): Verwaltete Sicherheit – Präventionspolitik und Integration. In: Michael Bommes/Werner Schiffauer (Hrsg.), Migrationsreport 2006. Fakten – Analysen – Perspektiven. Frankfurt/New York: Campus, S. 113-163.

Schiffauer, Werner/Gerd Baumann/Riva Kastoryano/Steven Vertovec (Hrsg.) (2004): Civil Enculturation. Nation-State, School and Ethnic Difference in The Netherlands, Britain, Germany and France. New York/Oxford: Berghahn.

Selowski, Harold (2000): Rechtsextremismus auf dem Vormarsch? Wie das Thema in der Ausbildung an der LPS behandelt wird. In: Kompass. Mitteilungsblatt der Landespolizeischule Berlin 33, S. 16-22.

Stollberg, Dietrich (1996): Seelsorge. In: Erwin Fahlbusch/Jan Milicer Lochman/John Mbiti/Jaroslav Pelikan/Lukas Visch (Hrsg.), Evangelisches Kirchenlexikon. Internationale theologische Enzyklopädie. Göttingen: Vandenhoeck & Ruprecht, S. 173-188.

Thériault, Barbara (2004): The Carriers of Diversity within the Police Forces: A „Weberian" Approach to Diversity in Germany. In: German Politics & Society 22, S. 83-97.

Tietze, Nikola (2004): La régulation institutionnelle de l'islam en Allemagne. Vortrag im Rahmen der Tagung: Religion, État et société en France et en Allemagne: quelle laïcité? 29.-30. September 2004, Université Paris X, Nanterre (unveröffentliches Manuskript).

Weber, Max (1985 [1911]): Gedenkrede Max Webers auf Georg Jellinek. In: König, René/Johannes Winckelmann (Hrsg.), Max Weber zum Gedächtnis. Materialien und Dokumente zur Bewertung von Werk und Persönlichkeit. Opladen: Westdeutscher Verlag, S. 13-17.

—. (1980 [1921]): Wirtschaft und Gesellschaft. Tübingen: Mohr.

—. (1988a [1920/1904-5]): Die Protestantische Ethik und der Geist des Kapitalismus. In: Gesammelte Aufsätze zur Religionssoziologie I. Tübingen: Mohr, S. 17-206.

—. (1988b [1920/1904-5]): Einleitung. In: Gesammelte Aufsätze zur Religionssoziologie I. Tübingen: Mohr, S. 237-275.

Weiß, Johannes (2001): Über interkulturelle Vermittler. In: Cornelia Bohn/Herbert Willems (Hrsg.), Sinngeneratoren: Fremd- und Selbstthematisierung in soziologisch-historischer Perspektive. Konstanz: UVK Verlagsgesellschaft, S. 79-88.

—. (1998): Handeln und handeln lassen: Über Stellvertretung. Opladen: Westdeutscher Verlag.

Ziemer, Jürgen (2004): Seelsorge. Grundfragen zu einem kirchlichen Handlungsfeld. In: Theologie Online. http://www.theologie-online.uni-goettingen.de/pt/ziemer.htm, November 2006.

Thema:
Frankfurter Modellprojekt „Polizei und Migrantinnen und Migranten im Dialog"

Akli Kebaili

Einleitung

Bevor ich das Frankfurter Modellprojekt vorstelle, erlauben Sie mir bitte, mich kurz vorzustellen, damit Sie wissen, mit welchem „Fremden" Sie es heute zu tun haben.

Ich bin 1953 in Algerien geboren, als das Land damals französisches Territorium war. Die Franzosen haben versucht, uns Kabylen (Masiren/Berber) zu assimilieren. „Die Vorfahren der Kabylen waren die Gallier, sie sind im Gegensatz zu den Arabern nur oberflächlich islamisiert und nur zum Teil arabisiert". So lautete damals eine These der Kolonialmacht Frankreich.

Leider hat die französische Armee uns Kabylen nicht als Gallier behandelt. Fast 8 Jahre lang hat der „Befreiungskrieg" gedauert. Meine eigene Mutter wurde von dieser Armee gefoltert, sie war zwei Jahre lang im Gefängnis. Mein Vater wurde vor meinen Augen 1957 erschossen.

Keine Macht, kein Gott, keine Religion hat uns geholfen, diese schwierige Situation zu meistern und zu verhindern, dass mein Vater stirbt und meine Mutter gefoltert und von den fremden Soldaten gedemütigt wird.

Mit meinem Jura-Studium wollte ich meiner Mutter und meinen zwei Schwestern helfen. Für mich gab es nach der Unabhängigkeit Algeriens (1962) kein anderen Ausweg, als zu studieren.

Nach einem Jahr Arbeit – als Jurist – im Handelsministerium in Algier, habe ich mich entschieden ins Ausland zu gehen, um mich weiter zu qualifizieren, mit dem Ziel, in die Heimat, wo ich geboren bin zurückzukehren.

In Deutschland wollte ich eine neue Sprache lernen und die deutsche Kultur besser verstehen.

Nach meiner Promotion im Fach „politische Wissenschaften" an der Univ. Tübingen, habe ich versucht, mich nach Algerien zu „reintegrieren". Deshalb habe ich an einem „Reintegrationsprogramm" des BMZ teilgenommen.

Doch mein Aufenthalt in Algerien hat mir schnell gezeigt, dass ich die aggressive Arabisierungspolitik der algerischen Regierung, die vor allem gegen meine Kultur und Sprache gerichtet ist, nicht unterstützen möchte. Als Hochschullehrer im Fach Politologie hätte ich auf Arabisch unterrichten müssen.

Seit 1992 arbeite ich im Amt für multikulturelle Angelegenheiten der Stadt Frankfurt am Main. Allein der Begriff „multikulturelle Gesellschaft", der bis heute politisch umstritten ist, hat mich sehr zu diesem Amt hingezogen.

Nun zum Begriff „Fremde":

Seit ich in Deutschland lebe (Ende 1979) fühle ich mich persönlich zum größten Teil an die hiesige Lebensart angepasst. Es sind die anderen (einige), die mich vielleicht als Fremd ansehen. In meinem persönlichen Verhalten gibt es eine ganze Reihe von Gemeinsamkeiten mit gebürtigen Deutschen.

Ich spreche Deutsch, ich arbeite in einer deutschen Behörde, ich bin deutscher Staatsbürger, in fühle mich wohl in einem Rechtsstaat, man kann in dem Lande, wo ich geboren bin (Kabylei) Ski fahren und ich liebe Hunde und Katzen.

All diese Gemeinsamkeiten werden leider immer wieder ignoriert. Man versucht vor allem die Unterschiede klischeehaft zu betonen, was mehr Vorurteile gegen „fremde Menschen" verursacht.

Das Amt für multikulturelle Angelegenheit der Stadt Frankfurt am Main (AmkA) und seine Projekte

Die Arbeit des Amts für multikulturelle Angelegenheiten der Stadt Frankfurt am Main hat das Ziel u.a. Vorurteile entgegenzuwirken und das Zusammenleben zwischen verschiedenen „Kulturen" mit verschiedenen Projekten und Beratung zu verbessern. Das AmkA ist auch eine „Antidiskriminierungsstelle". Bei Beschwerde gegen städtische Behörden ist das AmkA befugt, zu vermitteln und sogar zu ermitteln. Bei Diskriminierungsmeldungen gegen Landesbehörden oder Bundesbehörden (wie die Polizei), sowie gegen Privateinrichtungen oder Privatpersonen kann das AmkA vermittelnd und beratend helfen.

Als Beispiel für eine Präventions-und Aufklärungsarbeit gilt die Durchführung des Projekts „Polizei und Migrantinnen und Migranten im Dialog"

Thema: Frankfurter Modellprojekt 229

Bereits nach der Gründung des Amtes konnte sich eine gute Zusammenarbeit zwischen der Polizei und dem AmkA entwickeln. Das AmkA ist eine städtische Behörde, die einen intensiven Kontakt zu verschiedenen Nichtregierungsorganisationen (NRO) und vor allem zu Migrantinnen und Migranten pflegt. Ohne die Vermittlung des AmkA wäre die Durchführung des Projektes zwischen der Polizei und Migranten-Vereinen kaum denkbar. Deshalb übernahm das AmkA die Federführung.

Warum ist die Benennung des Projektes wichtig?

Die Benennung eines solchen Projektes ist sehr wichtig. Sie soll die verschiedenen Positionen und Interessen der Kooperationspartner widerspiegeln.
Gerade bei diesem Projekt geht es um ungleiche Partner. Die Polizei ist eine sehr gut organisierte Institution. Dies ist bei zahlreichen Vereinen nicht der Fall. Auch die zur Verfügung stehenden Mittel (menschlich und materiell) sind ungleich.
Mit der Benennung „Polizei und Migrantinnen im Dialog" konnten die o.g. Interessen berücksichtigt werden.

Ziele des Projekts

Besseres Verständnis zwischen Migranten und Migrantinnen und Polizei herstellen und gegenseitige Vorbehalte abbauen.

Kooperationspartner

- Polizeipräsidium Frankfurt am Main (PPF)
- Hessische Polizeischule Wiesbaden (HPS)
- Nichtregierungsorganisationen (NRO/NGO, Migrantenvereine)
- Externe Moderatorinnen oder Moderatoren
- Die Zusammenarbeit mit allen Kooperationspartnern kann als sinnvoll, konstruktiv bezeichnet werden.

Durchführung des Projektes

Workshops mit der Polizei

Im Rahmen dieser Workshops und unter der Moderation der Polizei selbst (Führungskraft) haben die Polizistinnen und Polizisten, die Möglichkeit über ihre Probleme mit den Migrantinnen und Migranten zu berichten. Die Veranstalter (Moderatoren und Referenten) versuchen dann, diese Probleme mit ihnen zu besprechen und allgemeine Informationen zu verschiedenen vorhandenen Kulturen in Frankfurt am Main bzw. in Deutschland, zu vermitteln.

Die Polizeibeamtinnen –und Beamten werden in diesem Rahmen auch mit schlechten Erfahrungen von Migranten mit der Polizei in Deutschland konfrontiert. Eine Migrantin oder ein Migrant wird zu diesem Zweck eingeladen. Oft entwickeln sich heftige Diskussionen.

Auf die Frage, was die Polizei von den Migrantinnen und Migranten erwartet, erhielten wir folgende Antworten (als Beispiel):

Unter dem Stichwort „*Integrationswelle*":
- Kennen lernen der deutschen Kultur und
- der deutschen Sprache (wird sehr betont!)
- Achtung der deutschen Gesetzgebung (Achtung des Rechtssystems)
- Kontaktgespräche mit Deutschen suchen
- eigene Initiative hinsichtlich der Integration ergreifen
- Mut zur Integration zeigen
- sich an die hiesigen Verhältnisse anpassen.
- die hiesige Kultur akzeptieren
- Die andere Kultur verstehen, aber nicht unbedingt übernehmen
- die deutsche Kultur respektieren
- die Freiheit der Frauen respektieren
- Das Leben und die Bräuche des Gastlandes akzeptieren und sich wie ein Gast verhalten
- Akzeptieren, dass Deutschland kein Schlaraffenland ist
- sich von den Vorstellungen des Heimatland lösen
- Einreise ohne kriminelle Absichten u.a. das große Geld zu verdienen

Einige Polizisten bitten das AmkA, ihre Botschaft an die Zielgruppe (Migranten) zu übermitteln. „Warum reden Sie mit uns über das Thema? Wir behandeln alle Menschen gleich. Sie sollten lieber Migranten über unsere Aufgaben und deutsche Gesetze informieren" hieß es oft in den Gesprächen.

Diese Forderungen haben wir dann selbstverständlich den Vertreterinnen und Vertretern der Migranten weitergeleitet. Viele von ihnen haben wohl Verständnis für die Erwartungen der Polizei. Doch einigen Erwartungen, wie z. B. „sich von den Vorstellungen des Heimatlandes zu lösen", stoßen natürlich auf Widerstand seitens der Migranten.

Hier ist eine ganze Reihe von schwierigen Forderungen an die Migrantinnen und Migranten seitens einiger Polizeibeamtinnen und -beamten. Die Frage, wann oder ob sie überhaupt erfüllt werden können, bleibt offen.

Es gibt allerdings auch Polizeibeamtinnen und -beamten, die der Meinung sind, dass auch gebürtige Deutsche eine wichtige Rolle spielen könnten, den Migrantinnen und Migranten zu helfen, sich in der deutschen Gesellschaft, besser zu recht zu finden. Ein deutscher Nachbar könnte z.B. auch Interesse zeigen, seinen Nachbarn mit Migrationshintergrund kennen zu lernen und vielleicht versuchen, seine spezifischen und fremden Gewohnheiten zu verstehen. Es ist immer die Frage, wer den ersten Schritt machen sollte.

Workshops mit NRO

Ziel dieser Workshops ist es, die Vertreter der Migrantenvereine – als Multiplikatoren – über die Arbeit und Aufgabe der Polizei zu informieren.

Unter der Moderation des AmkA wird in diesem Rahmen ein Vertreter (Polizist) des Polizeipräsidiums Frankfurt am Main eingeladen, der z. dem o.g. Thema referiert. Die Teilnehmerinnen und Teilnehmer habe dann die Möglichkeit, Fragen zu stellen. Da der Referent in der Regel jemand ist, der bereits aktiv an dem Projekt teilgenommen hat, verläuft der Workshop immer in einer sehr angenehmen Atmosphäre.

Auf die Frage, was wird von der Polizei in einer multikulturellen Gesellschaft erwartet, antworten die Vertreterinnen und Vertreter der NRO beispielhaft, wie folgt:
Unter dem Stichwort „Mehr Professionalität":

- Die Polizei in einer multikulturellen Gesellschaft soll:
  a. sich über verschiedene vorhandenen Kulturen informieren
  b. diese Informationen verarbeiten
  c. sie mit der eigenen Kultur vergleichen
  d. differenzieren
  e. Fremdsprachen lernen
  f. Studienreisen organisieren
  g. ihre Einstellung ändern?

h. ihre Verhaltensweise ändern?
i. Persönliche Einstellung ändern?
j. Universelle Menschenrechte achten

- Ziel soll heißen:
  a. Mehr Verständnis für das andere
  b. Bessere Kommunikation
  c. Weniger Probleme/weniger Stress!

Festzustellen ist, dass Migranten unsicher sind in ihren Forderungen an die Polizei als die Polizei selbst. Einerseits erwaten sie mehr Verständnis seitens der Polizei für ihre „Kultur", anderseits wissen sie nicht, wie weit, die Polizei ihre Forderungen erfüllen kann.

Die Zusammenarbeit mit den NRO

Das größte Problem bei der Durchführung des o.g. Projekts ist die Motivierung der NRO für die aktive Teilnahme am Projekt.
Die Erfahrungen haben gezeigt, dass es sehr schwierig ist, interessierte Personen zu erreichen und zu motivieren. Die meisten Vereine haben keine Räume. Die Vereinsadressen sind entweder Postfächer und werden nicht regelmäßig gelehrt oder es sind Privatadressen von Mitgliedern. Im Fall der Abwesenheit dieser Personen erfahren in der Regel andere Vereinsmitglieder nicht oder erst später von den Einladungen. So mussten wir per Brief, oder per Fax Einladungen an mehrere Adressen schicken. Oft ist es schwierig, einen Ansprechpartner in dem Verein für das Projekt zu finden. Vereinbarungen werden oft vergessen.
Die Suche nach besseren Methoden, die Vertreter der NRO zu motivieren ist ständig an der Tagesordnung. In der Zwischenzeit sind wir der Meinung, dass es sehr sinnvoll ist, einzelne Personen gezielt anzusprechen.
Von der aktiven Teilnahme an dem Projekt muss man als Teilnehmerinnen oder Teilnehmer bestimmte Vorteile erwarten. Diese Vorteile werden momentan wie folgt formuliert:

- Bekanntmachung der Arbeit des Vereins.
- Einen Überblick über die Struktur der Polizei und deren Arbeit gewinnen.
- Ansprechpartner in den Polizeirevieren gewinnen
- Eine Vermittlungs- oder Expertenrolle im Bereich der interkulturellen Kommunikation übernehmen.
- Die Teilnahme an den Seminaren ist kostenlos

- Aufwandsentschädigung für die Teilnahme
- Für die Teilnahme wird eine Teilnahmebescheinigung erstellt

Erfahrungsgemäß reagieren die zur Teilnahme aufgeforderten Migranten in der Regel positiv, wenn man ihnen klar macht. dass man ihr Fachwissen und ihre aktive Teilnahme für die Durchführung des Projektes braucht. Sie fühlen sich damit anerkannt. Aktive Teilnahme am Projekt sollte jedoch aber vor allem bedeuten, die Teilnehmer, in den Koordinationsgesprächen und an der inhaltlichen Gestaltung des Projektes mit einzubeziehen, was leider bis jetzt aus verschiedenen Gründen nicht ganz realisiert wurde.

Begegnungsseminar in der Hessischen Polizeischule Wiesbaden

Nach der Durchführung der Workshops mit der Polizei und mit den NRO (NGO) (getrennt) sind dann beide Gruppen bereit, sich für mehrere Tage, zu begegnen.

Mit Hilfe von externen Moderatorinnen und Moderatoren und Dank der Bereitschaft der Hessischen Polizeischule Wiesbaden (HPS), als Kooperationspartner, werden Seminare in ihren Räumen – in der Regel – ein Mal im Jahr für drei bis 5 Tage organisiert.

Mit geeigneten Arbeitsmethoden versucht man die unterschiedlichen Gruppen zu motivieren, miteinander zu kommunizieren. Mit Hilfe von Vorstellungsrunden, Rollenspielen usw. werden die Teilnehmerinnen und Teilnehmer animiert, selbst aktiv zu werden.

Im Laufe des Seminars kommt es allerdings immer wieder zu heftigen Diskussionen zwischen der Polizei und Migranten. Durch geschickte Moderation bleiben jedoch diese heftigen Diskussionen konstruktiv. Das Ziel der Seminare ist ja kontrovers zu diskutieren.

Am Ende jedes Seminars wird in der Regel eine gemeinsame Erklärung verabschiedet. Mit Hilfe eines Gruppenfoto und dieser Erklärung wird dann u.a. versucht, die Öffentlichkeit und andere Interessierte über das Projekt zu informieren

Gemeinsame Erklärung

Im Rahmen des Begegnungsseminars *„Polizei mit Migrantinnen und Migranten im Dialog"* vom 21.-23.02.2007 an der Hessischen Polizeischule in Wiesbaden trafen sich Vertreter von Migrantenorganisationen und der Polizei zu einem Austausch.

Nachdem sich die Teilnehmer kurz vorgestellt und ihre kulturelle Prägung reflektiert hatten, wurden in Gruppen interkulturelle Theorien erarbeitet. Im Mittelpunkt stand die Vorstellung der jeweiligen Arbeitsgebiete und Organisationen, anhand derer auch die spezifischen Problemstellungen diskutiert wurden.

Zum Abschluss des Seminars erklärten die Seminarteilnehmer folgendes:
Auf der Grundlage gegenseitiger Toleranz/Akzeptanz und Kooperation werden wir (auch zukünftig) durch Aufklärung und Transparenz möglichen Vorurteilen entgegenwirken.

Ferner wollen wir Fähigkeiten zur stetigen Reflexion entwickeln, insbesondere nach der aktuellen Erfahrung, die uns für politische, religiöse und gesellschaftliche Spannungsfelder sensibilisiert hat.

Dabei wurde allen Teilnehmern die Bedeutung von Zuhören und Sprechen (aktiver Kommunikation) für ein besseres gegenseitiges Verständnis bewusst.

So wurde durch das Seminar ein Zeichen gesetzt, um positiv im Sinne eines integrativen Zusammenlebens in die Zukunft zu gehen.

Wiesbaden, den 23.02.2007[1]

Stammtisch Polizei und Migranten/innen

Freundschaften entwickeln sich oft bei Begegnungen in der Freizeit. Während der Seminare konzentriert man sich in der Regel auf das offizielle Programm. Deshalb war es wichtig, einen Rahmen für die Begegnung zwischen den Teilnehmern zu organisieren, wo man ohne Zwang und in einer angenehmen Atmosphäre, seine Erfahrungen austauscht und vielleicht, Kontakte pflegt und vielleicht sogar Freundschaften schließt. Es war eine Polizistin, die im Rahmen eines Begegnungsseminars i der HPS-Wiesbaden (1999), vorgeschlagen hat, einen Stammtisch „Polizei und Migranten" zu organisieren.

Seit dieser Zeit wird der Stammtisch unregelmäßig organisiert. Auch der Ort (in der Regel ein Restaurant) wird gewechselt.

Festzustellen ist allerdings, dass mehr Migranten, die Termine wahrnehmen als die Polizisten. Gründe dafür sind u.a., dass viele Polizisten nicht in Frankfurt am Main wohnen.

---

[1] Diese Erklärung mit Foto wurde in der Hessischen Polizeirundschau, Nr. 5/2007, S. 23 veröffentlicht.

Thema: Frankfurter Modellprojekt

Perspektiven

Das Zusammenkommen zwischen der Polizei und Migrantinnen und Migranten ist keine Selbstverständlichkeit.

Die Haltung von Migranten gegenüber der Polizei ist – aus unserer Sicht - zwiespältig. Einerseits existiert eine psychologische Barriere zwischen ihnen und der Polizei; d.h. man hat Angst gegenüber anderen als Spion der Polizei abgestempelt zu werden. Die Vorurteile gegenüber der Polizei stehen jedoch im Widerspruch zu dem Wunsch vieler Migrantinnen und Migranten eben diese Polizei (Polizeibeamten/innen) als Ordnungshüter kennen zu lernen. Ansprechpartner bei der Polizei zu haben, verspricht, bei der Lösung bestimmter Probleme hilfreich zu sein, so ist. z.B. ein guter Kontakt zum Polizeirevier für die Vereinsarbeit von Nutzen. Letztendlich ist das Interesse, mit der Polizei in Kontakt zu kommen, trotz o.g. Probleme vorhanden.

Die Polizei ihrerseits hat ein ähnliches Problem, mit den „Ausländern" in Kontakt zu kommen: „Als Polizeibeamter muss man alle Menschen gleich behandeln; wir brauchen uns nicht über andere Kulturen zu informieren. Wir setzen nur das bestehende Gesetz um", betonen einige Polizeibeamten/innen. Von ihnen zu erwarten, sich über verschiedene Ausländergruppen oder Kulturen zu informieren, wirkt bei manchen Teilnehmer/innen als eine Unterstellung oder Kritik an ihrer Arbeit, evtl. wird sie als Vorwurf von Ausländerfeindlichkeit wahrgenommen.

Die Probleme, die die Polizei mit bestimmten ausländischen Gruppen hat, sind oft Kommunikationsprobleme, die auf verschiedene Mentalitäten zurückzuführen sind. Diese unverständlichen Verhaltensweisen bereiten der Polizei zusätzliche Probleme. Insofern sind viele Polizeibeamten/innen interessiert, zumindest Informationen über verschiedene Verhaltensweisen der Ausländer zu bekommen. Diese können eine Hilfe für die professionellere Ausübung ihrer Tätigkeit in einer komplizierten multikulturellen Gesellschaft sein.

Das Interesse, Ausländer kennen zulernen ist deshalb auch bei Polizisten/innen vorhanden. Bei den Polizeibeamten/innen besteht die Sorge, dass die „Ausländer" zu hohe Erwartungen hegen, denen sie nicht gerecht werden können.

Das Projekt soll auch in den nächsten Jahren – unter der Federführung des AmkA - weiter durchgeführt werden.

Langfristig gesehen könnte sich eine selbständige eigenverantwortliche Kooperation zwischen der Polizei und NRO entwickeln.

Es lohnt sich immer zu kommunizieren und konstruktiv zu streiten!

Gespräche zwischen Polizisten und Migranten in der HPS-Wiesbaden. (Nov. 2003) Hier darf man auch über Gefühle reden!

Teilnehmerinnen und Teilnehmer des Begegnungsseminars in der Hessischen Polizeischule Wiesbaden vom 21.-23.02.2007

Thema: Frankfurter Modellprojekt 237

Stammtisch in Sachsenhausen im Sommer 2004. Auch Herr Polizeipräsident Weiss-Bollandt war unter den Anwesenden.

Ein Polizist bemerkte damals: „Es ist ein schönes Gefühl, ich arbeite seit 25 Jahren bei der Polizei. Heute ist es das erste Mal, dass ich eine solche Gelegenheit bekomme, direkt mit meinem Polizeipräsidenten und in einer sehr netten Atmosphäre zu reden".

Die Reichweite von Interkultureller Kompetenz

Reza Ahmari und Joachim Kersten

Seit einiger Zeit geistert der Begriff „Muslimische Jugend in Deutschland" durch die Medien und man fragt sich, ob dieser Begriff nicht mehr Kohärenz suggeriert als bei Jugendlichen aus den entsprechenden Herkunftskulturen tatsächlich vorhanden ist. Würden sich deutsche Jugendliche in Nordafrika oder in der Türkei mit der Bezeichnung „Christenjugend" zutreffend eingeordnet fühlen? Nehmen wir das Beispiel des Rollbergviertels in Berlin-Neukölln, eben das Wohnviertel, aus dem viele Besucher der mittlerweile berüchtigten Rütli-Schule stammen. Die dort lebenden Familien von Türken, Kurden und Libanesen („Araber") haben einen gemeinsamen Status von „nicht – angekommenen" Zuwanderern. Sozialstrukturell betrachtet unterschichten sie die einheimische Unterschicht noch einmal. Aber zusammenführen oder verbinden tut sie der Islam in keiner Weise. Im Gegenteil, bei interkulturellen Konflikten dienen „religiöse Versatzstücke" der Legitimation von Verhaltensweisen, die mit Religion nicht zu tun haben, sondern „alltägliche gewalttätige Kommunikationsformen" (Heinemann 2006: 111) in den Familien und im Gleichaltrigenbereich legitimieren sollen.

Situationseinschätzung

Im folgenden werden nur Stichworte genannt, denn die Tendenz zur Ausgrenzung von Zugewanderten durch die Mehrheitsgesellschaft rührt aus mehreren Faktoren. Einer davon ist das gegenwärtige deutsche Schulsystem, ein anderer ist die „Ihr gehört nicht hierhin" Haltung zu vieler Deutscher gegenüber Menschen aus anderen Kulturen. Andererseits löst auf dem Konfliktschauplatz öffentlicher Raum die Sichtbarkeit von Cliquen fast nur männlicher Jugendlicher aus dem Milieu der Migranten bei den Einheimischen Angst und Gefühle der „Überfremdung" aus. Gleichzeitig ist das „Aufmerksamkeits-Zollen", das die Gruppierungen bei Passanten und Anwohnern erzwingen, für die Jugendlichen/jungen Männer ein nicht zu unterschätzender Identitätsgewinn. Fast schon „natürlich" sind solche Cliquen Männerbünde, die die Grenze zwischen Abenteuer und Straftat einigermaßen beharrlich aufsuchen. Die Folge ist deren erhöhte Sichtbarkeit in der Kriminalstatistik, die auch mit der größeren Anzeigebereitschaft der Einheimischen zu tun hat, wenn Straftaten durch „ausländisch" wirkende Jugendliche begangen werden. Im Konfliktzentrum Familie wirkt sich außerdem die Kontrolle der Mädchen negativ aus: Sie dürfen nicht mehr ins Jugendzentrum und von ihnen wird die Durchsetzung traditioneller Rollenskripts verlangt. Dazu gesellen sich Konflikte ökonomischer Natur sowie Grundrechtsverletzungen, die aufgrund von traditionell-patriarchalischen Normen erfolgen. Kombiniert mit einem fundamentalistischen Verständnis von Religion findet häufig Gewaltausübung durch Väter/Brüder statt. Angesichts solcher Konflikte sind die Grenzen des Konflikts regulierenden Instrumentariums der Jugend- und Sozialarbeit schnell erreicht. Hier ist eine Kooperation mit anderen Diensten, auch mit Vertretern der Polizei unabdingbar. Das Ziel muss sein, Netzwerke zu schaffen, in denen sich interkulturelle und professionelle Kompetenz bündeln lässt.

Praktiker der Jugendarbeit und –hilfe beobachten, dass bei Konflikten unter Jugendlichen aus dem Milieu der Zugewanderten Machtfragen zunehmend mit ethnisch-religiösem Gehalt aufgeladen werden und dass dies zu einer gesteigerten Intoleranz (religiöser, ethnischer und geschlechtsspezifischer Natur) führt. Die erwähnten religiösen „Versatzstücke" sollten dem Zweck der Bevormundung dienen. Die Ethnisierung von Konflikten ermöglicht es, Abgrenzungen zu vollziehen und konsensfähige Feindbilder zu schaffen. Ob türkisch gegen kurdisch, arabisch gegen türkisch oder arabisch gegen afrikanisch, es geht wie Gabi Heinemann (2006) und Behn/Schafranke (2007) auf der Basis ihrer Ergebnisse zeigen, um „Herrschaft über den öffentlichen Raum des Quartiers", also im Wesentlichen um Konflikte um die Rangordnung und den Zugang zu knappen Ressourcen. Die Zugehörigkeit zu Cliquen bedingt – wie erwähnt – einerseits ein höheres Gewaltpotential, auf der anderen Seite aber auch eine höhere Rate der Viktimisierung.

Insgesamt lässt sich in den Lebenswelten der Zuwanderer aus moslemischen Kulturen eine „Zunahme an religiöser Selbstdefinition und Rigidität" konstatieren, eine insgesamt für religiöse Orientierungen in Einwanderungsgesellschaften nicht ungewöhnliche Entwicklung. Der Islam dient als Legitimationsfolie für eine „zunehmende Sympathie für radikalislamische Organisationen" und für die Attraktivität geschlossener Welt- und Feindbilder. Dabei treten islamische Organisationen in Konkurrenz zur hiesigen Jugendarbeit, deren demokratischer und humanistischer Zielrichtung ohnehin das häufig islamistisch geprägte und antisemitisch ausgerichtete „Heimatfernsehen" zuwiderläuft, potenziert durch die entsprechenden Internetquellen. Nationalistische Migrantenorganisationen buhlen oft erfolgreich um die Gunst der Jungen und Mädchen, mit Angeboten, die denen der NPD und JN für „nationalgesinnte" Jugendliche nicht unähnlich sind.

Interkulturelle Kompetenz

Das Potential von interkultureller Kompetenz erweist sich weniger in religionswissenschaftlicher Hinsicht („die fünf Säulen des Islam"), sondern in kreativen Lösungen für die Bearbeitung von Konflikten, wodurch Respekt, Vertrauen und Achtung gefördert werden sollen. Dies allerdings muss auf Gegenseitigkeit (Betreuungspersonen, Jugendliche, Jugendliche untereinander, Jungen–Mädchen) beruhen. Stärken der Jugendlichen erkennen und fördern ist so wichtig wie die Präsenz und Beziehungsfähigkeit der Betreuer und Betreuerinnen. Grenzen setzen, ein transparentes Aushandeln von Regeln und die verstärkte Einbeziehung der Jugendlichen in die Entscheidungen, z. B.: ihres Treffs sind Erfolg versprechende Ansätze. An seine Grenzen stößt solches Engagement, wenn sich diesem Bemühen ein zu starker Einfluss der Herkunftsfamilie und/oder islamisch-fundamentalistischer Organisationen entgegenstellt.

Aufgaben der Polizei bestehen gerade in benachteiligten, von Zuwanderern bewohnten Vierteln (dabei erscheint der Ausdruck „Kiez" zutreffender als der naiv benutzte Begriff „Ghetto"), in Strafverfolgung, Opferschutz und Gewaltprävention. Die Polizei nimmt eine bedeutsame Vorbildfunktion bei Interventionen ein, sie ist die „Visitenkarte der Zivilgesellschaft" oder wie Avishai Margalit (The decent society) es nannte, der „anständigen Gesellschaft". Damit leisten Polizisten Schutzfunktionen für die Wahrung von Menschenrechten und eine nicht zu unterschätzende Rückenstärkung für Akteure im Feld der interkulturellen Pädagogik und Sozialarbeit. Dienststellen können auch Informationen über die Vorgehensweisen und Aktivitäten fragwürdiger Sekten/Organisationen an Netzwerke im Feld weitergeben. Information ist eines der wirksamsten Instrumente gegen diejenigen, die die Privilegien der Demokratie gekonnt benutzen, weil sie den demokratischen Rechtsstaat abschaffen wollen.

Für professionelle Polizeiarbeit ist in Deutschland/Europa des 21. Jahrhunderts interkulturelle Kompetenz unverzichtbar (Kersten und Kiefner 2007). Die Grundfrage: „Was macht das ‚Anders-Sein' von Fremden aus?" kann nur beantwortet werden, wenn sich die „Straßenarbeiter" der Polizei der eigenen kulturellen Verortung, ihrer „mentalen Software" (Geert Hofstede) bewusst werden. Das Erkennen der eigenen kulturellen Muster geht nur interaktiv, durch reflexive Schritte: Die Zusammensetzung der eigenen kulturellen Muster wird nur dann bewusst, wenn ein Einbezug der eigenen Person und ihres kulturellen Selbstverständnisses gefördert wird. Kaum eine Berufstätigkeit bedingt so sehr alltägliche

Stereotypenbildung wie die der Streifenbeamten in unseren Städten. Umso wichtiger ist eine bewusste Auseinandersetzung mit der Bedeutung von Typisierungen/Stereotypen in sozialen Handlungsfeldern, die Kenntnis alltagsbezogener Kulturmuster von Menschen aus anderen Kulturen sowie die Konfrontation eigener kultureller Muster mit denen traditionalistischer (kollektivistischer) Kulturen. Nur über die Zuordnung der eigenen Muster kann das Erkennen und Verstehen fremder geschehen. Wichtig ist dabei, wie überall, wo Grenzen gezogen werden müssen, dass Verstehen nicht unbedingt mit Verständnis gleichgesetzt werden kann.

In diesem Sinne ist interkulturell kompetentes Handeln nicht als eine Geheimwissenschaft anzusehen, sondern als eine Bereicherung des professionellen und persönlichen Instrumentariums, die in schwierigen Berufsfeldern das Vorgehen erleichtern kann, weil Wahrnehmungs-/ Orientierungs-/ Reaktionsmuster des Gegenübers bekannt sind. Die eigenen Interessen können besser deutlich gemacht werden, Konflikte werden überschaubarer und somit regelbarer. Zuletzt ermöglicht interkulturelle Kompetenz, dass man als Polizist oder Polizistin für „eine Überraschung" (möglichst eine, die positiv aufgenommen wird) gut sein kann. Solche Überraschungen ermöglichen ein Fortkommen in der Kommunikation mit Anderen.

Abschließend und mit Bezug auf die Vorbemerkung zu diesem Beitrag eine Beobachtung von Eberhard Seidel (zitiert in Behn/Schafranke 2007: 19). Seidel befasst sich mit der hier angesprochenen Fragestellung seit langer Zeit und stellt fest, dass Jugendliche „beim Thema Islam weniger an theologischen Fragen interessiert (sind), sondern mehr an lebensweltlich Näherem wie Sexualität, Freundschaft, Familie und Zukunftssorgen. Dabei ist das Geschlechterverhältnis das zentrale Themenfeld."

Literatur

Behn, Sabine und Dorte Schafranke (2007), Konfliktbearbeitung in interkulturellen Kontexten in Jugendarbeit und Stadtteilarbeit. Camino – Werkstatt für Fortbildung. Praxisbegleitung und Forschung im sozialen Bereich. Berlin.
Heinemann, G. (2006), Mädchentreff oder Hurenclub? Soziale Ausgrenzung und Fundamentalismus sind Herausforderungen für die Jugendhilfe. In: Unsere Jugend Heft 3, pp. 110 – 121.
Institut des Rauhen Hauses für Soziale Praxis/Camino – Werkstatt für Fortbildung, Praxisbegleitung und Forschung/Institut für Sozialpädagogische Forschung Mainz (2007), Konfliktbearbeitung in interkulturellen Kontexten in Jugendhilfe und Schule – Zwischenbericht. Hamburg/Berlin/Mainz.
Kersten, J. und P. Kiefner (2007), „Wir sind, wie wir sind. Aber warum sind die anderen anders?" (Interkulturelle Kompetenz): In: Polizei-heute, Heft 1, pp. 18 – 26.

Autoren

Behr, Rafael, Prof. Dr. phil., nach 15 Jahren Polizeidienst Soziologiestudium in Frankfurt am Main. Dreijährige Lehrtätigkeit an der FH für öffentliche Verwaltung in Güstrow. Mitarbeiter am Fachbereich Erziehungswissenschaften der Universität Frankfurt am Main. Promotion zur Organisationskultur der Polizei und Ausbildung zum Supervisor (DGSv). Vom 1.1. bis 30.9.2008 Dozent an der Polizeiakademie Niedersachsen in Nienburg. Seit 1.10.2008 Professor für Polizeiwissenschaft an der Hochschule der Polizei in Hamburg.
Veröffenltichungen: Cop Culture – Der Alltag des Gewaltmonopols, Männlichkeit, Handlungsmuster und Kultur in der Polizei, Opladen 2008 (2. Auflage); Polizeikultur, Routinen-Rituale-Reflexionen, Bausteine zu einer Theorie der Praxis der Polizei, Wiesbaden 2006.

Bornewasser, Manfred, Prof. Dr., Studium der Psychologie und Soziologie, Assistent an der Universität Münster, Professur für Sozial-, Arbeits- und Organisationspsychologie; aktuelle Forschungsthemen im Bereich der polizeilichen und kommunalen Gewaltprävention, der grenzüberschreitenden Kooperation im administrativen und wirtschaftlichen Bereich sowie der Organisationsdiagnostik und –entwicklung.
Veröffentlichungen: Videoüberwachung öffentlicher Straßen und Plätze, Frankfurt 2008 (zusammen mit C. D. Classen und I. Stolpe); Wie allgemein ist die General Theory of Crime?, in: Monatsschrift für Kriminologie und Strafrechtsreform 2007 (zusammen mit S. Eifler und K. Reichel).

Heuer, Hans-Joachim, Dr. phil., Abteilungsleiter für Studium & Lehr an der Polizeiakademie Niedersachsen in Nienburg/Weser und Lehrbeauftragter am Institut für Soziologie und Sozialpsychologie der Leibnitz-Universität Hannover. Promotion (Universität Hannover) mit einer historisch-sozialpsychologischen Arbeit zu Tendenzen der Entzivilisierung bei der Geheimen Staatspolizei des Deutschen Reiches.
Veröffentlichungen: Zur Zivilisierung Innerstaatlicher Gewaltmonopolisten, in: Barlösius, E. / Kürsat-Ahlers, E. / Waldhoff, H. P. (Hg.): Distanzierte Verstrickungen. Die schwierige Bindung soziologisch Forschender an ihr Objekt, Festschrift für Peter Reinhard Gleichmann, Berlin 1997, S. 375 – 395; Polizei und Fremde, Interaktionen, Konflikte und Gewaltmuster, in: iza – Zeitschrift für Migration und Soziale Arbeit, 2000, 1, S. 39 – 45.

Jacobsen, Astrid, Dr. rer. soc., studierte in Bamberg und Bielfeld Soziologie. Lehrbeauftragte für Soziologie an der Hochschule für Polizei Baden-Württemberg (2003/2004). Referentin und Beraterin für interkulturelle Qualifizierung.
Veröffentlichungen: Neugier braucht Methode, Soziologie in der Polizeiausbildung – ein Plädoyer, in: Neue Kriminalpolitik 2, 2006, S. 62 – 65; Die gesellschaftliche Wirklichkeit der Polizei, Eine empirische Untersuchung zur Rationalität polizeilichen Handelns, Bielefeld 2005 (über http://bieson.ub.uni-bielfeld.de/volltexte/2005/716/).

Kebaili, Akli, Dr., tätig im Amt für multikulturelle Angelegenheiten, Ausländerrecht, Antidiskriminierung, Kontakt Polizei des Magistrats der Stadt Frankfurt am Main.

Kersten, Joachim, Prof. Dr., Professur für Polizeiwissenschaft an der Deutschen Hochschule der Polizei in Münster-Hiltrup.

Liebl, Karlhans, Prof. Dr. phil., Professor für Kriminologie an der Hochschule der Sächsischen Polizei (FH). Zuvor u.a. Referent am Max-Planck-Institut für ausländisches und internationales Strafrecht, Forschungsgruppe Kriminologie, Freiburg.
Veröffentlichungen: Kriminologie im 21. Jahrhundert, Wiesbaden 2007 (Herausgeber); Reflexionen über die Polizei, Münster 2007; Empirische Polizeiforschung IX: Stand und Perspektiven der Polizeiausbildung, Frankfurt 2007 (herausgegeben zusammen mit B. Frevel).

Rademacher, Claudia, Prof. Dr., Professorin für Soziologie an der Fachhochschule für Verwaltung und Rechtspflege Berlin.
Veröffentlichungen: „Teufelskreis oder Glücksspirale?", Ungleiche Bewältigung unsicherer Beschäftigung, in: Eickelpasch, Rolf / Rademacher, Claudia / Lobato, Philipp Ramos (Hg.): Metamorphosen des Kapitalismus – und seiner Kritik, Wiesbaden 2008, S. 118 – 147 (zusammen mit Philipp Ramos Lobato); „Diskursive Umarmung", Geschlechterverhältnisse und symbolische Gewalt im Postfordismus, in: Bock, Ulla / Dölling, Irene / Krais, Beate (Hg.): Prekäre Transformation, Querelles Jahrbuch für Frauen- und Geschlechterforschung, Göttingen 2007, S. 96 - 117

Sauerbaum, Anke, Magister in Politikwissenschaft, Romanischen Philologie und Ethnologie an der Universität Tübingen. Durchführung eines Projektes in Zusammenarbeit mit der Polizei Baden-Württemberg zur Frage „Polizei und Migranten". 2008 als Praktikantin der Friedrich-Eber-Stiftung mehrere Monate in Israel.

Schneider, Hans, Prof. Dr. rer. soc., Professor für Sozialwissenschaften am Fachbereich Polizei der Verwaltungsfachhochschule in Wiesbaden, Studienort Gießen.
Veröffentlichungen: Potemkinsche Dörfer?, Eindrücke und Erfahrungen aus der Arbeit in der kommunalen Kriminalprävention, in: Görgen, Thomas / Hoffmann-Holland, Klaus / Schneider, Hans / Stock, Jürgen (Hg.): Interdisziplinäre Kriminologie, Festschrift für Arthur Kreuzer zum 70. Geburtstag, Frankfurt 2008, S. 653 – 664.

Schweer, Thomas, Dr. soc. pol., Leiter der Projektgruppe „Abweichenden Verhalten und soziale Kontrolle" am Rhein-Ruhr-Institut für Sozialforschung und Politikberatung e.V. der Universität Duisburg-Essen.
Veröffentlichungen: „Das da draußen ist ein Zoo, und wir sind die Dompteure": Polizisten im Konflikt mit ethnischen Minderheiten und sozialen Randgruppen, Wiesbaden 2008 (mit H. Strasse und S. Zdun); Soziale Kontrolle am Rande der Gesellschaft, Polizisten und Prostituierte in Duisburg, in: Nollmann, Gerd (Hg.): Sozialstruktur- und Gesellschaftsanalyse, Wiesbaden 2007, S. 304 – 332 (mit N. Scherer).

Sigel, Julia, Diplom-Psychologin, studierte von 2002 – 2007 Psychologie an der Ludwig-Maximilians-Universität München. Praktikum und Diplomarbeit im Bereich der Polizeipsychologie. Tätig an der Schulpsychologischen Beratungsstelle Esslingen.

Thériault, Barbara, Prof. Dr., Professorin am Fachbereich Soziologie und am kanadischen Zentrum für deutsche und europäische Studien der Universität Montreal. Promotion am Max Weber-Kolleg der Universität Erfurt und Freien Universität Brüssel.
Veröffentlichungen: „Conservative Revolutionaries", Protestant and Catholic Churches in Germany after Radical Political Change in the 1990s, New York/Oxford 2004; „Sorge um die Seele", Incorporating Officers from Post-Migration Backgrounds in the German Police, in: Eurostudia 2008, 4 (1).

Witteck, Lusaper, Geschäftsführerin der regionalen Geschäftsstelle des Netzwerks gegen Gewalt, Polizeipräsidium Mittelhessen. Geschäftsführerin des Präventionsrates der Stadt und des Landkreises Gießen.
Veröffentlichungen: Kriterien einer gelungenen Integration, in: Forum Kriminalprävention 2007

(Angaben soweit mitgeteilt)

Neu im Programm Politikwissenschaft

Kai Arzheimer
Die Wähler der extremen Rechten 1980-2002
2008. 501 S. Br. EUR 49,90
ISBN 978-3-531-16065-8

Adalbert Evers / Rolf G. Heinze (Hrsg.)
Sozialpolitik
Ökonomisierung und Entgrenzung
2008. 341 S. (Sozialpolitik und Sozialstaat) Br. EUR 34,90
ISBN 978-3-531-15766-5

Bernhard Frevel / Berthold Dietz
Sozialpolitik kompakt
2., akt. Aufl. 2008. 236 S. Br. EUR 16,90
ISBN 978-3-531-15559-3

Michael Th. Greven
Die politische Gesellschaft
Kontingenz und Dezision als Probleme des Regierens und der Demokratie
2., akt. Aufl. 2008. ca. 250 S. (Studien zur politischen Gesellschaft 2) Geb.
ca. EUR 49,90
ISBN 978-3-531-16061-0

H.-Dieter Kantel
Grundsicherungsarbeit
Armuts- und Arbeitsmarktpolitik nach Hartz IV
2008. 167 S. Br. EUR 19,90
ISBN 978-3-531-15639-2

Joseph Kostiner
Conflict and Cooperation in the Gulf Region
2008. approx. 285 pp. Softc.
approx. EUR 29,90
ISBN 978-3-531-16205-8

Henk Overbeek
Rivalität und ungleiche Entwicklung
Einführung in die internationale Politik aus der Sicht der Internationalen Politischen Ökonomie
2008. 219 S. (Grundwissen Politik 45) Br. EUR 24,90
ISBN 978-3-531-15440-4

Sebastian Sedlmayr
Die aktive Außen- und Sicherheitspolitik der rot-grünen Bundesregierung 1998-2005
2009. 240 S. Br. EUR 29,90
ISBN 978-3-531-16208-9

Erhältlich im Buchhandel oder beim Verlag.
Änderungen vorbehalten. Stand: Juli 2008.

www.vs-verlag.de

VS VERLAG FÜR SOZIALWISSENSCHAFTEN

Abraham-Lincoln-Straße 46
65189 Wiesbaden
Tel. 0611.7878-722
Fax 0611.7878-400

Studien zur Inneren Sicherheit
Im VS Verlag für Sozialwissenschaften, Wiesbaden

Bisher erschienen:

Peter Nitschke (Hrsg.)
Globaler Terrorismus und Europa
2008. Band 11
219 S. Br. EUR 39,90
ISBN 978-3-531-15520-3

Karlhans Liebl (Hrsg.)
Kriminologie im 21. Jahrhundert
2007. Band 10
228 S. Br. EUR 42,00
ISBN 978-3-531-15355-1

Hans-Jürgen Lange (Hrsg.)
Kriminalpolitik
2008. Band 9
469 S. Br. EUR 59,90
ISBN 978-3-531-14449-8

Philippe Robert
Bürger, Kriminalität und Staat
2005. Band 8
265 S. Br. EUR 59,90
ISBN 978-3-531-14688-1

Gisbert van Elsbergen (Hrsg.)
Wachen, kontrollieren, patrouillieren
Kustodialisierung der Inneren Sicherheit
2004. Band 7
300 S. Br. EUR 49,90
ISBN 978-3-8100-4158-6

Hans-Jürgen Lange · Jean-Claude Schenck
Polizei im kooperativen Staat
Verwaltungsreform und Neue Steuerung
in der Sicherheitsverwaltung
2004. Band 6
462 S. Br. EUR 39,90
ISBN 987-3-531-14243-2

Jo Reichertz · Norbert Schröer (Hrsg.)
Hermeneutische Polizeiforschung
2003. Band 5
238 S. Br. EUR 25,90
ISBN 978-3-531-3662-9

Hans-Jürgen Lange (Hrsg.)
Die Polizei der Gesellschaft
Zur Soziologie der Inneren Sicherheit
2003. Band 4
472 S. Br. EUR 41,90
ISBN 987-3-531-2879-2

Hubert Beste
Morphologie der Macht
2000. Band 3
528 S. Br. EUR 45,00
ISBN 978-3-8100-2710-8

Hans-Jürgen Lange
**Innere Sicherheit im Politischen System
der Bundesrepublik Deutschland**
1999. Band 2
477 S. Br. EUR 49,90
ISBN 978-3-8100-2214-1

Hans-Jürgen Lange (Hrsg.)
**Staat, Demokratie und Innere Sicherheit
in Deutschland**
2000. Band 1
436 S. Br. EUR 34,90
ISBN 978-3-531-2267-7

Erhältlich im Buchhandel oder beim Verlag.
Änderungen vorbehalten.
Stand: Dezember 2008

www.vs-verlag.de

VS VERLAG FÜR SOZIALWISSENSCHAFTEN

VS Verlag für Sozialwissenschaften
Abraham-Lincoln-Straße 46
65189 Wiesbaden